신뢰가 실력이다

신뢰가
실력
이다

존 더글라스 지음 | 최유리 옮김

함께
BOOKS

상대의 마음속에 당신을 향한 '신뢰의 꽃씨'를 심어본 적이 있는가? 그 꽃씨가 아주 잘 심어져서 상대방이 당신을 향해 신뢰의 꽃을 활짝 선보일 때, 거기서 얻는 만족감과 희열을 느껴본 적이 있는가? 만약 그런 경험을 해보지 않았다면 이 책을 통하여 평생 잊지 못할 경험들과 만나보기 바란다.

신뢰를 얻어 성공하는가 하면, 신뢰를 얻지 못하여 일을 그르치는 일상을 반복하면서 우리가 가장 먼저 생각해 보아야 할 것은 사람들에게 신뢰의 꽃을 피울 수 있는 씨앗을 만들어야 하지 않을까 하는 것이다.

친구의 마음에 우정의 꽃씨를 심듯, 동료의 마음에 의리의 꽃씨를 심듯, 연인의 마음에 사랑의 꽃씨를 심듯, 사람들의 마음에 '나를 향한 신뢰의 꽃'을 피울 꽃씨를 심는 것은 지금 당신의 선택에 달려 있다. 어떻게 상대의 마음속에 신뢰의 꽃씨를 심을 수 있을까?

이 책은 독자 여러분과 함께 신뢰를 얻기 위한 여행을 떠날 것이다. 사람들의 마음속에 심어야 할 신뢰의 꽃씨는 무엇이며, 어떻게 준비해야 하는지, 그 꽃씨를 일상생활 속에서 어떻게 심어야 하는지, 그리고 피어나게 될 신뢰의 싹은 어떻게 가꾸며, 또 잎과 줄기와 꽃은 어떻게 가꾸어 가야 할지 신뢰를 얻기 위한 여행을 떠날 것이다.

이 책은 세계적으로 인간관계 분야의 최고의 강좌라는 찬사를 얻고 있는 카네기 강좌 코스 중 '사람의 신뢰를 얻기 위한 강좌'를 수강하는 사람들의 생생한 사례와 경험들로 구성되었다.

'사람의 신뢰를 얻기 위한 강좌'를 수강하는 사람들에게 제일 먼저 들려주는 이야기가 있다.

바로 이솝우화에 나오는 해와 바람 이야기이다.

해와 바람은 서로 자기가 더 힘이 세다며 말다툼을 벌였다. 바람은 해를 무시하며 말했다.

"해야, 넌 내가 얼마나 힘이 센 줄 모르지?"

"그래? 그렇다면 바람아, 어디 너의 힘을 한번 보여 주렴."

바람은 어깨가 우쭐해진 채로 해에게 말했다.

"좋아, 저 밑에 외투를 입은 노인이 있지? 내가 너보다 빨리 저 노인의 옷을 벗길 수가 있거든."

"좋아, 그럼 네가 먼저 저 노인의 외투를 벗겨 보렴."

해는 그렇게 말하며 구름 뒤로 몸을 감추었다. 해가 구름 뒤로 몸을 숨기자 갑자기 주위가 어두워졌다.

바람은 온몸에 힘을 집중하더니, 갑자기 거대한 폭풍을 내뿜기 시작했다. 순식간에 거대한 폭풍이 불어오자, 길을 가던 노인은 몸을 가눌 수가 없었다. 그래도 노인은 안간힘을 다해 폭풍을 등지고 길을 걸어갔다. 바람은 이번에는 더 거센 회오리 강풍을 일으켜서 노인의 외투를 벗기려고 했다. 그러자 노인은 제자리에 멈춘 채, 외투를 더욱 힘있게 모아 잡고 몸을 웅크리며 버텼다.

　　바람이 강한 폭풍으로 노인의 외투를 벗겨보려고 했지만 결국 노인은 끝까지 외투를 움켜잡고 저항했다. 마침내 바람은 숨을 헐떡이며 뒤로 나자빠졌다.

　　"아이쿠, 도저히 힘들어서 안 되겠군."

　　그러자 지켜보고 있던 해가 구름 뒤편에서 얼굴을 내밀면서 말했다.

　　"자, 그럼 이제 내 차례지? 잘 봐."

　　구름 뒤에서 모습을 드러낸 해는 길을 걷는 그 노인을 향해 온화한 미소를 지어 주었다.

　　노인은 처음에는 아무렇지도 않게 길을 걸어갔다. 해는 더욱 따스한 미소를 지어 보였다. 그러자 잠시 후 노인의 이마에는 구슬땀이 송글송글 맺히기 시작했다. 해는 더욱더 밝고 따스하며 온화한 미소를 보냈다. 그러자 노인은 이마에 맺힌 땀을 손으로 닦아냈다. 잠시 후 길을 가던 노인은 발걸음을 멈췄다. 그리고 외투를 벗어 한쪽 팔에 들고 길을 걷기 시작했다.

그 순간 바람은 놀란 표정으로 해를 바라보았다.

해는 바람에게도 역시 다정한 미소를 지으며 말했다.

"화를 내거나 강한 모습만으로는 상대의 마음을 열 수가 없지. 온화하고 다정한 모습이 강압적인 힘보다 더욱 강한 힘을 갖고 있단다."

이솝우화의 해와 바람 이야기를 통해 우리는 매우 중요한 한 가지 사실을 깨닫게 된다. 강한 것보다는 부드럽고 온화한 것이 사람의 마음을 여는 열쇠가 된다는 것이다. 그리고 그 열쇠는 상대방의 마음속에 신뢰의 꽃씨를 심기 위한 마스터키(Master Key)가 된다는 사실이다.

contents

PART 2
칭찬은
신뢰의 지름길이다

PART 3
말 한마디로
자신의 편을 만드는 법

PART 4
인간관계의
기적을 이루는 요소

PART 5
상대방이 신뢰하도록
마음의 문을 여는 방법

PART 6
사람을 움직이는
마법의 대화법

PART 7
사람의 심리 안에
숨겨진 신뢰

PART 1

상대의
마음을 사로잡는
신뢰의 비결

다른 사람들로부터 신뢰를 얻고,
자신의 사람으로 만들기 위해서는
상대방의 기분을 상하지 않게
온화한 말을 사용해야 한다.
공격적이고 거친 말투나 상대를 비하하는 발언은
다른 사람의 기분을 상하게 할 뿐만 아니라
자존심을 상하게 한다.

★ ★ ★ ★ ★

"인간은 억지로 설득은 당해도 수긍은 하지 않는다."라는 말이 있듯이 논쟁은 답이 나오지 않는 쓸데없는 행위이다.

그러므로 자신의 의견이 옳다고 해도 그것이 사소한 것이라면 상대에게 양보를 해야 한다.

아무리 올바른 논쟁을 한다 해도 상대방의 마음을 바꾸기란 쉽지 않다.

TRUST 01
록펠러의
비결

데일 카네기는 미국의 대부호 록펠러가 어떻게 하여 거대한 부를 형성하게 되었는가를 연구한 적이 있었다. 연구를 하던 중 데일이 발견한 점은 록펠러의 사업수완에 남다른 비밀이 숨겨져 있다는 것이었다.

그럼 그 부의 비밀은 무엇이었을까? 그것은 곧 '신뢰'였다.

록펠러가 어떻게 해서 거래처나 투자자 및 심지어 어린아이들에게서까지도 무한한 '신뢰'를 얻어낼 수 있었을까?

거기에는 또 하나의 비밀이 존재한다. 데일이 밝혀낸 '록펠러의 신뢰를 얻는 비결'은 그가 미국의 28대 대통령을 지낸 우드로 윌슨의 조언을 믿고 실천하는 것에 있었다.

록펠러는 언제나 자신의 지갑 속에 윌슨의 말을 적은 메모를 간직하고 다녔다. 그 메모에 적힌 '신뢰를 얻는 비결'은 이렇다.

만일 누군가 내게 두 주먹을 불끈 쥐고 달려든다면, 나 역시 반사적으로 두 주먹을 움켜쥘 수밖에 없을 것이다. 그건 나의 뇌가 명령하는 반사적인 행동이기 때문이다. 하지만 만일 누군가 내게 다가와서 온화한 모습으로 차분히 대화를 요청한다면 나 역시 그에게 신뢰감을 느낄 것이다. 이것은 사람의 뇌가 그렇게 훈련되고 길들여졌기 때문이다.

나는 누군가가 나에게 주먹을 휘두른다 할지라도 그와 똑같이 행동해서는 안 된다는 생각을 나의 뇌에 주입해 놓기 시작했다. 이것이 바로 우리의 감정을 관장하는 이성적 판단이다.

나는 우선 감정이 격한 사람을 차분히 진정시키고 대화를 시도할 것이다. 우리의 견해가 다른 건 무엇인지, 무엇 때문에 다른지, 그것이 우리의 공통된 생각들보다 얼마나 더 중요한지, 그렇지 않다면 우리는 서로 무엇을 양보할 수 있는지, 요모조모 풀어가다 보면 우리는 서로 같은 마음을 느끼고 있다는 걸 발견할 수 있을 것이다.

그 마음이 바로 신뢰의 힘줄이다.

우드로 윌슨의 위와 같은 생각은 록펠러의 가슴에 깊은 깨달음을 주었다. 그리고 록펠러는 이 말을 모토로 삼아 수많은 사람들과의 관계 속에서 언제나 '신뢰의 힘줄'을 놓지 않았고, 더욱 강하게 만들어 갔다.

록펠러가 대규모 파업에 나선 회사직원들과의 관계를 원만하게 풀어 갔던 일화는 오늘날 우리들에게 시사하는 바가 매우 크다.

록펠러가 생존했던 1915년은 미국 산업 역사상 가장 커다란 파업 사태가 벌어진 해이다. 미국의 콜로라도 주를 강타했던 파업 사태는 2년 동안이나 지속되었고, 록펠러의 기업인 콜로라도 석유회사와 강철회사의 노동자들도 강력하게 임금 인상을 요구했다.

회사의 중견 간부들이 총동원되어 노동자 대표들과 협상을 벌이기도 했지만, 서로의 반목은 더욱 커져서 급기야 회사 기물이 파손되고 군대까지 동원되었다. 군대의 무자비한 진압에 대항한 노동자들이 총에 맞아 쓰러지는 등 유혈사태가 벌어졌다. 이로 인해 노사 간에는 서로에 대한 증오가 하늘을 찌를 듯 팽팽해졌고, 긴장감은 전쟁터를 방불케 했다.

그때, 록펠러는 회사의 주요 간부들에게 이런 말을 했다.

"내가 직접 나서지요. 내가 노동자 대표들을 만나서 해결해 보겠습니다."

그 말을 듣고 있던 간부들 사이에서는 우려 섞인 목소리가 튀어나왔다.

"안 됩니다, 회장님! 위험합니다."

다른 간부들 역시 록펠러의 말에 동의하지 않았다.

"맞습니다. 지금 노동자들은 굉장히 흥분되어 있습니다. 자칫 위험에 처하실 수 있습니다."

록펠러는 간부들의 만류에도 불구하고 고개를 저으며 단호하게 말했다.

"여러분들은 저들이 왜 파업을 감행하면서까지 저러고 있는지 아시오?"

간부들은 저마다 묵묵부답이었다.

"노동자들의 마음을 이해하는 사람이 하나도 없군요!"

록펠러는 결국 자신이 결심한 대로 떳떳하게 노동자 대표들 앞에 나섰다. 그리고 첫 말문을 열었다.

"여러분, 오늘은 제 생애에 있어서 정말 특별한 날입이다. 이렇게 회사의 임직원과 노동자 대표 여러분을 한 자리에서 모두 만나게 되는 것은 사실 오늘이 처음이기 때문입니다. 저는 정말로 이 자리에 서 있는 것이 자랑스럽고 오늘의 만남을 영원히 기억할 것입니다."

연설은 그렇게 시작되었고, 록펠러의 진솔한 이야기가 진행되는 동안 공교롭게도 분노에 차 있던 노동자 대표들의 마음은 서서히 록펠러에게 동화되어 가기 시작했다. 록펠러는 계속 말을 이어갔다.

"만일 저와 여러분이 2주 전에 이런 자리를 가졌었더라면, 사실 저는 여러분 중 단지 몇 사람의 얼굴만 기억할 정도의 부끄러운 경영자로서 여기에 서 있었을 것입니다. 하지만 지난 2주 동안 남부의 탄광촌을 모두 방문한 덕분에 거의 모든 현장 노동자 대표들과 손을 맞잡고 이야기를 나눌 수 있었습니다. 그리고 그분들이 바로 여기에 앉아 계십니다. 저는 당시 여러분의 가정을 일일이 방문하여 가족들도 만나볼 수 있는 기회를 얻었던 것이 무척이나 기뻤습니다."

그는 현장을 일일이 방문하면서 겪었던 일들을 계속해서 진솔하게 털어놓았다.

"여러분의 가족과 함께 인사를 나누고 돌아오면서 제가 만날 여러분들을, 낯선 사람들이 아닌 가족이자 친구로서 만나게 될 것이 기대되었습니다."

그때, 갑자기 노동자 대표 중 한 사람이 벌떡 일어나 이렇게 소리쳤다.

"갑자기 가족 운운하는 건 대체 무슨 속셈이죠? 그런 얘기는 집어치우시죠!"

록펠러는 인자한 웃음을 띠며 말했다.

"오, 조지. 당신의 개구쟁이 아들이 얼음판에서 놀다가 팔이 다친 걸 보고는 무척 가슴이 아팠소. 그래, 지금은 좀 어떻소?"

그 말을 듣자 다른 노동자 대표들의 시선이 일제히 조지에게 쏠렸고, 조지의 일그러지던 눈빛은 조용히 평온을 되찾았다. 그리고 모두의 눈빛이 록펠러를 향해 강렬히 빛나기 시작했다.

"제가 여러분과 더불어 지금 하고자 하는 이야기는 우리의 공동 이익에 관해서입니다. 그걸 의논하는 기회를 이 자리에서 갖게 되어 무척 기쁩니다. 이것이 바로 우리 모두의 상호 우호 정신이 될 것이라고 생각합니다."

록펠러는 뜨거운 눈빛을 발산하며 또박또박 노동자 대표들을 향해 연설을 했다.

"이 자리는 우리 회사의 임직원과 노동자 대표들의 만남의 자리입니다. 그렇기에 이 자리에 제가 서 있을 수 있는 것은 모두 여러분 덕분입니다. 물론 그간에 저는 불행히도 여러분 중 어느 한 편에도 끼지 못했지만, 어떻게 보면 저는 인간적으로 여러분 모두와 매우 친밀한 관계를 맺고 있다고 생각합니다. 왜 그런지 궁금하시다면, 저 역시 이 회사의 일꾼 중 한 사람임을 상기해 주십시오."

록펠러는 최대한 자신의 진심을 우호적으로 전달하려고 애를 썼다. 그리고 그 결과는 놀랍게도 삼켜 버릴 듯한 증오의 파도를 가라앉혔다. 게다가 노동자 대표들 중에는 록펠러의 생각을 추종하는 사람들도 생겨났다.

록펠러는 매우 우호적인 방법으로 자신의 진심을 전달하였고, 노동자 대표들은 그토록 격렬하게 싸웠던 임금 인상 문제에 대해서는 단 한마디 말도 하지 않은 채 일터로 되돌아갔다. 록펠러는 파업 사태를 원만히 해결하는 데 성공했다.

그는 어떻게 해서 충돌 사태로까지 나아갔던 노동자들의 파업 사태를 진정시킬 수 있었을까?

그건 바로 '신뢰'를 얻어내는 그만의 비밀 때문이었다. 우리는 그의 연설에서 그가 얼마나 우정 어린 말로써 자신의 노동자들을 대하고 있는지 유심히 볼 필요가 있다. 그는 마치 의료 봉사대 앞에서 연설하는 것보다 더 온화하고 다정하게 연설을 하였다.

록펠러는 결코 기업주로서의 자세가 아니라 그들과 한 배를 탄 동료처럼 우정 어린 태도로 임했고, 또 그들을 존중하면서 자신의 진심을 전달할 줄 알았던 것이다. 그는 자신이 그런 자리에 서게 되어 영광이라거나, 자신이 자랑스럽다거나, 간부사원들을 치하하는 등의 일방적인 발언들은 결코 하지 않았다.

록펠러는 노동자들의 가정을 방문하여 많은 가족을 만나 보았으며, 노동자 대표들과 자신은 노사 관계가 아니라 동등한 가족으로 만난 것이며, 앞으로 서로 상호 우호의 정신과 공동의 이익을 창출해 가고자 한다는 말을 하면서 자신이 그 자리에 서게 된 것도 모두 노동자들의 덕분임을 진솔하게 표현했던 것이다.

신뢰를 얻는 록펠러의 비결 즉 상대의 입장에서 헤아리고 이해하고 존중하려고 하는 태도는 적이 될 뻔했던 사람들을 친구로 만들어 내는 결과를 가져오게 된 것이다. 이러한 이해와 우호 및 존중의 태도는 비단 기업 내에서의 단체협상에서뿐만 아니라 우리의 일상생활 속에서도 언제든지 적용해 봄 직한 '신뢰의 비결' 중 하나이다.

TRUST 02
'화'를 내는 건 '신뢰'를 잃는 행동

"나는 왜 이렇게 화를 잘 낼까?"

"정말 화가 치밀어 못 견딜 때가 너무 많아."

우리는 늘 화를 내거나 또 화낼 수밖에 없는 상황 때문에 힘들어하고는 한다. 어찌 보면 화낼 일도 아닌데 급한 성격에 소리부터 지르거나 인상을 먼저 찌푸리고는 돌아서서 곧바로 자신의 행동을 후회하기도 한다.

우리의 일상은 왜 이렇게 화를 낼 수밖에 없는 일들이 많이 생기는 걸까?

사람은 누구나 '스스로 화를 자처'하고자 하는 마음을 갖고 태어나지는 않는다. 그러나 삶을 살아가면서, 특히 인간관계에서 화를 낼 상황이 만들어지고 그 상황 때문에 힘들어하게 된다.

길을 가던 중 바람이 불어 눈에 미세한 돌이 들어가 괴로운 일을 당하더라도 우리는 바람에게 화를 내지 않는다. 오히려 그 상황을 보고 웃거나 야유를 보내는 사람에게 화풀이를 하게 된다.

그러나 '화'를 잘 내는 것이 바로 '신뢰'를 잃어버리는 행위임을 깨닫기 바란다. 왜냐하면 당신이 화를 내면 그 화는 곧바로 상대방의 마음속에 고스란히 쌓이기 때문이다.

당신의 친구, 애인, 형제, 직장 후배, 상사, 동료가 당신의 화를 고스란히 받아안은 채, 당신에게 지금 느끼고 있는 '신뢰'를 지속적으로 가져줄 것이라고 믿고 있다면 다시 생각해 보기를 권한다.

자, 생각해 보자. 만일 누군가가 당신에게 감정을 숨기지 않은 채 있는 그대로 화를 낸다면 당신의 기분은 어떨까?

지금까지 당신이 상대방에게 가졌던 신뢰의 꽃은 무참히 시들고 말 것이다.

"그래도 감정과 일은 다르니까 내 업무실력 정도면 신뢰를 얻을 만하다고 생각해요."

정말 그렇게 생각하는가?

"제가 화를 좀 잘 내는 성격이지만, 그래도 전 공부를 잘하니까 선생님이나 친구들이 저를 신뢰하는 마음은 변함이 없을 거라고 생각해요."

정말 그럴 것이라고 생각하는가?

사람들은 상대방이 자신에게 어떻게 대하는가에 따라서 하루에도 수십 번씩 마음을 바꿀 수 있는 유일한 동물이라는 것을 명심하기 바란다. 특히 개인 사업을 하거나 비교적 규모 있는 회사를 이끌어 가는 리더나 전문경영자들의 경우에는 더욱더 앞으로 이 책에서 다루어지게 될 '화'와 '신뢰'의 역관계 사례들에 주목할 필요가 있다.

"우리 직원들은 내가 화를 버럭 내도 날 믿고 잘 따라와 준다. 그런 걱정은 할 필요가 없다."

이런 리더나 경영자는 절대로 직원들의 감춰진 열정을 발견하고 밖으로 이끌어 내어 회사의 업무 효율과 이익을 극대화하는 데 기여할 수 없다는 것을 깨달아야 한다.

"우리 애인은 내가 화를 내면 아주 터프해서 멋지다고 오히려 좋아하던걸?"

그러나 당신의 애인이 당신을 진정으로 남편감으로 생각하기 시작했다면, 이제부터는 그런 당신의 모습이 오히려 인생을 함께 살아가는 데 있어 하나의 큰 '불안감'으로 생각된다는 것을 명심하기 바란다.

결론은 당신이 화를 내는 즉시, 당신을 향한 상대방의 신뢰는 허공으로 달아나 버린다는 사실이다. 본의 아니게 인간의 뇌 구조가 그렇게 명령한다는 사실을 명심하길 바란다. 그렇다면 결국 화가 나거나 스트레스 받는 문제는 스스로 현명하게 해결해야만 하는 것이다.

데일은 화나 스트레스를 극복하기 위해서는 스스로 긍정적인 생각을 하는 것이 반드시 필요하다고 강조한다.

"회사나 단체에서 목표를 향해 정진하다 보면 많은 문제에 봉착하게 되고 직무적인 갈등이 항상 존재하게 되는데 이를 스트레스로 생각한다면 직장생활뿐만 아니라 사회생활에도 어려움을 가져올 수 있다. 똑같은 스트레스를 받더라도 크게 받는 사람이 있고, 대수롭지 않게 넘기는 사람이 있다. 스트레스가 또 다른 스트레스를 유발하는 사람들은 회사에서 받은 스트레스를 사회생활 전체로까지 확대하려는 경향이 있다. 그러나 회사나 직무에서 받은 스트레스를 대수롭지 않게 생각하고 긍정적으로 생활함으로써 주위 사람들에게 부담감을 주지 않는 편안한 사람이 있다. 당신은 어느 사람을 신뢰할 수 있겠는가?"

TRUST 03
진실한 마음으로 다가서야 한다

다른 동물과 달리 개는 사람에게 실질적으로 도움이 되지는 않는다. 닭은 계란을 낳고, 소는 우유를 제공하고, 카나리아는 노래를 부르지만, 개는 오직 사람들에게 애정을 바칠 뿐이다. 한마디로 개는 무위도식하는 동물이다. 그런데도 사람들은 어느 동물보다 개를 아끼고 사랑한다. 그 이유는 무엇일까?

개는 어떤 계산도 하지 않고 순수하게 애정을 바치기 때문이다. 주인이 접근하면 꼬리를 흔들고, 어루만져주면 좋아서 어쩔 줄을 모른다. 속셈을 가지고 애정을 표현하지 않는다.

개의 애정법은 자신의 지지자를 얻는 데 큰 지침이 된다. 개는 상대의 관심을 끌려고 하기보다는 상대에게 순수한 관심을 보인다. 이러한 행위는 상대방의 마음을 움직이는 데 결정적인 역할을 한다. 남의 관심을 사기 위해 속이 빤히 드러나 보이는 노력을 하기보다 상대에게 순수하게 다가서는 것이 훨씬 많은 지지자를 얻을 수 있다.

　미국의 루스벨트 대통령은 그 대표적인 인물이라 할 수 있다.

　루스벨트 대통령은 집안일을 하는 고용인까지 존경하고 따를 만큼 절대적인 인기의 소유자였다. 요리사였던 제임스가 집필한 《요리사의 입장에서 본 시어도어 루스벨트》라는 책을 보면 그 인기 비결이 상세하게 나와 있다.

　어느 날 제임스의 아내는 대통령에게 딱따구리가 어떻게 생긴 새냐고 물어본 적이 있었다. 그때까지 그의 아내는 딱따구리를 본 적이 없었다. 대통령은 그의 아내에게 딱따구리에 대해 자세하게 가르쳐 주었다.

　그리고 얼마 후, 관저에 있는 제임스의 집에 전화가 걸려왔다. 전화를 한 사람은 루스벨트 대통령이었다. 제임스의 아내가 전화를 받자 루스벨트는 그녀에게 집 창 밖에 딱따구리가 한 마리 와 있으니 내다보라고 일러주었다. 그의 아내가 딱따구리를 볼 수 있게끔 대통령이 일부러 전화를 한 것이었다.

　지위고하를 막론하고 모든 사람들을 진실한 마음으로 대했던 루스벨트의 일화는 수없이 많다.

　한번은 퇴임한 루스벨트가 백악관을 방문한 적이 있었다. 그런데 그는 그가 재임할 때부터 일하던 고용인들의 이름을 한 사람도 빠짐없이 기억하고 있었다. 그리고 그들의 이름을 친근하게 불러주고 한 사람씩 돌아가며 안부를 물었다. 루스벨트를 보필했던 고용인들은 한결같이 그와 함께했던 때를 영원히 잊지 못할 행복한 시기였다고 말했다.

　사람을 진심으로 대하는 루스벨트를 누가 좋아하지 않을 수 있겠는가.

내가 먼저 진심에서 우러나오는 관심을 보이면 상대도 반드시 호의를 보이며 믿게 되어 있다. 반면 상대에게 무엇인가를 바라거나 손익을 따지고 대하면 상대 또한 나에게 진심으로 대하지 않는다. 다시 말해 진심으로 대하지 않으면 상대의 마음을 움직일 수 없다.

데일 카네기는 해마다 달력에 친구들의 생일을 기록했다. 그리고 생일이 다가오면 그 친구들에게 축전과 축하 편지를 보냈다. 큰 비용이 들지 않았지만 친구들은 어떤 비싼 선물보다 기쁨과 감동을 받았다. 진심으로 친구들을 아끼고 사랑하는 카네기의 마음이 그들에게 전달된 것이다.

많은 사람들을 자신의 지지자로 만들려면 성의 있고 진실한 태도로 대하여야 한다. 감언이설은 상대방에게 잠시 호감은 줄 수 있지만 금방 들통이 나고 만다.

반면 진실한 마음은 영원히 빛이 바래지 않고 상대에게 깊은 인상을 남기며 신뢰하게 된다. 링컨이나 루스벨트 등의 인물들이 지금까지 수많은 사람들의 존경과 사랑을 받는 것은 진심 어린 마음으로 사람을 대했기 때문이다.

TRUST 04
감정적으로
행동해서는
안 된다

우리는 감정이 상했을 때 이성적으로 행동하지 못한다. 마음 가는 대로 화풀이를 하거나 결과는 생각하지 않고 성급한 판단을 내린다. 그러나 타인으로부터 신망과 신뢰를 얻으려면 어떤 상황에서도 감정적으로 행동해서는 안 된다.

우리가 알고 있는 유명한 지도자들은 대개 외교적인 사람이었다. 외교적인 사람이란 상대가 누구든 시비를 가리는 논쟁을 하지 않고, 상대의 잘못을 지적하지 않으며 좋은 관계를 유지하는 수완을 발휘하는 이를 가리킨다. 이들은 자신의 감정을 드러내지 않고 상대의 의견을 존중하며 결코 자신이 우월하다고 생각하지 않는다. 그리고 인간관계를 무엇보다 우선시한다.

뉴욕의 리버티 가에서 정유 관련 특수 장치를 판매하는 F. J. 마하니의 이야기는 외교적인 사람이 어떤 것인지 잘 보여준다.

롱아일랜드의 한 거래처로부터 제작 주문을 받은 마하니는 상대방에게 결재를 받고 장치 제작에 착수했다. 그런데 불미스러운 일이 벌어졌다. 그것을 주문한 거래처의 사장이 주변 사람들에게 그 장치에 대한 이런저런 이야기를 듣고는 의심을 하기 시작했던 것이다.

사기를 당했다고 생각한 그는 그 장치에 대해 트집을 잡고 온갖 불평을 했다. 그러더니 끝내는 화를 내며 제작 중인 주문품을 인수할 수 없다고 버텼다.

마하니는 터무니없는 소문을 듣고 고집을 부리는 그가 못마땅했지만 감정적으로 맞서지 않기로 마음을 먹었다.

마하니는 다시 제품을 낱낱이 재검토하기 시작했고, 아무런 결함이 없다는 것을 확신했다. 고객과 그의 주변 사람들의 이야기는 엉뚱한 것이었지만 그것을 사실대로 지적하지 않았다. 그의 기분이 상하면 모두 일이 수포로 돌아가기 때문이었다.

마하니는 고객을 만나기 위해 롱아일랜드까지 찾아갔다. 그의 사무실로 들어서자마자 마하니는 험한 표정의 고객과 맞닥뜨려야 했다. 마하니는 고객이 실컷 화를 내도록 내버려두었다. 고객은 마하니에게 이 문제를 어떻게 해결했으면 좋겠냐고 물었다.

마하니는 그가 원하는 대로 제품을 만들어 주겠다고 대답했다. 그리고 지금까지 제품을 제작하기 위해 투자한 2천 달러를 고객을 위해 기꺼이 부담하겠노라고 말했다. 그러나 누군가가 책임을 져야 하므로 고객이 설계한 대로 제작했을 경우 문제가 생기면 그 책임은 고객이 져야 할 것이라고 충고했다. 하지만 우리가 설계한 대로 제작을 맡긴다면 그에 따르는 책임은 우리가 질 것이라고 말했다.

마하니의 말을 들은 그는 어느 정도 흥분을 가라앉혔다. 잠시 후 그는 마하니의 제안을 받아들이고 만약 결함이 생겼을 경우 손해를 감수해야 할 것이라고 엄포를 놓았다.

물론 마하니의 회사에서는 결함 없는 제품을 생산해냈다. 그러자 고객은 똑같은 제품을 두 개 더 주문했다.

어느 누구도 논쟁을 피하기란 힘든 일이다. 그러나 마하니는 자신의 감정을 잘 다스림으로써 고객을 확보하고 회사에 큰 이득을 가져다주었다.

만일 마하니가 외교성을 갖추지 않았다면 어떻게 되었을까? 일을 그르쳤을 뿐만 아니라 그 고객을 영원히 잃고 말았을 것이다.

외교성은 비즈니스에서만 중요한 것이 아니라 모든 관계 속에서 빛을 발한다. 그러므로 각박한 세상에서 살아남기 위해서는 외교성을 지녀야 한다. 물론 갑자기 외교적인 사람이 되는 것은 불가능한 일이지만 꾸준히 연습을 한다면 불가능한 것도 아니다.

"짧은 세 치의 혀가 사람을 살릴 수도 있고 죽일 수도 있다."라는 말이 있다. 그만큼 말은 인간관계에 있어 매우 중요하다. 말 한마디에 상대방을 자신의 편으로 혹은 자신의 적으로 만들 수 있기 때문이다.

다른 사람들로부터 신뢰를 얻고 자신의 사람으로 만들기 위해서는 상대방의 기분을 상하지 않게 온화한 말을 사용해야 한다. 공격적이고 거친 말투나 상대를 비하하는 발언은 다른 사람의 기분을 상하게 할 뿐만 아니라 자존심을 상하게 한다.

이러한 경우는 수없이 많다.

한 남자가 레스토랑에 갔을 때 벌어진 일이다. 식사 시간이 겹쳐 레스토랑은 사람들로 북적거렸다. 직원들은 손님들의 주문을 받고 서빙을 하느라 정신이 없었다. 그러던 중 불미스러운 일이 벌어지고 말았다.

한 직원이 주문 사항을 잘못 기입하여 남자에게로 와야 할 홍차가 다른 손님에게 가고, 그 손님에게 가야 할 커피가 남자에게 왔던 것이다. 손님은 대뜸 직원에게 "이게 뭐야? 귀를 장식으로 달고 다니냐?"며 거친 어투로 화를 냈다.

직원은 무안한 표정으로 머리를 조아리며 사과를 했다. 그런데도 그는 한참 동안 직원에게 화풀이를 했다. 결국에는 화를 풀었지만 직원은 불쾌한 표정으로 커피를 갖다주었다.

그 남자 역시 주문한 것이 잘못 나왔기 때문에 그 직원을 불렀다. 이미 다른 손님에게 호되게 당한 직원은 굳은 표정을 하고 있었다. 그래서 남자는 직원의 마음을 상하지 않게 하면서 자기 요구를 어떻게 부탁할 것인가 고민했다.

그 남자는 직원에게 "수고를 끼쳐서 미안하지만, 커피보다는 홍차를 마시고 싶군요."하고 친절하게 말을 건넸다. 그러자 직원은 죄송하다는 말과 함께 미소를 지으며 홍차를 가져다주었다. 너무나 단순한 방법이지만 직원의 침울했던 표정이 금세 밝아졌다.

직원이 한 손님에게는 얼굴을 찡그리며 서빙을 하고, 그 남자에게는 미소를 띠며 했던 것은 왜일까? 한 손님은 거친 어투로 직원의 감정을 상하게 했고, 그 남자는 상대를 기쁘게 하는 온화한 말투를 사용했기 때문이다.

TRUST 05
함부로 사람을
판단하고
심판해서는
안 된다

친구와 애인, 직장 동료나 상사, 심지어 가족 간의 관계에서도 우리는 '신뢰'를 잃어버릴 수 있는 많은 습관을 가지고 있다.

그중 하나가 화를 참지 못하고 때와 장소를 분별하지 못하고 내뱉는 습관이다. 사실 이것 하나만이라도 제대로 억제하고 상대를 헤아려보고 우호적인 태도로 존중하는 습관을 가질 수 있다면, 당신은 누군가에게 반드시 깊은 신뢰를 얻게 될 것이 분명하다.

앞에서 예를 들었지만 록펠러가 만일 다른 방법을 택했다고 가정해 보자. 그래서 노동자 대표들에게 넌지시 그들의 임금 인상 요구가 무리한 것이며, 폭력 사태로 치닫게 된 것이 과격한 일부 노조원들의 감정적 행동이었다고 말했다면 어떤 일이 일어났을까?

그들의 분노는 더욱 커졌을 것이고, 더 많은 증오와 폭동이 생겼을 것이다.

당신이 사랑하는 애인과 다툼을 벌이다가 서로 마음의 벽을 갖게 되었을 경우, 내가 잘했다라고 하며 남의 탓을 하는 방법으로는 도저히 깊은 화해를 끌어낼 수가 없을 것이다.

상대가 나의 가슴을 아프게 만들었다고 하더라도, 상대방이 나에게 상처를 준 사실이 분명하다고 할지라도, 먼저 상대방의 마음은 얼마나 아프고 힘들까를 생각해 줄 수 있다면 상대방은 그런 당신에게 더없는 미안함과 무한한 신뢰를 느끼게 될 것이다.

데일은 여기에서 인도의 아버지 마하트마 간디의 교훈을 들려준다.

"타인을 헐뜯기 전에 자신을 바로잡아라. 타인에 대한 비난은 언제나 정확하지 않다. 왜냐하면 아무도 그 사람의 내부에서 일어나고 있는 일을 알 수 없기 때문이다. 인간은 강물처럼 흐른다. 항상 똑같은 사람일 수 없다. 그러니 함부로 사람을 판단하고 심판해서는 일을 그르칠 수 있다. 내가 판단을 내렸을 때 그 사람은 이미 다른 사람이 되어 있을 수도 있기 때문이다."

간디의 이 말은 상대를 자신의 주관대로 판단하여 값싼 평가를 내리거나 비난하기보다는 포용하고 이해하라는 뜻이다.

만일 어떤 사람이 당신에 대해 조금이라도 좋지 않은 감정을 갖고 있다면, 당신은 그 사람에게 그 어떤 미사여구와 논리를 가지고도 '신뢰'를 얻어내기 힘들 것이다. 즉 당신은 그의 마음을 움직일 수가 없다.

링컨은 이런 말을 했다.

"한 통의 쓸개즙보다는 한 방울의 꿀이 더 많은 파리를 잡을 수 있다."

인간관계에서 이 말은 진리로 간주된다. 따라서 여러분도 만일 누군가를 내 편으로 만들고 싶다면, 우선 그 사람에게 당신이 그의 진정한 친구임을 확신시켜 주도록 해야 한다. 당신의 이러한 태도가 상대의 마음을 사로잡는 한 방울의 꿀이며, 신뢰를 얻는 최선의 방법 중 하나이다.

　가정에서 아이들을 꾸짖는 아버지, 직장에서 부하 직원에게 윽박지르는 상사, 그리고 애인이나 배우자의 사회생활에 대해 사사건건 잔소리를 늘어놓는 사람들은 상대방이 점점 좋지 않은 감정을 쌓아가고 있음을 깨달아야 한다.
　상대방이 아무리 잘못을 저질렀다고 해도, 친구와 크게 다투었다고 해도, 애인이 아무리 큰 실망을 안겨 주었다고 해도, 그들로부터 내 자신을 향해 흐르고 있는 신뢰의 강물은 마르지 않도록 해야 한다.
　진심으로 상대를 이해하고, 다정하게 문제를 의논해 주며, 겸허하게 문제를 풀어가는 태도가 신뢰를 쌓는 비결인 것이다.

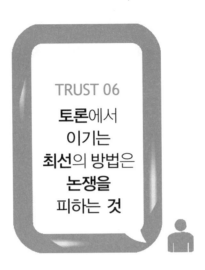

TRUST 06

토론에서 이기는 최선의 방법은 논쟁을 피하는 것

경쟁심은 뿌리 깊은 인간의 본능으로, 어느 누구도 상대에게 지는 것을 원치 않는다. 사람은 누구나 본능적으로 경쟁에서 이기고자 하는 욕구를 가지고 있다. 주위를 보면 온통 경쟁심에 가득 찬 사람들이 넘쳐흐른다.

사람은 저마다 추구하고 바라는 것이 다르기 때문에 갈등을 빚게 마련이다. 이것은 불가피한 일로 욕심이 사라지지 않는 한 그 누구도 피해갈 수 없다. 자신의 마음속에서도 심리적으로 수많은 갈등이 생기는데 하물며 타인과의 관계에서는 오죽하겠는가.

링컨은 동료들과 자주 격렬한 논쟁을 벌이는 청년 장교에게 이렇게 나무란 적이 있다.

"자기 향상을 꿈꾸는 사람은 논쟁을 하고 있을 여유가 없는 법이다. 더구나 논쟁의 결과는 뻔하지 않는가? 마음이 불쾌해지거나 자제심을 잃어버릴 뿐이다."

상대의 의견이 백 퍼센트 옳다 해도 사람들은 그것을 인정하려 하지 않는다. 좀처럼 자신의 의견을 꺾지 않는다. 그래서 시시비비를 놓고 논쟁을 하게 되면 결론을 짓지 못하고 서로의 기분만 상할 뿐이다. 따라서 논쟁이 일어날 소지가 있다면 피하는 것이 상대방의 마음을 사로잡는 데 유리하다.

데일 카네기도 한때 논쟁하기를 주저하지 않았던 적이 있다. 본래 토론을 좋아하는 편이었던 그는 젊은 시절 형과 늘 의견이 맞섰으며, 대학에서 토론회에 참가해서도 논리적인 증거를 제시하지 않으면 좀처럼 의견을 굽히지 않았다. 그런데 우연한 계기로 논쟁을 하는 것이 얼마나 어리석은 일인지 깨닫게 되었다.

사건의 전말은 이렇다.

데일은 런던의 한 연회에 참석하게 되었는데, 옆자리에 있던 남자가 "인간이 첫 손질을 하고, 완성은 신이 한다."라는 인용구와 관련된 재미있는 이야기를 했다. 그 남자는 이 말이 성서에 나오는 문구라고 말했다. 그러나 사실 그 문구는 셰익스피어의 작품에 나오는 내용이었다. 그래서 데일은 잘못된 부분을 지적했다. 당시 데일은 자신의 중요성과 우월감을 충족시키기 위해 그 남자의 잘못을 지적하는 잘못, 즉 미움받을 행동을 한 것이다.

남자가 흥분을 하며 자신의 주장이 옳다고 단언했다. 이에 맞서 데일도 자기 의견을 굽히지 않았다. 그때 데일의 왼편에는 오랜 친구이자 셰익스피어의 작품에 조예가 깊은 프랭크 가몬드라는 사람이 앉아 있었다. 데일은 가몬드에게 시비를 가려달라고 부탁했다.

가몬드는 두 사람의 의견을 귀 기울여 듣더니 잠시 후, 테이블 밑으로 카네기의 발을 툭 건드리고는 아무 말도 하지 않는 것이었다.

연회가 끝나고 돌아오는 길에 데일은 가몬드에게 다시 한 번 물었다. 그러자 가몬드는 카네기 말대로 셰익스피어의 작품 《햄릿》에 등장하는 문구라고 대답했다.

데일은 어이가 없어 왜 진실을 밝혀주지 않았냐고 물었다. 그러자 가몬드는 남자의 잘못을 증명할 필요성을 느끼지 못했기 때문이라고 대답했다. 가몬드는 데일에게 설사 그의 말이 잘못되었음을 증명한다 해도 상대방에게 호감을 줄 수 없으며, 게다가 그는 자신의 말이 옳은지 그른지 데일의 의견을 구하지도 않았다고 말했다. 말하자면 데일의 의견 따위는 듣고 싶어 하지도 않았다는 것이다.

생각해 보니 가몬드의 말이 모두 옳았다. 시시비비를 가려봤자 이래저래 데일에게 마이너스가 되는 행위였다.

그 경험 이후 데일은 토론에서 이기는 최선의 방법은 논쟁을 피하는 것이라는 결론에 도달했다. 논쟁은 대부분 서로 자신의 주장이 옳다는 확신으로 끝나버리기 때문이다.

시시비비를 가리는 일에서 이긴다는 것은 불가능한 일이다. 만약 지게 되면 말 그대로 진 것이고, 비록 이긴다 하더라고 결과는 마찬가지이다. 이겨서 우월감을 충족시킬 수는 있지만, 진 사람은 자존심이 상했다는 열등감에 휩싸여 분노를 하게 된다. 결국 서로에게 좋지 않은 감정만 심어줄 뿐이다.

"인간은 억지로 설득은 당해도 수긍은 하지 않는다."라는 말이 있듯이 논쟁은 답이 나오지 않는 쓸데없는 행위이다. 그러므로 자신의 의견이 옳다고 해도 그것이 사소한 것이라면 상대에게 양보를 해야 한다. 아무리 올바른 논쟁을 한다 해도 상대방의 마음을 바꾸기란 쉽지 않다.

TRUST 07
논쟁을
피하는 **방법**

자신이 아무리 논쟁을 피하고 싶다 해도 여의치 않을 때가 있다. 논쟁을 좋아하는 사람은 이쪽이 회피한다고 해도 자신이 원하는 결론이 나지 않으면 끝까지 물고 늘어진다. 상대에게 좋은 감정을 심어주기를 바라는 입장에서는 난처한 일이 아닐 수 없다.

상대가 논쟁을 좋아한다면 무조건 피한다고 문제가 해결되지 않는다. 여기에는 특별한 비결이 필요하다.

패트릭 J. 오헤아라는 남자의 일화는 이 문제에 대한 명쾌한 답변을 해준다.

그는 트럭을 파는 세일즈맨으로 교양은 부족했으나 토론하기를 좋아하는 사람이었다. 그는 어떤 손님과 시비를 가리는 논쟁을 벌이더라도 한 번도 져본 적이 없었다. 하지만 항상 실적은 저조했다. 그는 자신의 의견이 옳았음을 고객에게 증명하고도 트럭을 한 대도 팔지 못하는 상황이 이해가 가지 않았다. 그래서 강습회에 나가 영업 실적을 올릴 수 있는 대화법을 가르쳐달라고 부탁했다.

강사는 그에게 대화의 요령을 가르치지 않았다. 강사의 도움 없이도 그의 말솜씨는 충분히 유창했기 때문이다. 강사는 다만 그에게 침묵을 지키고 논쟁을 회피하라고 말했다. 그러자 그는 직업의 특성상 침묵을 지킬 수 없다고 말했다. 그래서 강사는 그에게 상대에게 논쟁의 여지를 주지 말라고 조언했다. 방법은 이랬다.

가령 물건을 팔러 갔을 때 상대가 자사의 제품에 대해 비난을 하고 다른 회사의 제품을 칭찬한다면 시시비비를 따지며 설득하기보다는 맞장구를 치며 상대의 의견에 적극 동조를 하는 것이었다.

실제로 패트릭은 이 방법을 적용하여 훗날 회사에서 가장 트럭을 잘 파는 세일즈맨이 되었다.

그의 일화를 하나 더 들어보자.

어느 날 그는 고객을 찾아가 자사의 트럭에 대해 설명을 하려 했다. 그런데 이 고객은 그의 말은 듣지도 않고 대뜸 이렇게 말했다.

"당신네 회사의 트럭은 참 못 쓰겠더군. 거저 준다 해도 싫어요. 내가 만일 트럭을 산다면 후즈이 제품을 사겠어요."

패트릭은 상대방의 잘못된 편견이며, 자사의 트럭이 얼마나 많은 장점을 가지고 있는지 반박하고 싶은 마음이 굴뚝같았지만 마음을 다스리고 고객에게 이렇게 말했다.

"옳은 말씀입니다. 후즈이의 트럭은 괜찮은 제품입니다. 그것을 사시면 틀림없이 후회하지 않으실 겁니다. 회사도 건실하고 사원들도 모두 우수하지요."

그가 자신의 의견에 반발하기보다는 적극 동조를 하자 고객은 입을 다물어 버렸다. 이 말에는 논쟁의 여지가 없었기 때문이다. 상대방이 자신의 의견에 동의를 하는데 후즈이 트럭이 좋다고 더 이상 주장할 이유가 있겠는가.

고객이 논쟁할 의욕을 상실한 틈을 타 그는 자사 트럭의 장점에 대해 천천히 이야기를 했다. 부정적인 편견을 가지고 있던 고객은 방어적인 자세를 풀고 그의 말에 귀를 기울였다. 그리고 흔쾌히 트럭을 구입했다.

만일 그가 예전과 같이 화를 내고 후즈이 트럭의 단점을 조목조목 따지며 논쟁을 했다면 어떻게 되었을까. 그는 그 고객을 설득시킬 수 있었을지는 모르나 트럭은 팔지 못했을 것이다.

손뼉도 마주쳐야 소리가 나듯 논쟁도 상대가 맞받아쳐야 성립되는 것이다. 아예 상대의 의견에 동조를 한다면 논쟁을 하고 싶어도 할 수 없다. 겉으로 보기에 패배를 인정하는 것처럼 보일 수도 있지만, 논쟁의 여지를 주지 않는 것은 상대를 내 편으로 끌어들이고 신뢰를 얻는 고차원적인 방법이다.

상대와 논쟁이 일어날 기미가 보인다면 일단 회피해야 한다. 만일 그것이 여의치 않다면 상대의 의견에 동조해야 한다.

시시비비를 가리는 사소한 논쟁에서 이기는 방법은 바로 지는 것이다.

논리적으로 설득하고 스스로 생각하도록 해야 한다

상대방이 자신의 말을 듣도록 하기 위해서 강압적으로 명령을 내리거나 협박을 하는 경우가 있다. 물론 이 방법은 상대방을 굴복시키는 데 매우 효과적이다. 하지만 진심에서 우러나온 믿음이 아니기에 진정 자신의 편으로 만들 수 없다.

유능한 사람은 상대방이 자발적으로 자신을 믿고 따르도록 만든다.

상대의 마음을 유도하는 그들의 방법은 매우 자연스럽고 부드러우며 절대 억지를 부리거나 강요하지 않는다.

사람을 잘 다루고 믿고 따르게 하려면 매우 논리적이어야 한다. 비논리적인 주장을 펼치는 사람에게 그 누가 자발적으로 자신의 잘못을 인정하겠는가. 따라서 상대의 마음을 움직이려면 어떤 반박에도 타당성 있는 대답을 할 수 있는 준비를 갖추어야 한다. 상대를 논리적으로 대하면 장황하게 설명하고 설득하려 하지 않아도 마음이 움직이게 되어 있다.

다음은 세일즈맨 조셉 앨리슨의 일화이다.

앨리슨이 담당하고 있는 구역에는 그의 전임자가 10년 동안 쫓아다녀도 제품을 팔지 못한 한 회사의 사장이 있었다. 앨리슨 역시 이 구역을 맡고 3년 동안 찾아다녔지만 결과는 마찬가지였다. 그런데 운 좋게 서너 대의 모터를 팔 수 있었다. 만약 그 모터의 성능이 그 사장의 마음에 들기만 한다면 수백 대의 주문을 받을 수 있는 절호의 기회였다.

모터의 성능은 타사의 제품에 뒤지지 않을 만큼 뛰어났으므로 앨리슨은 큰 기대를 하고 있었다.

3주일 후, 앨리슨은 의기양양하게 그 사장을 찾아갔다. 그런데 그 사장은 모터의 성능이 형편없다며 불만을 토로했다. 제품의 성능에 자신이 있었던 앨리슨에게 이는 청천벽력과 같은 이야기였다.

앨리슨은 마음을 추스르고 자사의 제품을 왜 성능이 형편없다고 생각하는지 물었다. 그러자 그 사장은 인상을 찌푸리며 모터에서 열이 많이 나서 손을 댈 수가 없다고 말했다.

앨리슨은 화가 많이 났지만 섣불리 감정을 드러내서는 안 된다는 것을 오랜 경험을 통해 잘 알고 있었다. 앨리슨은 우선 그의 화를 다스리기 위해 그 사장의 의견에 전적으로 동의했다. 그런 다음 논리적으로 설득하기 시작했다. 그는 먼저 협회의 기준에 모터의 온도가 실내 온도보다 화씨 72도까지 올라가는 것을 허용한다는 것을 알고 있느냐고 물었다. 그리고 공장 내의 온도가 몇 도쯤 되느냐고 물었다.

그러자 그는 75도쯤 된다고 대답했다. 앨리슨은 이를 놓치지 않고 모터의 허용 온도 72도에 공장 내의 온도 75도를 더하면 147도가 되므로 상처를 입지 않을 수 있겠느냐고 반문했다. 앨리슨의 논리적인 설명에 그는 완전히 설득당하고 말았다. 앨리슨은 그 자리에서 상당한 액수의 모터를 주문받을 수 있었다.

앨리슨이 만약 논리적인 설명 없이 무조건 자신이 옳고 상대가 틀리다고 말했다면 어떻게 되었을까? 분명 상대의 심기를 건드려 주문을 더 받을 수 없었을 뿐 아니라 회사 전체의 이미지에 손상을 주어 막대한 손해를 보았을 것이다.

비논리적인 사람은 성공하기 어렵다. 비논리적인 생각으로는 많은 사람들을 설득하고 다룰 수 없기 때문이다. 따라서 논리적인 사람이 되도록 노력해야 한다. 이는 곧 사람들의 마음을 사로잡는 강력한 무기를 얻는 것이다.

앨리슨의 일화에서 보듯이 사람들은 대개 타인에 의해 강요된 의견보다는 자기 스스로 생각해 낸 의견을 더 중시한다. 이 말은 근본적으로 남에게 의견을 강요하는 것은 잘못된 일이라는 의미이기도 하다. 힌트만 주고 상대로 하여금 결론을 내리게 하는 것이 현명한 방법이다.

강요당하고 있다든가, 명령을 받고 있다는 느낌을 좋아할 사람은 아무도 없다.

TRUST 09
스스로 생각하도록 만드는 능력

우리가 알고 있는 유능한 사람들은 대개 상대가 스스로 생각하도록 만드는 능력이 뛰어났다. 그중 시어도어 루스벨트는 가장 대표적인 인물이라 할 수 있다.

그가 뉴욕 주지사로 재직하고 있을 무렵, 그는 각 정당의 대표들과 친근하게 지내면서도 그들이 반대하는 정치 개혁을 강행하고는 했다. 특히 중요한 보직을 결정할 때마다 각 정당의 대표들을 초대하여 그들로 하여금 후보자를 추천하도록 했다. 다음은 그에 대한 이야기이다.

루스벨트가 인물을 추천해달라고 하자 각 당의 대표들은 자기 정당의 사람들을 추천했다. 루스벨트는 그들이 추천한 사람들을 검토해 보았지만 중요 보직을 수행하기에 적당하지 않았다. 그래서 루스벨트는 대표들에게 시민들이 그 인물을 보직에 앉힌 이유를 수긍하지 못할 것이라고 말하고 보류시켰다.

루스벨트는 대표들에게 좀 더 시민들이 납득할 수 있는 적임자를 추천해달라고 하며, 한 번만 더 깊게 생각해 봐달라고 부탁했다. 그런 후에야 비로소 대표들은 루스벨트가 염두에 두고 있던 인물을 추천했다. 루스벨트는 그들에게 감사를 표하며, 그 사람을 임명했다.

각 당의 대표들에게 스스로 생각하고 결정할 수 있는 권한을 줌으로써 반대에 부딪치지 않고 자신이 원하던 인물을 보직에 앉힌 것이다. 만일 처음부터 천거할 사람을 지명했다면 대표들의 거센 반대에 부딪쳤을 것이다.

상대에게 스스로 생각할 수 있는 기회를 부여하는 것이 그를 내 편으로 끌어들이는 데 얼마나 효과적인지 깨닫기란 어려운 일이다. 왜냐하면 인간은 본능적으로 자신의 생각을 상대에게 주입시켜 설득하려고 하기 때문이다.

어떤 한 남자는 수천 달러의 손해를 보고서야 이 진리를 깨달았다.

스타일리스트나 직물업자에게 스튜디오 디자인을 판매하는 그는 거래를 성사시키기 위해 뉴욕의 어느 일류 디자이너를 3년 동안 한 번도 거르지 않고 방문했던 적이 있다. 그 디자이너는 그를 매주 만나주기는 했지만 단 한 번도 그의 디자인을 사준 적이 없었다. 매번 그려간 스케치를 보면서 마음에 들지 않는다고 되돌려주었다. 그가 들인 시간이나 노력을 생각한다면 수천 달러의 손해를 보는 일이었다.

계속 실패를 거듭한 뒤 그는 다른 방법을 강구해야 할 필요성을 느꼈다. 그리고 디자이너를 자신의 편으로 만들 수 있는 방법을 찾아냈다.

그는 새로운 방법을 실험하기 위해 미완성된 디자인 몇 장을 가지고 디자이너 사무실로 찾아갔다. 그러고는 오늘은 미완성된 스케치를 가지고 왔으니 이것을 어떻게 완성시켜야 할지 조언을 해달라고 부탁했다. 그러자 그 디자이너는 말없이 스케치를 쳐다보더니 2~3일쯤 연구해볼 테니 한번 더 방문해달라고 말했다.

3일 후 그는 디자이너를 찾아갔다. 그리고 디자이너로부터 여러 가지 의견을 들은 다음, 스케치를 다시 가지고 와서 작품을 완성시켰다.

디자이너는 그의 작품을 보고 두말할 것 없이 모두 구입했다. 즉 디자이너는 자기가 필요로 하는 디자인을 스스로 창작하고 그것을 구매까지 한 셈이다.

그는 이 일을 계기로 몇 년 동안 디자이너를 설득하는 데 실패한 이유를 절실히 깨달았다. 자신의 생각을 강매하려고만 했던 것이다.

어린아이조차 자신의 의견을 무시한 채 강요하는 것을 좋아하지 않는다. 이 점을 염두에 두지 않는 사람은 어떤 분야에서든 성공할 수 없다. 따라서 상대방의 생각을 통제하고 싶더라도 상대로 하여금 스스로 생각하게 한 다음 차분하게 논리적으로 설득해야 한다. 그렇지 않으면 당신은 상대로부터 신뢰를 얻을 수 없기 때문에 무슨 일이든 실패하고 말 것이다.

TRUST 10
비난은 반발심만 불러일으킨다

상대방이 실수를 하거나 잘못을 저질렀을 때, 사람들은 대개 비평을 하거나 잔소리를 늘어놓는다. 마치 그 사람보다 우월한 존재인 양 가르치려 든다. 물론 비난이나 비평이 상대에게 좋은 영향을 미칠 수도 있지만 대부분은 반발심만 불러일으킬 뿐이다.

미국의 실업가인 존 워너메이커는 다른 사람을 나무라는 것만큼 어리석은 일은 없다고 말했다. 그 이유는 인간은 어느 누구도 완전하지 못하기 때문이다. 그는 젊은 시절에 이미 이 사실을 깨달았지만 대다수 사람들은 뒤늦게야, 심지어 죽을 때까지 모르고 사는 경우가 많다.

인간은 자신이 아무리 큰 잘못을 저질러도 쉽게 스스로를 나쁘다고 생각하지 않는다. 뉴욕 범죄 역사상 가장 포악한 살인범으로 불리는 크로레가 가장 대표적인 경우라 할 수 있다.

1931년 5월 7일 뉴욕에서는 보기 드문 대규모 범인 소탕전이 벌어졌다. 포악한 살인범인 크로레가 몇 주간에 걸친 수사 끝에 마침내 꼬리를 잡힌 것이다. 경찰에 쫓기던 그는 정부(情婦)가 살고 있는 웨스트엔드 가의 아파트로 도망쳤다. 150여 명의 경찰은 그가 숨어 있는 아파트의 위층을 점거하고 지붕에 구멍을 뚫고 최루가스를 집어넣어 크로레를 사로잡으려고 했다. 또 돌발적인 사태에 대비하여 주위의 빌딩 옥상에는 기관총을 든 경찰들이 대기하고 있었다.

한 시간여에 걸친 경찰과의 격전 끝에 크로레는 체포되었다.

검찰은 크로레가 뉴욕 범죄 역사상 보기 드문 흉악범으로서 조그마한 동기만 있어도 간단하게 살인을 저질렀다고 발표했다. 그런데 아이러니하게도 크로레 자신은 그렇게 생각하지 않았다. 그는 총격전이 벌어지는 상황에서 검찰 관계자에게 한 통의 편지를 남겼는데, 그 안에는 이런 구절이 쓰여 있었다.

"나의 마음, 그것은 삶에 지쳐버린 마음이기는 하지만 부드럽고 온화한 마음이다. 결코 사람을 상하게 하고자 생각한 적이 없는 마음이다."

면허증을 보여달라는 경찰에게 아무 이유 없이 총을 난사하고, 그것도 모자라 차에서 내려 죽은 경찰을 향해 다시 총을 쏜 극악무도한 그가 자신을 '누구 하나 사람을 상하게 할 수 없는 마음의 소유자'라고 생각하고 있었던 것이다. 그는 사형 집행을 받는 순간까지도 "나는 내 몸을 지키려다 이 꼴이 되고 말았다."며 자신의 죄를 인정하지 않았다.

실제로 형무소에 있는 수많은 수감자들이 자기 자신을 악한 사람이라고 생각하지 않는다고 한다. 그들은 자기를 선량한 일반 시민들과 조금도 다르지 않은 존재라고 여기며, 왜 금고를 털지 않으면 안 되었는지 혹은 사람을 죽이지 않으면 안 되었는지 등의 이유를 그럴싸하게 설명한다고 한다. 이처럼 흉악한 범죄를 저지른 사람들까지도 자신을 정당화하려고 하는데 일반인들은 어떻겠는가?

타인의 허물을 찾아내는 것은 쓸데없는 짓이다. 상대는 곧 방어 태세를 갖추고 어떻게든 자신을 정당화하려고 할 것이기 때문이다. 게다가 자존심이 상하게 된 상대는 반항심까지 생겨 적의를 품게 되기 때문이다.

훌륭한 인품의 소유자로 널리 알려진 에이브러햄 링컨 역시 한때 다른 사람을 비난하는 일을 서슴지 않았던 적이 있다. 그는 젊은 시절, 남을 헐뜯을 뿐만 아니라 상대방을 비웃는 시나 편지를 써서 그것을 일부러 사람들 눈에 띄도록 길에 뿌리기도 했다. 그 일들이 원인이 되어 평생 그에게 반감을 갖고 지낸 사람이 있을 정도였다. 그런데 한 사건으로 인해 그는 다른 사람을 조롱하고 비난하는 일이 얼마나 어리석은 짓인지 깨닫게 되었다.

1842년, 링컨은 《스프링필드 저널》에 제임스 실즈라는 아일랜드 출신의 정치인을 비난하는 글을 써서 보냈다. 이것이 게재되어 제임스 실즈는 사람들에게 비웃음의 대상이 되었고, 격정적이고 자존심이 강한 실즈는 분노를 참지 못하고 링컨에게 결투를 신청했다. 링컨은 결투를 반대하는 입장이었지만 결국 거절하지 못하고 그의 신청을 받아들였다.

약속한 날이 되어 두 사람은 미시시피 강의 모래섬에서 만났다. 그러나 다행히 사람들의 만류로 결투는 무산이 되었다.

이 사건을 계기로 링컨은 사람을 다루는 방법에 대해서 귀중한 교훈을 얻었다. 그 후로 그는 두 번 다시 사람을 무시하거나 조롱하는 일을 하지 않았으며 무슨 일이 있어도 남을 비난하는 행동을 하지 않았다.

남의 결점을 고쳐주려는 마음은 분명히 훌륭하고 칭찬받을 만한 가치가 있다. 그러나 그것은 자신의 결점을 고친 후의 이야기다. 섣불리 타인을 가르치려 들기 전에 먼저 자신을 바로잡는 것이 무엇보다 중요하다.

TRUST 11
분노로 상대의
마음을
움직일 수는
없다

누군가를 설득할 때 화를 내는 사람이 종종 있다. 특히 자신보다 어리거나 지위가 낮은 사람의 마음을 움직이려고 할 때 더욱 그렇다. 하지만 분노는 상대방을 설득하는 데 전혀 도움이 되지 않는다. 아무리 상대가 자신보다 어리고 지위가 낮은 사람이라 할지라도 분노로 상대의 마음을 움직일 수는 없다.

사람들은 대개 상대가 갑자기 화를 내면 반성을 하기보다는 '왜 저 사람이 나한테 화를 내는 걸까?'하고 생각에 빠진다. 아니면 어떠한 방법으로든 그 자리를 모면하고 싶어서 사과를 하는 척하기도 한다. 분노를 드러내는 것은 여러 면에서 상대의 마음을 사로잡는 데 마이너스가 된다.

따라서 상대가 나를 믿고 따르게 하기 위해서는 아무리 화가 나도 분노를 감추어야 한다. 사람은 치밀어오르는 화를 순간적으로 억제하지 못하고 자신도 모르게 겉으로 나타낸다. 그 순간 상대는 본능적으로 자신을 보호하기 위한 벽을 만들게 된다. 그렇게 된다면 상대에게 신뢰를 기대하기란 더욱 어렵게 된다. 그러나 그 순간을 견디면 상대의 마음을 사로잡는 데 매우 유리한 위치를 차지하게 된다.

C. M. 나훌이라는 사람은 이 방법을 사용하여 위기를 기회로 만들었다.

미국 필라델피아에서 연료 파는 가게를 운영하는 나훌은 근처에 있는 대형 체인 스토어에 연료를 납품하기 위해 온갖 애를 쓰고 있었다. 그러나 그 체인 스토어에서는 시외의 업자로부터 연료를 구매하고 있었다. 매일 연료를 실은 트럭이 보란 듯이 가게 앞을 지나갈 때마다 나훌은 불만이 이만저만이 아니었다.

나훌은 사람들을 만날 때마다 체인 스토어에 대한 평소의 분노를 터뜨리면서 체인 스토어가 시민의 적이라고 비난했다. 그렇다고 그가 체인 스토어에 대한 판로 개척을 포기한 것은 아니었다. 체인 스토어에 대한 강한 분노는 그곳에 연료를 공급하고자 희망하는 그의 마음을 반영한 것이었다.

그러던 중 나훌은 자신의 이런 문제를 발표하게 되었다. 데일은 그에게 색다른 전략을 귀띔해 주었다. 그것은 다음 강습회 토론의 주제를 '체인 스토어의 보급은 국가적으로 해로운가?'로 정하고, 나훌이 그 체인 스토어의 변호를 맡는 것이었다.

평소 눈엣가시처럼 생각했던 체인 스토어를 변호하는 것이 지금 문제와 무슨 상관이 있느냐며 의심스러워했지만 그는 결국 데일의 적극적인 권유를 받아들이기로 했다.

나훌은 발표 준비를 하기 위해 체인 스토어의 중역을 찾아갔다. 이미 나훌에 대해 알고 있던 중역은 그를 보자 딱딱한 표정을 지었다. 체인 스토어의 중역은 그가 분노를 터뜨릴 것이라고 예상하고 있었던 것이다.

물론 나훌은 중역을 보자마자 분노를 터뜨리고 싶었다. 하지만 꾹 참고 체인 스토어에 대한 의견을 듣고 싶다고 말했다. 그러자 시간이 없다며 그의 방문을 달갑게 생각하지 않던 중역은 반색을 하며 한 시간 반이 넘도록 체인 스토어에 대한 설명을 해주었다. 심지어는 체인 스토어에 대한 책을 펴낸 적이 있는 다른 중역을 불러 그의 의견을 들려주기도 했다.

중역은 체인 스토어가 인류를 위해 참다운 봉사를 하고 있다고 믿으며, 자기의 일에 큰 자부심을 가지고 있다고 말했다.

체인 스토어의 중역들과 많은 이야기를 나눈 나훌이 용건을 마치고 돌아가려 하자 중역은 나훌을 문 앞까지 배웅하며 연료를 구매하겠다는 의사를 밝혔다. 오랜 시간 동안 그 중역을 따라다니며 구매 요구를 하고 분노를 터뜨려도 성사시킬 수 없었던 일을 해내고 만 것이다.

만일 나훌이 중역을 찾아가 체인 스토어가 부당하다며 분노를 터뜨렸다면 목적을 달성할 수 없었을 것이다. 그가 화를 억누르고 상대와 공감대를 형성하였기 때문에 계약을 성사시킬 수 있었던 것이다.

분노를 터뜨리면 상대에게 공포감을 심어주어 일시적으로 자신의 요구사항을 따르게 할 수는 있지만, 이는 오히려 반감을 심어주어 상대의 진심 어린 충성을 얻을 수는 없다. 상대로부터 신뢰를 얻고 진정한 내 편으로 만들려면 분노를 억누르고 그와 공감대를 형성할 수 있도록 분위기를 유도하는 것이 현명하다.

TRUST 12

다양한 성격의
사람과
조화를
이루어야 **한다**

아무리 사교에 뛰어난 사람이라도 다루기 힘든 부류가 있는데, 바로 작은 일에도 쉽게 흥분을 하고 화를 내는 사람들이다. 이들은 사소한 일에도 예민하게 반응을 하기 때문에 어떻게 대처해야 할지 난감할 때가 많다.

어떤 분야에서든 신뢰를 얻고 존경을 받게 된다는 것은 다양한 성격의 사람과 조화를 이루어야 한다는 의미이다. 신뢰를 쌓는다는 것은 성격이 까다롭거나 자신과 맞지 않는다 하여 상대를 외면하거나 무시해서는 안 된다는 것이다. 자신과 성격이 맞지 않는 사람까지 품을 수 있을 때 상대방의 무한한 신뢰를 얻을 수 있는 것이다.

성질이 급하거나 흥분을 잘하는 사람을 대할 때는 감정적으로 대처해서는 안 된다. 설사 상대가 부당한 요구를 하고 이치에 맞지 않는 말을 하더라도 말이다. 이런 부류의 사람들을 대할 때는 인내심을 가지고 침착하게 대처해야 한다. 상대방이 화를 돋운다고 하여 같이 흥분하게 되면 상황을 더욱 악화시킬 뿐이다. 따라서 화가 나더라도 끈기를 가지고 상대방의 이야기를 끝까지 경청한 후 이성적으로 해결 방법을 강구해야 한다.

다음의 뉴욕 전화국에서 생겼던 일화는 감정적으로 대처했을 경우와 이성적으로 대처했을 경우에 결과가 어떻게 다른지를 잘 보여준다.

오래전 뉴욕 전화국의 교환수를 못살게 구는 한 남자가 있었다. 그는 매일 전화국에 전화를 걸어서 교환수들에게 온갖 욕설과 폭언을 퍼붓는 것은 물론 전화선을 뜯어내 버리겠다고 위협까지 했다. 또 청구서가 틀렸다며 요금을 지불하지 않겠다고 우겼고, 심지어 신문에 투서를 하고 전화국을 상대로 소송을 제기하겠다고 으름장을 놓았다.

감정이 상할 대로 상한 교환수들은 그 남자와 감정적으로 대치하는 경우가 많았고, 어떤 교환수는 참다못해 남자에게 맞서 언성을 높이기도 했다. 남자는 교환수들이 감정적으로 나오자 더욱 분노를 터뜨리며 전화국을 괴롭혔다.

견디다 못한 전화국은 분쟁 해결에 뛰어난 직원을 동원하여 그 남자의 집을 방문하게 했다. 아니나 다를까 직원을 보자마자 남자는 기다렸다는 듯이 욕설과 폭언을 퍼부었다. 이 직원은 그의 거친 언사에 화가 났지만 기분 나쁜 기색 하나 드러내지 않고 묵묵히 그 남자의 이야기를 다 들어주었다.

두 번째 방문에도, 세 번째 방문에도 그는 화가 난 그 남자의 똑같은 이야기에 귀를 기울여 주었다.

그 남자의 모든 이야기를 들어준 직원은 그 남자가 전화국에 불만이 있었던 것이 아니라 자신이 얼마나 중요한 고객인지 보여주고 싶어서 전화국을 상대로 문제를 제기하고 있다는 것을 알 수 있었다. 그래서 직원은 그의 욕구를 충족시켜 주기 위해 그의 주장이 일리가 있음을 거듭 강조했다. 그 결과 그 남자는 체납했던 전화 요금을 모두 지불하고 소송도 취하했다.

만약 그 직원이 교환수들처럼 남자를 감정적으로 대했다면 어떻게 되었을까? 어떤 해결점도 찾지 못하고 사태만 더욱 악화시켰을 것이다.

감정적으로 흥분 상태에 있을 때는 생각이 편협해지는 법이다. 평소에는 웃고 넘어갈 수 있는 단순한 일도 흥분을 하면 이해할 수 없는 문제가 된다. 상대가 감정적으로 나올수록 침착하고 이성적으로 대처해야 한다. 감정적으로 맞서면 상황을 더욱 악화시킬 뿐 문제 해결에는 전혀 도움이 되지 않는다. 갈등을 해소하고 상대를 자신의 지지자로 만들려면 인내심을 가지고 상대의 이야기를 경청하고, 그 속에서 해결의 돌파구를 찾아야 한다.

PART 2

칭찬은
신뢰의
지름길이다

인간은 누구나 상대방으로부터 인정받고 싶다는
욕구를 가지고 있다.
이 법칙을 잘 지키기만 해도
수없이 많은 사람을 내 지지자로 만들 수 있고,
항상 행복감을 맛볼 수 있다.

★ ★ ★ ★ ★

칭찬은 진실하며, 아첨은 진실하지 못하다.

칭찬은 마음속에서 우러나오지만, 아첨은 입에서 흘러나온다.

칭찬은 이타적이지만, 아첨은 이기적이다.

칭찬은 누구에게나 환영을 받지만, 아첨은 환영받지 못한다.

TRUST 01
그 **사람**의
입장이
되어야 한다

사람은 본능적으로 자신의 일에만 관심이 있다. 그래서 갈등이 생겼을 때 먼저 자신의 입장을 생각하게 된다. 자기의 처지를 이해해 주지 않는 상대를 원망만 할 뿐 상대의 처지를 이해하려 들지 않는다. 하지만 이러한 행위는 문제 해결에 전혀 도움이 되지 않을 뿐만 아니라 심지어 상대를 적으로 만들 수도 있다.

어느 회사에서 직원회의가 열렸는데, 자유 토론 시간에 한 직원이 벌떡 일어나더니 이렇게 말했다.

"여러분은 농구를 왜 안 하는 겁니까? 저는 농구가 하고 싶어서 몇 번이나 체육관에 갔었는데 항상 인원이 부족해서 게임을 할 수가 없었어요. 지난번에도 두세 명밖에 없어서 게임을 할 수 없었어요. 농구는 참 좋은 운동입니다. 여러분의 건강을 위하여 말씀드립니다. 그러니 내일 밤에 꼭 농구하러 나오세요."

이 얼마나 어리석은 행동인가? 그는 상대가 농구를 하고 싶어 하든 말든 전혀 관심이 없었다. 계속 체육관이 비어 있었다는 것은 동료들이 농구를 하고 싶지 않다는 뜻임이 분명하다. 그런데도 그는 상대의 입장은 전혀 고려하지 않은 채 다른 사람들이 농구를 하지 않은 탓에 자신이 농구를 할 수 없다고 불만을 토로했다. 농구를 하고 싶어 하는 자신의 입장이 있듯 농구를 하고 싶지 않은 상대방의 입장도 있는 것이다. 이처럼 자신의 입장만 강요한다면 다른 사람의 마음을 움직일 수 있겠는가?

사람들은 상대방과 갈등이 생기면 감정이 격해져 더욱 자신의 입장만 고수하려 든다. 하지만 신뢰를 얻어 다른 사람들을 따르게 하는 사람은 침착하게 자신의 입장보다는 상대방의 입장에 대해 먼저 생각한다. 갈등 해결의 열쇠는 상대방에게 있다는 것을 잘 알기 때문이다. 상대방을 내 편으로 만들어야 하는데 내 입장만 고수한다고 생각해 보자.

다음은 데일의 일화이다.

데일은 강습회를 열기 위해 호텔을 자주 이용하는 편이었다. 때로는 매 시즌마다 정기적으로 일정 기간 동안 호텔의 홀을 빌리는 경우도 있었다. 뉴욕에 있는 한 호텔도 마찬가지였다.

데일은 어김없이 그 호텔의 홀을 20일 동안 밤 시간에만 사용하기로 했다. 그런데 갑자기 호텔 측으로부터 사용료를 종전보다 세 배를 올리겠다는 통지가 날아왔다. 이미 티켓 예매가 이루어지고 있는 상황에서 당황스러운 일이 아닐 수 없었다.

데일은 호텔의 부당한 처사를 용납할 수 없었다. 당장이라도 지배인에게 달려가 이렇게 소리치고 싶었다.

'이봐! 이제 와서 갑자기 세 배로 값을 올린다는 것은 부당하지 않은 가? 티켓도 이미 다 인쇄되어 있는데……. 그뿐인가? 광고도 이미 나간 상태라고. 세상에 이런 법이 어디 있나?'

하지만 데일은 이런 식으로 의사를 전달해 봐야 아무 소용이 없을 것이라고 판단했다. 왜냐하면 호텔 측은 자신들의 문제만을 생각하고 있을 것이기 때문이다. 그래서 이틀 동안 곰곰이 생각한 후에 호텔 지배인을 만나러 갔다. 그러고는 이렇게 말했다.

"지배인님의 통지를 받고 다소 놀랐습니다. 그러나 저는 지배인님의 입장을 이해합니다. 지배인으로서 가능한 한 호텔의 수익을 올리는 것이 임무일 테니까요. 그 일을 제대로 수행하지 못하는 지배인이라면 마땅히 면직이 되겠지요. 그런데 이번 사용료 인상 문제가 호텔 쪽에 어떤 이익과 손해를 초래할까요? 제가 오늘 지배인님을 찾아온 까닭은 그것을 알리기 위해서입니다."

데일은 종이를 펼치고 사용료를 인상했을 경우 호텔에 돌아가는 이익과 손해를 꼼꼼히 따지기 시작했다. 그리고 손익표가 그려진 종이를 지배인에게 건네주고 잘 생각한 후에 최종적인 답변을 달라고 말했다.

그 다음 날 데일은 호텔 측으로부터 사용료를 세 배가 아닌 50퍼센트만 인상하겠다는 통지를 받았다.

만약 데일이 흥분한 상태로 지배인에게 달려가 자기 입장만을 피력했다면 이러한 결과는 얻지 못했을 것이다. 어쩌면 지배인과 심각한 갈등을 일으켰을지도 모른다. 데일은 자기 입장보다는 상대방의 입장을 먼저 생각함으로써 문제를 해결할 수 있는 돌파구를 찾은 것이다.

자동차의 왕 헨리 포드는 자신의 성공 비결을 '자신의 입장과 동시에 타인의 입장에서 사물을 볼 수 있는 능력'이라고 말했다. 이 방법은 단순하기 이를 데 없어 보이지만 상대방을 자신의 지지자로 만드는 데 매우 효과적인 방법이다. 지금 당장 실천해 보자. 이 방법을 완벽하게 실천할 수 있다면 당신은 다른 사람에게서 신뢰를 받고, 원하는 바를 얻을 수 있을 것이다.

"핸드폰이 또 말썽이에요."

"제 디지털 카메라는 벌써 두 번이나 고쳤다고요!"

누구나 한 번쯤은 자신이 산 물건이 고장 나서 이와 같은 불평을 해본 적이 있을 것이다. 그럴 때마다 아까운 시간을 내어 물건을 구입했던 대리점이나 서비스 센터를 찾아가야 한다.

게다가 수리를 맡기고 되찾으러 가는 데 드는 시간 또한 만만치 않다. 바쁜 사람일수록, 특히 시간에 제약을 많이 받는 사람들의 경우에는 매우 불만스럽고 번거롭게 느껴질 것이다.

언젠가 카네기의 강좌에서 한 수강생은 위와 같은 상황에서 어떻게 하면 최고의 서비스와 신뢰감 있는 대우를 받을 수 있는지에 대해 경험담을 이야기한 적이 있다.

미국의 메릴랜드 주 루터 빌에 살던 게일 코너라는 수강생은 새 차를 구입했지만 4개월도 안 되어서 3번째 보증수리를 받아야 하는 상황이 발생했다. 그는 대리점에 전화를 걸어 다짜고짜 항의부터 하기 시작했다.

"이봐요. 당장 새 차로 바꿔주든지, 찻값을 변상해 줘요."

하지만 대리점 상담원은 규칙상 차를 직접 가지고 와서 서비스 센터에 입고시켜야 점검 및 수리가 가능하다고 못을 박았다.

"뭐라고요? 이거 정말 안 되겠군!"

게일은 화가 나서 참을 수가 없었다. 그리하여 자신에게 자동차를 팔았던 그 대리점의 판매자에게 전화를 걸어 강력하게 항의를 했다.

"이것 봐요. 당신이 이 차를 팔았으니 당신이 책임을 지시오. 당장에 새 차로 교환해 주지 않으면 가만히 있지 않을 거요."

"죄송합니다, 고객님. 새 차의 수리 건에 대해서는 규칙상 서비스 센터에 직접 입고를……."

자동차 딜러 역시 대리점의 규칙을 이유로 들어 어쩔 수 없는 자신의 입장만 늘어놓을 뿐이었다. 게일은 화를 누르며 차를 가지고 서비스 센터를 방문했다. 그리고 새 차의 문제점을 점검받고 보증수리를 받게 되었다. 그런데 보증수리를 받은 후 얼마 되지 않아서 차의 다른 부분에서 또 문제가 발생했다. 서비스 센터에서 수리를 받고 2주 후였다. 게일의 화는 가라앉지 않았다. 게일은 이번에는 전화를 걸 필요도 없다고 생각하고 곧바로 대리점으로 갔다. 그리고 점검수리반에 가서 억누르고 있던 화를 있는 대로 풀어 버렸다.

"아니, 이따위 차를 새 차라고 파는 당신들이 제정신이오?"

게일은 삿대질에 멱살잡이까지 하면서 점검수리반의 엔지니어들과 싸움을 했다. 결국 화를 내고 멱살잡이를 했지만, 차를 수리하기 위해서는 다시 점검을 받아야만 했고 또 진단결과에 따라 보증수리를 받아야 했다.

그 무렵 게일은 데일 카네기의 강좌에 등록을 했고 그 강좌에서 인간관계에 대한 강의를 수강했다. 그런데 또 그의 차가 고장이 났던 것이다.

게일은 생각했다. 지금까지 차가 고장 날 때마다 화를 내고 멱살잡이까지 하면서 분풀이를 하던 사람들은 차의 고장에 대한 책임이 없는 사람들이라는 것을……. 조목조목 따지거나 소리를 버럭 지르면서 서비스 담당 책임자에게 이야기해 봐야 문제 해결에 별 도움이 안 된다는 것을 깨달은 것이었다.

게일은 데일 카네기의 강좌에서 배운 인간관계의 법칙을 적용해 보기로 마음먹었다.

'이번에도 분명히 점검을 받은 후 서비스 센터로 차가 넘어가겠지? 음, 그럼 그것은 화를 낼 필요도 없는 절차의 문제고……. 자, 어떻게 하면 보다 서비스를 잘 받고 보증수리를 완벽하게 받아낼 수 있을까?'

게일은 고장이 난 차를 몰고 대리점으로 갔다. 그리고 점검수리반으로 가지 않고 쇼룸으로 들어가 안내원에게 말했다.

"이 대리점의 지점장님이 화이트 씨죠?"

"네, 그렇습니다만……."

"저는 이 대리점의 고객입니다만, 지점장님을 잠시 뵙기 위해서 찾아왔습니다."

잠시 후에 게일은 지점장실로 안내되었다.

"어서 오십시오. 제가 화이트입니다."

지점장은 게일을 정중하게 맞아 주었다. 게일은 간단히 자기소개를 한 후 말을 하였다.

"저는 이 대리점에서 차를 구입했던 친구의 권유로 이곳에서 차를 구입했습니다."

"아, 그러시군요. 정말 감사드립니다."

고개를 숙이는 지점장에게 게일은 말했다.

"실은 친구의 소개를 통해서 이 대리점이 가격 면에서나 서비스 면에서 단연 으뜸이라고 들었습니다. 그래서 저 역시 이곳에서 차를 구입하게 되었습니다."

지점장은 아주 만족스러운 표정으로 게일을 바라보았다. 게일은 조용한 어조로 자신이 그간 당했던 차의 문제와 서비스부서 간에 있었던 일을 이야기했다.

"실은 지점장님의 명성에 누가 되지 않도록 하기 위해 이렇게 찾아뵌 것입니다."

이렇게 말하자, 화이트 지점장은 게일에게 정중히 고개를 숙이며 감사의 인사를 했다. 그리고 게일의 문제를 자신이 직접 나서서 해결해 줄 것을 약속하였다.

"차를 수리하는 동안 저희 대리점에서 제공하는 차를 타고 다니십시오. 이번에는 선생님께서 만족하실 수 있도록 제가 책임을 질 테니 걱정 마시고요."

게일은 자신에게 호의를 보여준 화이트 지점장의 진심 어린 모습에서 신뢰감과 함께 누군가 차를 구입한다고 하면 화이트 지점장을 추천해야겠다는 생각이 들었다.

게일은 데일의 강좌에서 이러한 자신의 경험을 수강생들에게 말했다.

"저는 자동차 회사의 절차상의 문제는 생각할 여유도 없이 흥분해서 아무 책임도 없는 정비직원과 자동차 딜러와 몸싸움까지 하였습니다. 지금 생각해 보니 저의 경솔함이 부끄럽군요. 강좌의 첫 시간에 들은 이솝우화 해와 바람의 이야기가 생각나서 저는 생각했죠. '지금까지의 내 행동이 바람이었다면 지금부터는 해가 되어보자.'라고 말입니다."

게일이 스스로 깨닫게 되었던 '사람의 마음에 신뢰를 심어 주는 태도'를 보면서 새삼 깨닫는 것이 있을 것이다. 특히 이솝우화의 교훈을 곰곰이 생각해 볼 필요가 있다.

이솝은 크리서스 궁에서 살던 그리스의 노예였고, 우리가 읽었거나 자녀들이 읽고 있는 '이솝우화'는 기원전 600년의 작품이다. 이솝이 살던 그 당시에도 과격한 폭력이나 엄격함보다는 따스하게 상대의 마음을 헤아릴 줄 아는 사람이 상대의 마음을 긍정적으로 움직였던 것이다.

당신이 상대방에게서 신뢰를 얻느냐 그렇지 못하느냐의 문제는 바로 당신이 어떤 태도로 상대방의 마음과 사정을 헤아려 줄 수 있느냐에 달려 있는 것이다.

해는 온화한 미소로 노인의 외투를 벗길 수가 있었다. 사나운 바람이 노인의 외투를 벗길 수 없었듯이 상대의 마음과 형편을 고려하지 않은 행동은 더욱 당신을 경계하고 의심하게 만드는 결과를 초래한다. 상대의 마음과 사정을 배려하여 당신의 주장을 편다면 상대방은 어느새 당신을 향하여 마음의 문을 활짝 열고 당신의 주장에 귀를 기울여 줄 것이다.

당신의 친절과 우호적인 태도는 이 세상의 모든 권모술수보다 더 쉽게 사람들의 마음을 열고 그 안에서 신뢰의 꽃을 피울 수 있는 것이다.

TRUST 03
세심한 배려를
아끼지
말아야 **한다**

　개인 사업을 하든 규모가 있는 회사를 경영하든 '사업을 잘하는 사람'
들이 가지고 있는 공통된 처세의 비결이 있다. 사업을 잘하는 경영자들은
'우호적인 태도를 취한다.'는 것이다.

　사업을 잘하는 사람들은 자신이 만나는 모든 사람들에게 가능한 그들
의 입장에 서서 우호적인 태도를 유지해 줌으로써 신뢰의 탑을 쌓아갈 줄
아는 것이다. 따라서 성공한 사업가들은 고객은 물론 심지어 회사의 건물
을 청소하는 인부들에게까지도 세심한 배려를 아끼지 않는다. 그들은 성
공한 후에도 유머감각을 잃지 않았고, 겸양을 버리지 않았으며, 타인의
명예를 소중히 여기는 사람들이다.

　언젠가 데일 카네기는 '신뢰를 얻는 인간관계' 강좌 프로그램에서 신뢰
받는 사람들의 소양을 연구하면서 알게 된 화이트 모터 사의 CEO 로버
트 블랙에 대해 강의한 적이 있었다.

어느 날, 화이트 모터 사의 간부들에게 긴급회의가 소집되었다. 긴급회의가 소집된 이유는 2,500명이나 되는 노동자들이 업무를 중단하고 대파업에 돌입했기 때문이다. 그들의 요구는 임금 인상과 노조의 합법화였다.

긴급회의장에 모인 간부들은 대책을 마련하기 위해 고심을 거듭했다. 여기저기서 대안들이 나오기는 했지만, 노동자들의 요구를 모두 수용할 수는 없다는 결론이었다. 이 모든 결정권은 CEO인 로버트 블랙에게 있었다.

간부회의에 참석하기 위하여 로버트의 차가 회사 정문으로 들어섰다. 그러자 회사의 앞마당에 앉아 있던 노동자들은 저마다 로버트의 차량을 향해 손가락질을 해대며 욕을 했다.

로버트는 자신을 향해 손가락질을 하는 사람들을 바라보았다. 차에서 내린 로버트 블랙이 회의실로 들어섰다. 그리고 그는 큰 소리로 간부들에게 물었다.

"우리 노동자들이 왜 뜨거운 뙤약볕 아래 맨바닥에 앉아 있는 겁니까?"

"네?"

간부들은 무슨 말인지 모르는 듯 로버트를 바라보았다.

"우리 노동자들이 왜 저렇게 힘겹게 농성을 하도록 내버려뒀느냐는 말입니다!"

로버트가 성난 표정으로 호통을 치기 시작하자 간부들 중 한 사람이 나섰다.

"아니, 사장님…… 저들은 지금 파업 중입니다."

그 순간 로버트의 눈빛은 더욱 매서워졌다.

"저 뜨거운 햇볕 아래 저렇게 뜨거운 바닥에 앉아 농성을 하는데, 천막이라도 쳐줘야 할 것 아닙니까!"

사장의 호통에 간부들은 일순간 할 말을 잃었다.

"당신들이 우리 가족인 것처럼 저들도 우리의 가족이오. 그러니 농성
장으로 가서 천막이라도 쳐주고 오시오."

간부들은 로버트 사장의 호통에 당황하여 일제히 분주한 모습으로 움
직였다.

잠시 후, 넥타이를 매고 양복을 차려입은 간부들이 회사 앞 광장으로
몰려 나와 천막을 설치하기 시작했다. 그러자 농성 중이던 노동자들은 의
아해하는 모습으로 웅성거리기 시작했다.

그때 농성 중인 한 노동자가 말했다.

"아니, 지금 뭣들 하는 짓이오? 지금 불난 집에 부채질하러 왔소?"

"아니오, 여러분들이 뙤약볕에 있는 걸 보시고는 사장님이 직접 천막
을 쳐주라고 하셨소."

노동자들이 껄껄거리며 웃어댔다. 노동자들이 하나같이 비웃음을 토
해내기 시작했다.

"정말이오. 사장님이 직접 지시하셨단 말이오."

"하하, 어림도 없지. 그늘을 만들어 주라고? 정말로 사장이 우릴 위하
는 마음이 있다면 직접 얼굴이라도 들이밀고……."

그때였다. 일순간 광장 안은 물을 끼얹은 듯 침묵이 감돌았다. 광장 한
쪽 구석에서 로버트 사장이 직접 천막을 들고 나오는 모습이 보였던 것
이다.

그 모습을 본 노동자들은 저마다 놀란 가슴으로 사장의 모습을 지켜보
기 시작했다. 로버트 사장은 와이셔츠 소맷자락을 걷어붙인 채, 소리 없이
천막 치는 일을 도왔다. 어느덧 많은 천막을 다 설치하고 나자 농성장에

모인 노동자들은 뙤약볕을 피해 시원한 그늘 밑에 앉게 되었다. 천막이 광장 곳곳을 뒤덮었다. 로버트 사장은 연단으로 올라가 마이크를 잡았다.

"이제 마음이 좀 편해질 수 있군요. 그동안 저와 함께 고락을 같이 해온 제 가족과도 같은 여러분이 뜨거운 뙤약볕 아래서 고생하는 모습이 안타까워 우선 그늘로 모셨습니다."

로버트 사장이 이렇게 말을 시작하자 농성자들은 숨을 죽이며 연설을 경청하기 시작했다.

"여러분은 여러분의 입장에서 회사 측에 원하는 것이 있을 것이라 생각됩니다. 가능하면 한 분도 빠짐없이 서로 토론을 하고 의견을 모아주시기 바랍니다. 저는 성심껏 여러분의 대표를 만나서 그 의견을 경청할 것을 약속드립니다."

로버트의 연설은 힘이 있으면서도 노동자들의 마음을 진심으로 헤아리는 듯한 진심을 담고 있었다.

"가능하면 끼니를 거르거나 추운 곳에서 잠을 청하지는 마시기 바랍니다. 비어 있는 공장 가건물에 여러분의 잠자리를 마련해 둘 것입니다. 식당은 확대 개편해서 여러분에게 정성스런 음식을 제공할 것입니다. 여러분께서 평화롭고 질서 있게 농성에 임해주신다면 저 역시 진심으로 여러분의 대표를 만나 최선을 다하겠습니다."

농성자들은 소모임을 만들어 서로의 의견을 나누기 시작했다. 그들은 평화롭고 질서 있게 자신들의 의견을 수집하였고, 로버트 사장의 지시를 받은 회사 측 임원들과 직원들은 농성자들에게 최대한의 편의를 제공하기 위해 열심히 뛰었다.

로버트 블랙은 농성자들에게 감정을 표시하거나, 회사의 손해를 생각하기보다는 농성중인 노동자들을 어떻게 더 잘 보살펴 줄까를 고민할 정도로 농성자들에게 호의와 친절을 베풀었다.

3일 째 되던 날, 로버트는 사내 방송을 통해 농성자들이 광장 청소하는 것을 칭찬하였다. 그리고 클리블랜드에 있는 지역 신문사에 광고지면을 할애하여 광고 문구를 싣기도 했다.

"평화적이며 질서 정연하게 파업에 임하고 있는 우리 회사의 식구들에게 찬사를 보냅니다. - 로버트 블랙"

평화로운 파업을 찬사하는 광고를 게재하자, 농성자들 사이에서는 로버트 블랙 사장에 대하여 서서히 감동을 받는 사람들이 생겨나기 시작했다. 농성자들에 대한 로버트의 호의는 거기서 그치지 않았다. 어느 날은 농성자들이 광장에서 할 일 없이 빈둥거리고 있는 모습을 보고 간부 한 명을 불렀다.

"농성자들에게 야구 방망이와 글러브를 갖다주시오."

그의 지시는 곧바로 이루어졌다.

"아, 야구를 싫어하는 사람들도 있을 테니, 회사의 볼링장과 테니스장, 그리고 탁구장을 모두 개방해 두시오."

농성이 5일 째 되던 날, 놀라운 일이 일어나기 시작했다. 파업 중인 노동자들도 회사의 입장을 생각하기 시작한 것이다. 농성자들이 청소 조를 짜서 회사 건물의 외벽 물청소, 건물 유리 청소 등 회사의 곳곳을 청결하게 만드는 일에 나서게 되었다.

임금 인상과 노조 인정을 위해 파업 중인 노동자들이 공장의 곳곳을 청소하고 있는 것이었다.

데일은 '이런 일은 미국의 오랜 노동쟁의 사상 유례를 찾아볼 수 없는 일'이었다고 자신의 수강생들에게 강조했다.

파업은 일주일 만에 평화롭고 질서 있게, 아무런 감정이나 노사 간의 상처 없이 원만한 타협으로 종결되었다.

데일은 로버트 사장에 대하여 부하의 고충을 알고 고민을 함께 했던 지도자였기에 파업 사태를 원만히 해결하여 그들을 자신의 품에 안을 수 있었다고 말했다.

"사병이 땀을 닦지 못하면 장교도 땀을 닦아서는 안 된다. 사병이 쉬지 못하면 장교도 쉬어서는 안 된다. 사병이 먹지 못하면 장교도 먹어서는 안 된다. 장교가 사병과 괴로움을 함께 하면, 사병은 장교를 위해 죽음을 불사한다."

이 장교 수칙을 현대의 기업에 접목해 보면 다음과 같이 바꿀 수 있다.

"상사는 부하 직원이 땀을 흘리며 일하고 있을 때, 태평하게 부채질이나 하고 있어서는 안 된다. 부하 직원이 싸구려 옷을 입었거나 값싼 음식을 먹을 때, 상사는 백화점을 찾거나 고급 일식집을 들락거려서는 안 된다. 상사가 부하의 고민을 나의 고민으로 여기고, 부하의 기쁨을 나의 일처럼 기뻐하면, 부하 직원은 상사가 죽으라면 죽는 시늉까지 한다."

로버트의 교훈은 어떤 의미가 될까?

상대에게 신뢰를 얻기 위해 상대를 먼저 이해해야 한다는 가치관을 명확히 갖는다는 것은 인생을 더욱 의미 있게 살아가는 것이 될 것이다.

TRUST 04
직접적으로
충고를 해서는
안 된다

만일 당신이 공장 책임자라고 가정하고 점심시간에 공장 안을 돌아다
니다가 서너 명의 종업원이 모여서 담배를 피우고 있는 모습을 보았다고
하자. 그런데 그곳은 '금연'이라고 쓰인 게시판이 걸려 있는 곳이다. 당신
은 그들에게 어떻게 충고를 할 것인가?

아마도 대부분의 사람들은 "당신들은 저 글을 읽을 줄도 모릅니까?"
하고 호통을 치거나 "다시는 금연 구역에서 담배를 피우지 마시오. 다시
한번 걸릴 때에는 불이익을 당할 것이오." 하고 경고를 할 것이다.

그러나 다른 사람들로부터 신뢰를 받기 위해서는 직접적으로 충고를
해서는 안 된다. 왜냐하면 인간은 감정을 가진 존재로 기분이나 자존심이
상하면 오히려 반발심을 가지기 때문이다. 그러므로 이런 상황에서는 종
업원들을 강압적으로 저지하기보다는 담배를 권하면서 "시원한 공기도
마실 겸 나가서 피우시지요."라는 식으로 간접적으로 충고하는 것이 현

명하다. 그러면 상대의 체면도 세워줄 뿐만 아니라 당신의 인격도 올라가게 되는 것이다.

우리에게 널리 알려진 유명 인사들은 이 방법을 사용하여 사람들을 능숙하게 다루었다. 다음의 예를 보자.

미국의 실업가이자 백화점업계의 선구자인 존 워너메이커는 하루에 한 번씩 그의 점포를 돌아보았는데, 어느 날 한 고객이 카운터 앞에서 점원을 기다리고 있는 모습을 발견하였다. 그러나 점원들은 아무도 그 고객에게 관심을 기울이지 않았다.

점원들은 구석에 모여서 잡담을 하고 있었다. 다른 사람들 같으면 근무 태만인 점원들에게 당장 호통을 쳤겠지만 존 워너메이커는 그렇게 하지 않았다. 그는 아무 말도 하지 않고 매장 안으로 들어가서 그 손님에게 주문을 받은 후 점원들에게 포장을 해주라고 말하고는 그대로 매장을 나왔다.

뛰어난 설교로 유명한 라이먼 아보트의 아내 역시 이 방법을 사용하여 남편에게 현명한 충고를 했다.

헨리 워드비처 목사가 세상을 떠난 후 후임자로 임명된 라이먼 아보트 목사는 처음으로 교회에서 설교를 하게 되었다. 그는 열심히 설교의 초고를 쓰고 세심한 주의를 기울여서 원고를 탈고한 후, 먼저 아내에게 읽어주었다. 그러나 그것은 설교문치고는 너무 딱딱하고 건조해서 많은 수정을 요했다.

이때 그의 아내는 그런 단점을 직접적으로 말하지 않았다. 그녀는 "이 원고는 《북미평론》 잡지에 실리면 훌륭하겠어요."라고 말했다. 말하자면 칭찬과 아울러 설교에는 적합하지 않다는 사실을 우회적으로 얘기한 것이었다. 그는 아내의 의도를 바로 알아차리고 설교문을 다시 썼다.

만일 이때 그의 아내가 이렇게 말했다면 어떻게 되었을까?

"재미가 없어요. 이래서는 듣는 사람들이 졸겠어요. 마치 백과사전을 읽고 있는 것 같아요. 여러 해 동안 설교를 해왔으면서 그런 것도 몰라요? 좀 더 인간미 있게, 자연스럽게 써보세요. 이런 식으로 설교를 했다가는 창피만 당할 거예요."

아마도 아내가 그렇게 말했다면 라이먼 아보트 목사는 자존심이 상해서 그녀의 충고에 귀를 기울이지 않았을 것이다.

상대가 아무리 실수를 저질렀다 하더라도 상대의 체면을 세워주고, 실수를 간접적으로 암시해야 한다. 특히 예민한 성격의 소유자를 대할 때는 더욱 유의해야 한다. 인간의 마음은 작은 일에도 쉽게 상처를 받기 때문이다.

TRUST 05

상대에 대한
관심과 **칭찬**은
신뢰의
기본이다

　사람들은 흔히 상대에게 미움을 받는 것이 가장 괴로운 일이라고 말한다. 물론 상대가 나를 싫어한다는 사실은 고통스러운 일이다. 그런데 이보다 더 힘든 것은 상대가 완전히 나를 무시하는 것이다.

　사람들에게 신뢰를 얻고 내 사람으로 만들기 위해서는 상대에 대한 관심과 칭찬을 게을리해서는 안 된다. 누군가를 오랜만에 만났을 때 "계속 당신이 보고 싶었는데 이렇게 만나다니, 내 간절한 바람이 이루어졌나 봐요. 역시 당신은 나와 통하는 게 있어요."라는 식으로 이야기를 하면 아무리 냉정한 사람이라도 마음이 움직이지 않겠는가.

　사람들은 대개 상대의 마음을 사로잡는 일을 어렵게 생각한다. 이는 인간의 심리를 잘 모르기 때문이다. 인간은 감정의 동물이라 자신을 기쁘게 만들면 쉽게 마음의 문을 연다.

미국 필라델피아에서 건설 회사를 경영하는 고우 씨는 이 점을 이용하여 어려운 위기를 슬기롭게 극복했다.

그가 운영하는 회사에서 어떤 건축 공사를 청부받아 지정된 기일까지 그 공사를 완공하려고 작업을 서두르고 있었다. 모든 일이 척척 잘 진행되고 있었는데, 준공 직전에 건물의 외부 장식에 사용하는 청동 세공 하청업자로부터 기일 내에 제품을 납품할 수 없다는 통지가 날아왔다. 난처한 일이 아닐 수 없었다. 한 사람의 업자 때문에 공사 전체가 중단되고, 큰 손해를 볼 수밖에 없는 상황이 되었던 것이다.

전화를 걸어 긴박한 사정을 설명하고 도움을 청했으나 신통한 해결책이 나오지 않았고, 하는 수 없이 고우 씨는 뉴욕으로 날아갔다.

고우 씨는 그 회사의 사장실에 들어서자마자 대뜸 "브루클린에서는 사장님과 성이 같은 사람이 하나도 없더군요."하고 말을 던졌다. 그러자 거래처 사장은 호기심 가득한 눈으로 그를 맞이했다.

그는 자신이 어떻게 그 사실을 알게 되었는지 자세하게 설명해 주었다.

그는 브루클린에 도착하자마자 거래처 사장을 찾아가기 위해 전화번호부를 뒤지다가 우연히 그와 같은 사실을 알게 되었고 이를 기억해두었다가 사장에게 알려준 것이다.

사장은 이 사실에 놀라움을 감추지 못하며 사무실에 있는 전화번호부를 살펴보았다. 그리고 고우 씨가 한 말이 사실임이 밝혀지자 눈을 반짝이며 자신의 성에 대한 유래와 역사, 이민사에 대한 이야기를 자세하게 해주었다.

사장의 이야기가 끝나자 고우 씨는 상대의 공장 규모와 설비에 대한 이야기를 했다. 그러자 이번에도 역시 직접 공장 곳곳을 안내하며 입에 침이 마르도록 공장의 시설에 대해 자랑을 했다. 사장 자신이 직접 발명한 기계 앞에서는 작동법까지 직접 가르쳐 주었다.

고우 씨는 찾아온 용건은 일절 내비치지 않고 평소 사장에 대해 관심이 많았다는 식으로 이야기를 이끌어 나가며 그 사장의 자랑에 대꾸해 주었고, 그 사장이 발명했다는 기계에 대하여 호기심을 보이며 정말 대단한 발명품이라고 칭찬을 아끼지 않았다. 작업시설 또한 쾌적하여 직원들의 사기가 높을 것 같다고 칭찬해 주었다.

그 결과 사장은 그가 찾아온 목적을 알고 있으며 다른 주문을 늦추더라도 공사 기일에 반드시 맞추어 주겠다고 약속을 했다.

고우 씨는 부탁 한마디 하지 않고 상대에 대한 관심과 칭찬을 함으로써 목적을 달성한 것이다.

TRUST 06
사소한 일에도
칭찬을 하라

자신에게 신경을 써주고 더구나 칭찬까지 해주면 누구라도 기쁨을 느끼게 되어 있다. 반면 무시를 당하거나 상대가 자신에게 관심이 없다는 것을 알게 되면 분노를 느끼게 된다. 그래서 무시를 당하는 것보다 미움을 받는 편이 낫다는 말을 하는 것이다.

상대의 마음을 움직여 나를 믿고 소기의 목적을 달성하려면 끊임없이 관심을 표현하고 칭찬을 아끼지 말아야 한다. 설사 그것이 빈말이라 하더라도 상대의 입가에 웃음이 번지고 당신을 믿어 마음을 열 것이다.

그럼에도 불구하고 사람들은 상대에 대한 관심이나 칭찬에 매우 인색하다. 뿐만 아니라 상대를 칭찬하기보다는 비난하기를 즐긴다. 조금만 상대가 약점을 보이거나 실수를 저지르면 기회를 놓칠세라 존재 가치를 깎아내리려고 한다.

상대가 나를 믿고 따르게 하기 위해서는 사소한 일에도 관심을 보이고 칭찬을 아끼지 말아야 한다. 아무리 하찮은 일이라도 자신을 알아주고 아낌없이 칭찬을 해주면 상대는 스스로 마음을 열고 신뢰하게 되는 것이다. 조련사들이 동물을 길들일 때 끊임없이 칭찬을 하는 것은 이 때문이다.

우리가 알고 있는 수많은 유명인들은 누군가로부터 들은 작은 칭찬이 전환점이 되어 성공을 이룰 수 있었다고 한다. 예를 들면 세계적인 가수 카루소, 유명한 영국의 작가 찰스 디킨스의 경우가 그러하다.

카루소는 어렸을 때부터 작은 공장에서 일을 했다. 그는 성악가가 되고 싶다는 꿈을 가지고 있었지만, 선생님은 그의 목소리가 마치 바람에 덧문이 끽끽거리며 흔들리는 것 같다며 그를 실망시키고는 했다.

그러나 그의 어머니는 풀죽은 아들을 껴안고 부드럽게 쓰다듬으며 반드시 훌륭한 성악가가 될 것이라고 격려했다. 그녀는 그의 노래 실력이 조금만 향상되어도 칭찬을 아끼지 않았다.

그녀는 어려운 형편에도 헌신적으로 아들이 음악 공부를 계속하도록 뒷바라지를 했으며, 그가 좌절할 때마다 칭찬과 격려를 아끼지 않았다. 그녀의 끊임없는 칭찬과 격려가 카루소의 일생을 바꾸어 놓은 것이다.

찰스 디킨스는 가난한 집안 형편 때문에 정규 학교라고는 4년밖에 다니지 못했고, 아버지가 채무 관계에 휘말려 형무소에 들어가 있었다.

너무 가난해 끼니조차 거를 정도였던 그는 어린 나이에 생활 전선에 뛰어들어야 했다. 가까스로 구두약 통에 상표를 붙이는 일자리를 구하게 된 그는 공장 한 편에 마련된 다락방에서 빈민굴의 부랑아인 두 소년과 함께 지냈다. 디킨스는 그들의 비웃음이 두려워 그들이 잠든 사이에 몰래 침대를 빠져나와 글을 썼다. 이렇게 집필한 원고를 잡지사에 보냈지만 번번이

반송되었다. 그러나 그는 좌절하지 않고 계속해서 글을 썼다.

그러던 어느 날 희소식이 날아들었다. 그가 쓴 원고가 한 잡지사에 채택된 것이다. 원고료는 한 푼도 받을 수 없었으나, 그는 편집자로부터 칭찬을 받았다.

그 칭찬은 그에게 감동을 주었고 감격한 나머지 눈물을 흘리며 거리를 헤맸다. 그 편집자의 칭찬은 그의 인생에 큰 전환점이 되었고, 훗날 그는 영국에서 가장 유명한 소설가가 되었다.

만일 잡지 편집자의 칭찬이 없었다면 우리는 그의 훌륭한 작품들을 만나지 못했을 것이다.

나를 신뢰하고 상대의 마음을 사로잡으려면 칭찬을 아끼지 말아야 한다. 칭찬은 눈에 보이지 않고 잡을 수 없더라도 나를 믿게 하고 상대의 마음을 사로잡는 데 엄청난 힘을 발휘한다.

TRUST 07

칭찬은
숨어 있는
아름다움까지
끌어낸다

상대의 마음을 움직이게 하려면 어떻게 해야 할까? 상대의 마음을 움직이게 만드는 비결은 오직 하나밖에 없다. 스스로 하고자 하는 마음을 갖게 하는 것이다. 그렇다면 상대가 무엇인가 하고자 하는 마음을 갖게 하려면 어떻게 해야 할까?

사람을 움직이려면 상대가 원하는 것을 주는 것이 최선의 방법이다.

프로이트는 인간의 모든 행동은 두 가지 동기, 즉 성적 충동과 위대해지고자 하는 욕망에서 비롯된다고 말했다. 미국의 저명한 철학자 존 듀이역시 인간의 가장 큰 욕구 중 하나는 훌륭한 인간이 되고자 하는 마음이라고 했다. 아무리 평범한 사람이라도 중요한 인물이 되고자 하는 욕구를가지고 있다.

미국의 초대 대통령 조지 워싱턴은 반드시 '미합중국 대통령 각하'라고불러주기를 원했고, 콜럼버스도 '해군 대제독'이나 '인도 총독'이라는 칭호로 불리기를 바랐다. 러시아의 캐서린 여왕은 '폐하'라는 호칭이 없는 편지는 거들떠보지도 않았다고 한다.

심리학자 윌리엄 제임스는 "인간이 지닌 본성 중에 가장 강한 것은 남의 인정을 받고자 갈망하는 것이다."라고 말했다. 여기서 제임스가 희망한다든가, 원한다든가, 동경한다든가 하는 평범한 표현을 쓰지 않고 '갈망한다.'라고 한 것은 식욕이나 성욕, 수면욕만큼 '중요한 사람이 되고자하는 욕구'는 그 뿌리가 깊고 좀처럼 충족될 수 없는 것이기 때문이다.

또한 최고의 갑부 록펠러는 세상 사람들에게 자신이 중요한 존재라는 사실을 인식시키기 위해 생면부지인 중국의 빈민들을 위하여 베이징에 현대식 병원을 짓는 데 엄청난 돈을 기부했다.

정신과의사들에 따르면 현실 세계에서 자신의 중요성을 인정받을 수 없는 까닭에 환상의 세계에 몰입하는 사람들이 많다고 한다. 이들은 환상의 세계에 빠져 현실 세계에서 채우지 못한 욕구를 대리만족한다. 바꿔 말하면 자신의 존재 가치를 인정받고자 하는 욕구는 강하며, 이러한 욕구를 채워줄 수 있는 사람은 타인의 마음을 자유자재로 움직일 수 있다는 얘기이다.

상대방을 설득하거나 따르게 하려면 강압적으로 명령을 하거나 추궁하지 말고 그의 존재 가치를 높여야 한다.

상대방을 존중하고 칭찬함으로써 신뢰를 얻게 된 한 일화가 있다.

철강 왕 앤드류 데일은 슈와브라는 부하 직원을 아끼고 사랑했다.

앤드류 데일은 슈와브에게 많은 연봉을 주었는데, 그 많은 돈을 주고도 아까워하지 않았던 것은 그가 천재이기 때문도 아니고, 제철에 관한 최고의 권위자이기 때문도 아니었다. 오히려 철에 관한 지식은 슈와브보다 다른 부하 직원들이 더 잘 알고 있었다. 그런데 앤드류 데일은 왜 슈와브를 인정하고 신임했던 것일까? 그것은 그가 사람을 다루는 데 매우 유능했기 때문이다.

슈와브가 사람을 다루는 기술은 간단했다. 상사로부터 꾸중과 비난을 듣는 것만큼 의욕을 꺾는 것도 없다고 생각한 그는 상대의 장점을 살리기 위해 칭찬과 격려를 아끼지 않았다.

마음에 드는 일이 있으면 진심으로 찬사를 보내는 것이 바로 그가 사람을 능숙하게 다루는 비결이었다. 슈와브뿐만 아니라 세계 각국의 유능하고 존경받는 사람들은 한결같이 사람들을 다루는 데 있어 비난보다는 칭찬을 자주 사용한다. 그들은 잔소리를 들으며 일할 때보다 칭찬을 들으며 일할 때가 열성도 생기고 능률도 오른다는 것을 잘 알고 있다.

실제로 칭찬이나 찬사가 상대를 고무시켜 최대의 능력을 발휘하게 만든 예는 수없이 많다.

브로드웨이의 최고의 흥행사 지그펠드라는 사람은 어떤 여성이라도 대중들에게 사랑받는 대상으로 만들어냈다. 그는 어느 누구의 눈에도 띄지 않는 여성을 찾아내어 무대에 세우고는 했는데, 어떤 여성이라도 그의 손을 거쳐 무대에 서기만 하면 매혹적인 모습으로 변했다.

상대를 칭찬하고 신뢰하는 것이 얼마나 가치가 있는지 잘 알고 있던 그는 찬사로서 여성들이 자기 스스로 아름답다는 자신감을 갖게 만들었으며, 그의 말처럼 여성들은 아름다운 모습으로 변모하기 위해 노력하고 실제로 매혹적인 여성이 되었다.

이처럼 칭찬은 숨어 있는 아름다움까지 끌어낼 만큼 놀라운 힘을 가지고 있다. 따라서 신뢰를 받기 위해서는 비난보다는 칭찬을 아낌없이 해야 한다. 자기보다 현명한 인물을 내 편으로 만드는 방법을 터득한 사람들은 자신을 드높이기보다는 상대의 장점을 칭찬하고 가치를 높이는 데 주목한다.

미국의 사상가 에머슨은 "어떤 인간이라도 나보다 뛰어난 점, 즉 내가 본받아야 할 점을 가지고 있다."고 말했다.

TRUST 08

장점부터
칭찬하고
꾸짖어야 한다

사람들은 대개 다른 사람이 잘못을 저지르거나 실수를 하면 추궁을 하거나 꾸짖는다. 물론 같은 잘못이나 실수를 저지르지 않도록 따끔한 잔소리를 해야 할 필요성은 반드시 있다.

그러나 다짜고짜 상대를 몰아붙이는 것은 현명한 방법이 아니다.

상대가 자신의 잘못을 반성하고 꾸짖음을 고마운 충고로 받아들이게 하려면 잘못을 지적하기 전에 그의 장점을 칭찬하는 것이 좋다. 이는 마치 이발사가 면도를 잘하기 위해 비누거품을 먼저 바르는 것과 같은 이치다.

같은 내용이라 하더라도 칭찬을 받은 후에 듣는 잔소리는 그리 나쁘게 생각되지 않는다. 성공한 사람들은 이 점을 효과적으로 활용한다. 그 대표적인 인물이 미국의 25대 대통령 매킨리이다.

1896년, 매킨리가 대통령 선거에 입후보했을 때의 일이다.

하루는 어떤 유력한 공화당 의원이 연설의 초고를 써왔는데, 그는 그 것을 최고의 연설문이라고 자부하며 자신감에 차서 매킨리에게 읽어주었다. 물론 그 연설문은 훌륭한 부분도 있었으나 전체적으로 많은 수정이 필요했다. 그대로 연설을 했다가는 비난의 화살이 쏟아질 것이 뻔했다.

그러나 그는 공화당 의원의 자존심을 상하게 하고 싶지 않았다. 그래서 매킨리는 그의 자존심을 상하게 하지 않으면서 연설문을 훌륭하게 거절했다. 그가 사용한 방법은 이렇다.

그의 연설문을 다 들은 매킨리는 먼저 이렇게 말했다.

"매우 훌륭한 연설문입니다. 적당한 시기에 활용하면 백 퍼센트 효과가 있을 것입니다."

그리고 이렇게 덧붙였다.

"하지만 이번 연설에 쓰기에는 좀 적절하지 않은 것 같군요. 의원님의 입장에서 보면 이보다 훌륭한 연설문도 없겠지만, 나는 당의 입장을 생각해야 됩니다. 의원님, 한 번 더 수고해줄 수 있겠습니까? 그리고 완성되면 꼭 나에게 보여주기 바랍니다."

매킨리의 취지를 알아들은 그는 다시 연설문을 작성해 왔고, 그 이후 유능한 찬조 연사로서 크게 활약했다.

에이브러햄 링컨 역시 인간이 칭찬에 약하다는 점을 이용하여 한 장군을 효과적으로 꾸짖었다.

남북전쟁 당시 북군이 가장 불리한 전세에 빠져 있을 때의 일이다. 북군은 무려 18개월 동안 패전의 쓰라린 고배를 마시던 중이었다. 사상자의 수는 늘어만 가고, 국민들은 실망으로 실의에 빠져 있었다. 게다가 한 장군의 그릇된 행동으로 국가의 운명은 그야말로 위기에 처해 있었다.

링컨은 이 절체절명의 시기에 그 장군에게 편지를 보냈다. 장군을 책망하기 위한 내용이었으나 가능한 한 부드럽고 우회적으로 그를 꾸짖었다. 편지의 내용은 이렇다.

나는 귀관을 믿고 포트맥 전투의 지휘관으로 임명하였습니다. 그러나 귀관에게 약간의 불미스러운 점이 있어서 이렇게 글을 씁니다.

완벽한 사람은 없겠지만 나는 귀관이 용맹스럽고 뛰어난 군인이라고 믿고 있습니다. 그리고 나는 귀관이 정치와 군인으로서의 명예를 혼동하지 않는 인물이라고 확신합니다. 또한 귀관은 자신감에 넘치는 사람입니다. 이는 꼭 필요하다고 할 수 없지만 존중해야만 할 점이라고 생각합니다.

귀관에게는 야망이 있습니다. 이 또한 도를 넘지 않는다면 반드시 필요한 것입니다. 그러나 귀관은 반사이드 장군의 지휘 아래 있을 때, 공훈을 탐내 명령을 어기고 자신의 뜻대로 행동하는 중대한 과실을 범한 적이 있습니다. 그리고 귀관은 정치 및 군사에 대해서 독재의 필요성을 역설하고는 했습니다. 내가 그것을 알면서도 귀관을 임명한 것은 결코 귀관의 의견에 동의했기 때문이 아닙니다.

나는 독재의 필요성을 인정하기 위해서는 그것에 의한 성공이 보장되지 않으면 안 된다고 생각합니다. 따라서 내가 귀관에게 바라는 것은 우선 군사적으로 성공해 보라는 것입니다. 그러면 나는 전력을 다해 귀관을 돕겠습니다.

귀관의 언동에 영향을 받아 부대 내에서 상관을 비방하는 풍조가 생기면 그 화살은 반드시 귀관에게 돌아올 것입니다. 나는 가능한 한 귀관과 협조하여 그런 사태를 미연에 방지하고 싶습니다.

그런 풍조가 일어나면 나폴레옹이라 할지라도 우수한 군대를 만드는 것은 불가능할 것입니다. 그러므로 경거망동을 삼가고 최후의 승리를 거둘 수 있도록 전력을 다해 주십시오.

링컨은 장군을 꾸짖기 위해 먼저 당근을 주고 채찍을 사용하였다. 만약 링컨이 자신의 분을 이기지 못하고 다짜고짜 장군에게 화를 냈다면 어떻게 되었을까? 아마도 완고하고 자존심 강한 장군을 설득하는 데 실패하고 말았을 것이다.

칭찬은 부드러운 채찍이다. 상대의 마음에 상처를 주지 않으면서 설득할 수 있는 최상의 약이다. 따라서 상대를 적으로 만들지 않으면서 꾸짖으려면 추궁을 하기 전에 먼저 칭찬을 해야 한다.

TRUST 09
매력을
칭찬하고
아첨을
경계하라

칭찬은 사람의 마음을 기쁘게 하고 상대의 마음의 문을 열게 한다. 여러 면에서 보잘 것 없는 남자가 여자들에게 인기가 많은 경우를 살펴보면 대개 상대가 얼마나 매력적인 존재인지 칭찬을 아끼지 않는 사람들이다.

비단 이러한 현상은 여성에게만 해당되지 않는다. 무심할 것 같은 남성도 자신을 매력적이라고 칭찬하는 이에게 호감을 갖는다.

다음은 어느 우체국에서 있었던 일이다.

한 남자가 뉴욕 8번가에 있는 우체국에서 등기우편을 보내기 위해 차례를 기다리고 있었다. 우체국에 근무하는 담당 직원은 우편물의 무게를 달고, 우표와 거스름돈을 주고받고, 수령증을 발부하는 등의 일을 하느라 잔뜩 짜증이 난 얼굴을 하고 있었다.

그때 남자는 문득 그 직원이 자기에게 호의를 갖도록 만들어 보고 싶다는 생각이 들었다. 그러나 그것은 결코 쉬운 일이 아니었다.

그러던 중 남자의 차례가 되었고, 그 직원이 우편물의 무게를 달고 있는 동안 진심 어린 말투로 머리카락에 대해 칭찬을 했다. 그러자 그 직원은 놀란 표정으로 남자를 쳐다보더니 이내 미소를 지으며 겸손하게 예전보다 머릿결이 곱지 못하다고 말했다.

그러자 남자는 그에게 전에는 어땠는지 잘 모르지만 지금도 머리카락이 아름답다고 칭찬을 했다. 일을 처리하는 동안 남자와 직원은 유쾌한 대화를 나누었다.

인간은 누구나 상대방으로부터 인정을 받고 싶다는 욕구를 가지고 있다. 이 법칙을 잘 지키기만 해도 많은 사람을 내 지지자로 만들 수 있고, 그들로 인하여 행복감을 맛볼 수 있다. 반면 이 법칙을 깨뜨리면 많은 사람들은 적이 될 것이며 불행의 늪에서 빠져나오지 못하게 된다.

상대방으로부터 인정받고자 하는 욕구는 인간과 동물을 구분하는 잣대라 할 수 있다. 인류의 문명 또한 이 욕망에 의해 발전해왔다고 해도 과언이 아니다. 따라서 상대의 마음을 움직이고 싶다면 상대방의 매력을 칭찬하라. 그것이 눈에 보이는 외적인 모습이든, 눈에 보이지 않는 내적인 모습이든 누군가로부터 인정받고 있다는 사실은 상대에게 활기를 주며 용기를 갖게 만든다.

성공한 사람들의 공통점은 칭찬에 인색하지 않다는 것이다. 그들은 칭찬할 만한 일이 있으면 진심으로 기뻐하고 격려를 아끼지 않는다. 그들은 가급적 칭찬거리를 찾아내려고 애를 쓴다.

갑부 록펠러에게는 에드워드 베드포드라는 동업자가 있었다. 그런데 어느 날 그는 남미에서 벌인 사업이 실패하여 회사에 2백만 달러에 달하는 손해를 입혔다. 이럴 경우 다른 사람은 아마도 역정을 내고 비난을 했을 것이다. 하지만 록펠러는 베드포드가 최선을 다했다는 사실과 비난을 한다고 해서 다시 상황을 반전시킬 수 없음을 잘 알고 있었다.

록펠러는 상대를 칭찬할 만한 거리를 찾아내려고 고민했다. 그는 베드포드가 간신히 투자액의 60퍼센트를 회수하자 기뻐하며 그만큼 회수하는 것도 쉬운 일은 아니라며 칭찬했다.

독자 중에는 칭찬을 아첨으로 받아들이는 사람도 있을 것이다. 아첨은 분별 있고 현명한 사람에게는 통하지 않는다. 그렇다면 칭찬과 아첨은 어떻게 다른 것일까?

칭찬은 진실하며, 아첨은 진실하지 못하다.
칭찬은 마음속에서 우러나오지만, 아첨은 입에서 흘러나온다.
칭찬은 이타적이지만, 아첨은 이기적이다.
칭찬은 누구에게나 환영을 받지만, 아첨은 환영받지 못한다.

그러므로 다른 사람을 칭찬할 때는 진심으로 해야 한다. 상대의 기분을 맞추기 위해 감언이설을 하게 되면 오히려 역효과를 초래할 수 있다.

물론 아첨이 놀라운 효과를 발휘할 때가 있다. 사람들 중에는 찬사에 굶주린 사람들도 더러 있기 때문이다.

멕시코의 오브레곤 장군의 동상에는 "적보다 감언이설하는 친구를 두려워하라."고 쓰여 있다.

칭찬으로써 상대의 가치를 높여주는 것도 중요하지만 반대로 상대방이 칭찬을 하는 것인지 아첨을 하는 것인지도 잘 구별해야 한다.

아첨은 값싼 칭찬이며 거짓말이다. 마치 위조지폐처럼 상대를 속이는 것이다. 아첨하는 사람에게 속아 그릇된 판단을 하거나 행동을 해서는 다른 사람들로부터 신뢰를 얻을 수 없다. 자신 스스로도 다른 사람에게 아첨하는 것을 삼가야 하며 반대로 상대방이 자신에게 아첨을 하는 것도 경계해야 한다. 아첨은 판단력을 흐리게 하여 사실을 객관적이고 이성적으로 바라보지 못하게 한다.

미국의 사상가 에머슨은 "인간은 어떤 미사여구를 동원해도 본심을 속일 수는 없다."고 충고한 적이 있다. 잠시 아첨으로 만사가 형통할 수는 있어도 언젠가는 그 정체가 드러나고 만다.

상대방으로부터 신뢰를 얻기 위해서는 상대방의 기분을 맞추기 위해 진심이 아닌 말을 하지 않으며, 아첨을 하는 사람을 경계해야 한다. 타인의 장점을 찾기 위해 진심으로 노력하면 값싼 아첨은 저절로 하지 않게 되며, 상대방이 칭찬을 하는 것인지 아첨을 하는 것인지 분별할 수 있게 된다.

TRUST 10
**자신의 편으로
만들어라**

돈을 많이 벌면 존경받을 수 있다고 생각하는 사람들이 있다. 물론 성공을 해서 돈을 많이 버는 것은 부러운 일이 아닐 수 없다. 그러나 비윤리적이거나 비도덕적으로 돈을 벌었다면 사람들의 부러움을 살 수 있을지는 모르나 존경은 받을 수 없을 것이다.

상대방으로 하여금 신뢰를 얻고 저절로 존경심을 가질 수 있도록 하기 위해서는 다른 사람이 해내지 못한 일을 해내는 뛰어난 능력도 중요하지만 그것을 다른 사람에게 아낌없이 나눠줄 줄도 알아야 한다.

상대방의 궁금증을 친절하게 설명해 주고, 상대의 발전을 위하여 아낌없이 도움을 주는 사람은 타인으로부터 신망을 얻을 뿐만 아니라 존경도 받게 된다.

이것은 비단 상사나 부하 직원과의 관계에만 국한되지 않는다. 남녀 관계, 부모와 자식 관계 등에서도 상대에게 성심성의껏 도움을 주는 사람은 사랑을 받게 되어 있다.

한 남자가 탁월한 능력으로 초고속 승진을 했다. 사람들은 그의 능력에 찬탄을 했고, 부하 직원들은 여러 가지 도움을 청했다. 하지만 그는 그 누구에게도 자신의 능력을 나눠주려고 하지 않았다. 그러다 보니 사람들은 그를 진심으로 따르지 않게 되었다. 직장 상사이기 때문에 명령에 어쩔 수 없이 복종하기는 했지만 말이다.

사람들은 대개 뛰어난 능력만 있으면 상대가 자신을 잘 따를 것이라고 생각하는 경향이 있다. 하지만 능력만 있다고 해서 잘 따르는 것은 아니다.

우리 주변을 보면 천부적인 능력을 소유하고 있음에도 다른 사람들로부터 대접을 받지 못하는 이들이 수없이 많다. 오히려 능력은 부족해도 다른 사람의 일을 내 일처럼 도와주는 이들이 다른 사람들로부터 신뢰를 얻는다.

그러므로 가치 있는 삶과 성공적인 삶을 살기 위해서는 능력을 배양해야 할 뿐만 아니라 그 능력으로 다른 사람을 돕는 데 주저하지 말아야 한다.

사람은 물질적인 것과는 상관없이 정신적이나 육체적으로 힘이 되어주는 사람에게 고마움을 느끼며 한없는 믿음을 갖게 마련이다.

만약 당신이 며칠 밤을 고민해서 낸 아이디어를 직장 상사가 자신의 것으로 둔갑해서 보고를 했다고 하자. 어떤 기분이 들겠는가?

억울하고 분해서 잠을 이루지 못할 것이고, 직장 상사에게 어떤 반박도 하지 못하고 참아야 하는 자신의 신세를 한탄하며 친구에게 하소연을 할지도 모른다. 어쩌면 상사의 부당한 행위를 지적한 후 회사를 박차고 나올지도 모를 일이다. 이는 부당한 대우나 억울한 일을 당했을 때 지극히 자연스러운 반응이다.

살다 보면 우리는 본의 아니게 억울한 상황에 처할 때가 있다. 그런 경우를 지혜롭게 넘기지 못하면 상대방을 내 사람으로 만들 수 없는 것은 물론 믿음마저 저버리기 일쑤다.

우드로 윌슨 대통령의 두터운 심임을 받았던 에드워드 W. 하우드 대령의 일화는 그 좋은 예이다.

국내외 문제에 대해 논의를 할 때마다 각료 이상으로 하우드 대령을 신뢰했던 윌슨 대통령은 자주 그에게 도움을 청했다. 그래서 하우드 대령과 윌슨 대통령은 여러 가지 문제에 대해 논의를 하는 일이 많았다.

어느 날 윌슨 대통령이 하우드 대령을 불러 어떤 문제에 대한 의견을 물었다. 하우드 대령은 평소대로 자신의 의견을 허심탄회하게 이야기했다. 그러자 윌슨 대통령은 그에 반대하는 입장을 취했고 아무리 논의를 해도 해결책은 나오지 않았다.

그런데 얼마 후 만찬석상에서 대통령이 발표한 의견은 앞서 하우드 대령이 주장한 내용과 일치했다. 그때 하우드 대령은 놀라지 않을 수 없었다.

그는 당장이라도 "그것은 대통령의 의견이 아니라 제 의견이었잖습니까?" 하고 반박하고 싶었지만 하우드 대령은 그렇게 하지 않았다. 그가 대통령의 의견이 자신의 것이라고 밝힌다면 공식석상에서 대통령을 망신줄 뿐만 아니라 이제까지 쌓아온 신뢰도 무너뜨릴 수도 있기 때문이다. 무엇보다 위험을 감수할 만큼 중차대한 문제도 아니었다.

그는 그 의견을 대통령의 것이라고 생각해 버렸다. 또한 대통령 자신뿐만 아니라 다른 사람도 그렇게 생각하도록 만들었다. 그 이후로 대통령은 그를 더욱 신임하게 되었다.

사람은 자기 생각보다 더 좋은 아이디어를 들었을 때 그것을 인용하고 모방하고자 한다. 내 입장에서는 기분 나쁜 일일 수도 있으나 만약 그것이 지극히 사소한 것이라면 아무것도 아닌 척, 진짜 상대의 생각인 것처럼 호응을 해준다면 상대는 당신에게 고마움을 느낌과 동시에 더욱 신뢰하고 따를 것이다.

사람을 잘 다루는 사람은 때로는 자신의 공덕을 상대에게 돌린다. 그것이 상대의 마음을 움직이는 데 얼마나 효과적인지 잘 알기 때문이다.

PART 3

말 한마디로
자신의 편을
만드는 법

사람과 사람 사이의 아주 사소한 대립이라 할지라도,
우리는 끊임없이 신뢰받기를 원하고
또 누군가를 신뢰하고 싶어 한다.
자상하고 온화한 태도, 그리고 누구에게나 우호적이며,
존중해 주는 태도를 갖는 것은
이미 신뢰를 예약해 두는 좋은 품성이다.

★ ★ ★ ★ ★

상대의 잘못을 직접적으로 지적하는 것은 금물이다.

① 극단적인 말을 삼간다.

'확실히', '틀림없이' 등과 같이 단정적인 말보다는 나는 이렇게 생각합니다만',

나도 그렇게 생각하지만' 라는 식의 완곡한 말을 사용한다.

② 잘못을 즉시 지적하지 않는다.

대신 '그런 경우도 있습니다만', '이 경우는 사정이 다른 것 같은데' 라는 식으로

상대가 생각할 수 있는 기회를 준다.

TRUST 01

사람의 마음을 자유자재로 연주하는 **지휘자**

상대에게 신뢰를 얻는 달인들 중에는 변호사들이 있다. 미국에서 가장 명성을 날렸던 4대 변호사는 에이브러햄 링컨, 스티븐 더글라스, 존 마셜, 그리고 다니얼 웹스터로 알려져 있다. 그중 변호사 다니얼 웹스터는 여러 가지 면에서 사람들의 마음을 움직이는 힘을 가진 사람이었다. 특히, 배심원들이 판결을 결정하기 위해서 갈등할 때마다 다니얼은 특유의 설득력으로 신뢰를 얻어내는 쾌거를 만들어 내는 변호사였다.

데일 카네기는 변호사 다니얼 웹스터를 연구하면서 그의 '신뢰를 얻는 비결'을 알게 되었다.

우선, 다니얼 웹스터는 용모 상으로 볼 때 자기관리가 철저할 것이라고 누구라도 생각할 정도로 말끔한 외모를 지니고 있었다. 또한 그의 눈빛, 표정, 손짓과 제스처는 마치 사람의 마음을 자유자재로 연주하는 지휘자와 같았다.

그리고 그가 가진 또 하나의 장점은 목소리였다. 다정다감하며 온화하고, 정감이 느껴지는 발음으로 건네지는 화법은 그 누구도 따라올 수 없을 정도로 사람의 마음을 편안하게 해주었다.

데일이 그의 변론 기록을 살펴본 결과 다니엘의 독특한 점을 발견하였는데, 바로 변론에 임할 때마다 항상 말머리를 강조하는 것이었다.

다음과 같은 방식으로 다정하면서도 강력한 메시지를 통해 변론을 시작한다는 것이다.

"저는 먼저, 배심원 여러분께서 결코 간과하지 않으시리라 믿는 몇 가지 사실들을 말씀드리고자 합니다."

이런 말을 들은 배심원들은 보다 집중하여 변호사의 얘기를 경청하게 되었던 것이다.

"이 점은 배심원 여러분께서 충분히 고려할 가치가 있다고 생각합니다."

그는 배심원들을 존중하는 화법을 통해 실제로 자신의 주장에 신뢰를 더할 수 있도록 재판을 이끌었다.

"무엇보다도 인간의 본성을 잘 알고 계시는 배심원 여러분께서는 당연히 이런 사실의 중요성을 깊이 인지하고 계실 겁니다."

다니엘은 변론을 하는 내내 자신의 주장을 밀어붙이는 적이 없었고 또한 목소리를 높이거나 주먹을 쥐는 등 강력한 방식의 표현 기법들도 사용하지 않았다. 그가 미국 최고의 변호사 중 한 사람으로 손꼽히게 된 근본적인 이유는 '다른 사람에게 자기 의견을 강요하거나 주장하지 않았다.'는 점에 있었다.

그를 만난 배심원들은 그의 다정함과 자상한 논리전개, 맑고 고우며 온화한 목소리에 좋은 반응을 보였다. 다니엘은 부드러운 말로 조용하고 다정스럽게 접근하는 방법을 사용해서 유명한 변호사가 되었다.

　사람과 사람 사이의 아주 사소한 대립이라 할지라도 우리는 끊임없이 신뢰받기를 원하고 또 누군가를 신뢰하고 싶어 한다. 자상하고 온화한 태도, 그리고 누구에게나 우호적이며, 존중해 주는 태도를 갖는 것은 이미 신뢰를 예약해 두는 좋은 품성이다.

TRUST 02
전세금을
깎은
청년의 **비결**

"자신이 세 들어 살고 있는 집주인에게 신뢰를 얻어 전월세 값을 깎을
수 있을까?"

"설마요. 주인이 그렇게 해주겠어?"

"맞아요. 올리면 올렸지, 내려주지는 않을걸?"

전월세를 사는 사람들이라면, 계약이 끝나는 시점이 다가올수록 이런
상상을 한 번쯤 해볼 것이다. 하지만 집주인은 그렇게 호락호락한 상대가
아니어서, 전월세 값을 내릴 만한 뚜렷한 이유가 없이는 쉽지 않은 것이
사실이다.

언젠가 데일 카네기는 '사람을 다루는 방법'의 강의 시간에 '주인의 마
음을 움직여 전세금을 내린 청년'의 사례를 이야기한 적이 있다.

자동차 엔지니어인 청년의 이름은 존 스트러브였다. 그는 자신이 세

들어 사는 집의 전세 계약이 끝나가는 시기에 여유 자금이 필요했다. 그래서 전세금을 내리고 싶었다. 하지만 주변 사람들에게 듣게 된 집주인의 악명 높은 구두쇠 별명에 겁을 먹고 있었다.

'아마도 얘기를 꺼내자마자 예정대로 집을 비우라고 하겠지?'

그러나 존은 다시 이렇게 생각했다.

'나는 지금 데일 카네기의 강좌에서 사람 다루는 방법을 배우고 있지 않은가? 일단 배운 대로 시도를 해보자!'

그래서 존은 집주인의 마음을 어떻게 변화시킬 수 있을까 생각하기 시작했다. 존은 우선 집주인에게 편지를 쓰기로 했다.

친애하는 ○○ 씨에게

한 달 후면, 제가 사는 이 정든 집의 임대계약이 끝나게 되는군요. 정말로 아름다운 이 집에서 살게 되어 너무나 기쁘고 행복했는데, 아쉽게도 계약 기간이 끝나자마자 즉시 집을 비워야 할 것 같습니다…….

사실 존은 이사를 하고 싶은 마음이 없었다. 주인이 전세금을 조금이라도 내려줄 수 있다면, 그는 더 살고 싶은 마음이 간절했던 것이다. 하지만 그는 계약 기간이 끝나는 대로 나가겠노라고 편지에 썼고, 그렇게 쓴 편지를 주인에게 보냈다. 악명 높은 구두쇠 주인에 대한 주변의 평가는 존을 더욱 위축되게 만들었지만, 존은 자신이 인간관계 수업에서 배운 것을 실천해 보자고 결심한 것이었다.

며칠 후, 존의 예상대로 집주인이 그의 비서를 대동하고 찾아왔다.

"어서 오세요. 그간 건강히 잘 지내셨는지요?"

존은 집주인과 그의 비서를 아주 다정하게 반겨주었다. 두 사람을 거실로 안내하고 손수 중국 전통 차를 끓여 대접했다. 다정하고 공손한 태도를 견지하며, 좋은 인상을 주려고 노력했다.

"존, 여길 떠나면 어디로 가려고 하는가?"

집주인이 존에게 물었다.

"아직 알아본 곳은 없지만, 계약 기간이 끝나는 날 전까지는 알아볼 것입니다."

존은 집주인과의 대화에서 일체 전세금 얘기는 꺼내지 않으리라 생각하고 있었다. 실제로 주인이 먼저 "전세금이 비싸다고 생각해 본 적은 없었는가?"라고 물었을 때도, 존은 다른 방법으로 대꾸했다.

"전세금이오? 아닙니다. 저는 이렇게 아름다운 집에서 제가 살게 된 것이 얼마나 행운인지 모르겠는걸요."

존이 집을 칭찬하기 시작하자, 집주인의 표정에는 옅은 미소가 번지기 시작했다. 존은 집주인에게 이 집의 시설, 구조, 경제적인 관리비용 등에 대해 만족했다는 이야기를 늘어놓기 시작했다.

"사실 저는 그간 어르신께서 이 건물을 관리하시는 걸 보고 많은 걸 배우고 감명받았습니다. 그래서 저도 나중에 나이가 들어 건물을 갖게 된다면, 꼭 어르신의 방법을 따라 관리하고 싶습니다."

집주인은 슬쩍 비서를 쳐다보더니 크게 웃으며 말했다.

"하하, 그런가? 자네가 그렇게 생각해 주다니 내가 오히려 고마운걸."

그때 존은 결정적인 말을 건넸다.

"사실, 이렇게 좋은 집에서 한 1년쯤 더 살고 싶지만, 그럴 형편이 되지 못해 떠나게 되어서 안타까울 따름입니다."

그 한마디였다. 더도 말고, 덜도 말고, 그 한마디에 승부를 건 존은 말을 마치고 가만히 집주인을 바라보았다. 존의 눈에 비친 집주인의 표정에서는 그동안 세 들어 사는 사람들에게서 이런 대접을 받아 본 적이 없었다는 것이 역력히 나타나고 있었다. 집주인은 어찌할 바를 몰라했다.

"이보게, 차를 한 잔 더 줄 수 있나?"

존이 차를 한 잔 더 가져다주자, 집주인은 자신의 골칫거리를 털어놓기 시작했다.

"아, 정말 골칫거리인 세입자들만 아니었어도 내가 이렇게 늙진 않았을 걸세. 전세금이 비싸다, 틈만 나면 시설을 바꿔달라, 어떤 사람은 편지를 무려 14통이나 보내면서 날 괴롭혔단 말이야. 때로는 모욕적인 편지도 있고……."

존은 그의 눈을 바라보며, 고개를 끄덕이면서 이야기를 경청했다.

"어떤 세입자는 위층 남자의 코 고는 소리를 해결해 주지 않으면 임대계약을 취소하겠다고 엄포를 놓더라고!"

한참 속사정을 털어놓던 집주인이 일순간 존을 바라보며 말했다.

"존, 자네처럼 만족해하는 세입자를 보니 더할 나위 없이 흐뭇하네."

그러더니 집주인은 존이 원하는 얘기를 꺼내기 시작했다.

"그래, 사정이 여의치가 않다고? 내가 전세금을 좀 내려주면 어떻겠나?"

존은 속으로 좋았지만 이렇게 말했다.

"네? 너무 감사한 말씀입니다만, 쉽지가 않으실 텐데요?"

"쉽지가 않을 거라니?"

"실은 방금 말씀하신 금액의 두 배가 모자랍니다."

그러자 집주인은 두말하지 않고 받아 주었다.

"그렇게 하세!"

존은 자신이 이루고자 하는 것, 즉 집주인의 마음을 변화시켜 전세금을 내리고자 했던 소기의 목적을 달성했다.

과연 존의 어떤 점이 집주인의 마음을 변화시킬 수 있었던 것일까?
만일 존이 무조건 전세금을 깎아달라고 했더라면, 집주인은 그 말을 들어주었을까?
장담하건대 실패했을 것이 분명하다.
존이 성공할 수 있었던 것은 무엇 때문일까?
'우호적이고 동정적이며 상대방의 고민을 알아주는 마음'

대화에서 상대가 말을 하는 사람의 메시지를 수용하려 하지 않으면 의사소통이 원활하게 이루어지기는 어렵다. 이러한 수용 거부는 말하는 사람의 말이나 행동에 대하여 신뢰성을 갖지 못할 때 일어난다.
우리는 누구나 자기의 입장에서 상대를 바라보는 데 익숙해져 있다. 하지만 상대 역시 나름의 고충과 고민거리 등을 안고 살아간다는 것을 알아야 한다. 그리고 실제로 존의 경우에서와 같이, 상대방의 고민과 골칫거리에 대해 우호적이며 동정적인 태도를 취하는 것이 '상대로 하여금 자신에게 호의를 보여주려고 하는 마음'을 불러일으킨다는 사실을 명심해 둘 필요가 있다.

TRUST 03
잘못을 **스스로**
인정하는
태도를
신뢰하는
사람의 **심리**

"죄송합니다. 그건 제가 잘못한 것입니다."

"괜찮습니다. 그래도 저는 당신을 믿습니다."

내가 잘못했는데도 상대가 나를 신뢰한다고 하면 과연 어떤 기분이 들까?

우리의 상식을 뒤집는 이러한 일들이 우리의 일상에서 과연 얼마나 벌어지고 있을까 생각해 본다면 아마도 이 책을 읽는 당신은 무릎을 치지 않을 수가 없을 것이다.

사람들은 상대에게 신뢰를 얻는 일이 '뭔가를 잘하고 잘 보여서'라고 생각한다. 하지만 여러분은 '뭔가 잘못을 저질렀을 때'에도 상대방이 자신을 신뢰하도록 만드는 비밀이 있다는 것을 이제부터 함께 경험해 갈 필요가 있다.

인간관계의 명장인 데일 카네기는 위와 같은 사례를 직접 경험하고 실험한 사람이다. 그는 특히 보통 사람들이라면 가까이하기 꺼려하는 '경찰관'에게 직접 자신의 생각을 실험한 장본인이기도 하다.

데일의 집에서 얼마 떨어지지 않은 곳에는 자연의 원시림이 잘 보존된 수목원이 있었다. 그곳은 봄이 되면 산딸기가 하얀 꽃을 피워 올리고, 곳곳에서 다람쥐가 통통 재롱을 떨며 보금자리에서 새끼와 함께 지내는 모습을 한 눈에 볼 수 있는 곳이다.

사람들은 이 자연 수목원을 콜럼버스가 신대륙을 발견한 당시와 별로 다를 바가 없을 만큼 원시림이 잘 보존된 훌륭한 곳이라고 이야기한다.

데일은 자신이 아끼는 애완견 렉스를 데리고 자주 이 수목원에서 산책을 했다. 렉스는 보스턴 태생의 불도그로, 덩치는 크지만 사람을 잘 따르는 온순한 순종 애완견이다. 데일은 수목원에서 사람과 마주친 적이 거의 없었으므로 애완견 렉스에게 마스크를 씌우거나 목줄을 묶지 않고 산책길을 동행하게 했다.

어느 날 데일과 렉스는 우연히 수목원의 한적한 길목에서 말을 탄 경찰관을 만나게 되었다. 경찰관은 데일과 렉스를 보더니 단호한 목소리로 명령하듯 말했다.

"잠깐, 멈추시오!"

경찰관은 데일과 애완견 렉스를 날카로운 눈으로 바라보며 말했다.

"수목원에서는 개에게 마스크와 목줄을 사용해야 한다는 걸 모르십니까?"

"예?"

데일은 깜짝 놀랐다.

"개를 풀어놓고 다니면 위법 행위라는 걸 모르십니까?"

"아, 경찰관님. 물론 알고 있습니다만 렉스는 아주 순하고 말을 잘 들어서 아무런 피해가 되지 않을 거라 생각했습니다."

데일은 부드럽게 답했다.

"뭐라고요? 다른 사람이나 아이들, 특히 수목에 조금이라도 피해를 주지 않을 거라고요? 법이 당신이 생각하는 것처럼 주관적일 거라고 생각하는 겁니까? 저렇게 덩치가 큰 개는 다람쥐를 죽이거나 아이를 물지도 모르지 않습니까?"

데일은 할 말이 없었다. 렉스도 경찰관의 눈치를 보는 듯이 고개를 땅바닥에 숙인 채 혀를 날름거리며 물끄러미 주인과 경찰관의 눈치를 살피고 있었다.

"좋소. 이번 한 번은 봐 주겠지만 만약 저 개가 또다시 마스크나 목줄 없이 돌아다니는 것이 적발되면 당신은 분명히 판사 앞에 서야 할 것이오. 알겠소?"

"네, 알겠습니다."

데일은 순순히 약속했다. 그리고 그 후로 산책을 나올 때마다 데일은 법을 지켰다. 하지만 그건 몇 번 정도에 불과했다. 데일은 사랑스런 렉스에게 마스크를 씌우고 싶지 않았다. 렉스에게도 수목원의 상쾌한 공기를 마음껏 호흡하게 하고 싶었던 것이다. 그래서 데일은 생각했다.

'오늘부터는 렉스에게 목줄과 마스크를 하지 않고 산책을 데리고 가서 경찰관과 부딪쳐 보자.'

데일은 다시 렉스에게 목줄과 마스크를 씌우지 않은 채 산책길을 동행하였고 얼마 동안은 아무 일 없이 잘 지나갔다. 그러던 어느 날 데일과 렉스는 드디어 그 경찰관과 마주치게 되었다. 데일은 갑자기 수목원의 입구 언덕배기까지 달리기를 했다. 숨을 헐떡이며 언덕배기에 다다르자, 뒤쫓아온 적갈색 말을 탄 경찰관이 앞을 가로막았다. 데일과 애완견 불도그 렉스는 꼼짝없이 법을 어긴 범법자가 되었다.

그때, 데일은 경찰관이 먼저 말을 꺼내기 전에 선수를 치며 말을 꺼냈다.

"어이쿠, 이런! 우릴 현행범으로 체포하셨군요. 렉스와 전 법을 어긴 거지요? 현행범으로 체포되었으니 그 어떤 변명도 하지 않겠습니다."

순간 경찰관의 표정은 의아했다. 데일은 그 틈을 놓치지 않고 계속 말을 이었다.

"경찰관님께서는 저에게 또다시 렉스에게 마스크를 씌우지 않거나 목줄을 하지 않고 다니면 판사님 앞에 서게 될 거라고 하셨지요?"

그러자 뜻밖의 솔직한 고백을 듣게 된 경찰관은 약간 당황한 듯이 좌우를 살피다가 슬며시 말에서 내렸다.

"글쎄요. 저런 순하디 순해 보이는 불도그라면 아무리 덩치가 크다 해도 아무도 없을 때 밖으로 데리고 나와 달리게 하고 싶은 유혹이 생길 것 같군요."

경찰관은 오히려 부드럽게 얘기했다. 그러자 데일은 계속 자신의 잘못을 탓했다.

"사실 경찰관님처럼 저도 그런 유혹에 못 이겨서 렉스를 데리고 나오기는 했습니다. 하지만 이건 분명 위법 행위죠."

그러자 이번에는 경찰관이 렉스의 머리를 쓰다듬으면서 말했다.

"하지만 뭐, 이것 보세요. 이렇게 순한 불도그가 누구에게 해를 끼칠 정도는 아니잖아요?"

자신의 잘못을 먼저 고백하는 데일에게 경찰관은 오히려 이의를 제기하기 시작했다.

"자, 당신은 이 문제를 너무 심각하게 생각하는 것 같군요. 이렇게 하면 어떻겠소. 언덕 너머 저편까지 렉스와 함께 달리기를 하세요. 그러면 내 눈에도 띄지 않고 우리 모두 이 일을 잘 처리할 수 있을 것 같소.”

“정말이오? 그럼 경찰관님도 후회하지 않겠습니까?”

“물론이오. 어서 렉스와 함께 한 번 더 뛰어보시죠.”

데일은 고맙다는 인사를 하고 렉스와 함께 언덕 넘어 약수터까지 환호를 지르며 뛰어갔다.

어떻게 이런 일이 벌어지게 된 것일까? 왜 경찰관은 자신의 말을 어기고 법을 어긴 데일에게 관용을 베풀어 준 것일까?

그것은 바로 솔직하게 고백하는 사람에게 느끼게 되는 ‘포용력의 욕구’ 때문이다.

그 경찰관도 인간이기 때문에 자신이 스스로 어떤 중요한 사람이라는 느낌을 갖게 될 때, 즉 누군가 자기 앞에 고개 숙여 자신의 잘못에 용서를 구할 정도로 심판관이 되었다는 느낌을 갖게 될 때에는 ‘포용력의 욕구’를 갖게 되는 것이다.

그래서 사람들은 아랫사람에게, 자신이 가르치는 학생들에게, 자기에게 잘못을 저지른 사람에게, 스스로 자기의 자부심과 포용력을 만족시킬 수 있도록 하기 위해 ‘관용’을 베풀어 주는 것이다.

TRUST 04

눈치채지 못하도록 잘못을 지적하라

인간은 불완전한 존재로 자기의 생각이 모두 옳을 수는 없다.

시어도어 루스벨트는 자기가 생각하는 100가지 중에서 77가지만 옳으면 더 이상 바랄 것이 없다고 말한 적이 있다.

단언컨대 자기 생각의 55퍼센트가 옳다고 믿는 사람은 사회적으로 큰 성공을 거둘 수 있을 것이다. 역설적으로 말하면 현실 속에서 자기 생각의 55퍼센트가 옳다고 믿는 사람을 찾기 힘들다는 얘기이다. 따라서 자신조차 불완전한데 다른 사람의 허물을 탓할 수 있겠는가.

인간은 본능적으로 자신의 일에만 관심이 있어서 상대방의 의견을 잘 들으려고 하지 않는다. 상대의 의견이 옳든 그르든 자신의 의견을 우선시한다. 좋은 뜻으로 잘못을 지적하더라도 상대의 동의를 얻어내기란 쉽지 않다. 오히려 상대방의 자존심이나 긍지에 큰 타격을 입히고, 반발심만 불러일으킬 뿐이다.

인간은 이성적인 판단에 의해 행동하는 것처럼 보이지만 대개 감정에 의해 움직인다. 상대방의 자존심이나 기분을 상하게 했다는 것은 이미 그 사람과 좋은 관계를 유지할 가능성이 희박하다는 의미이다. 그러므로 상대방을 설득시키려면 그 누구도 눈치채지 못할 만큼 신중하게 상대의 잘못을 지적해야 한다. 가르치지 않는 척하면서 가르쳐야 상대의 기분도 상하지 않고 효과적으로 설득할 수 있다.

R. U. 크로레라는 남자는 이 방법을 활용하여 심각한 갈등을 해결하였다. 크로레는 뉴욕의 한 목재회사의 직원이었는데, 그는 매일같이 거래처의 목재 검사원들과 논쟁을 벌였다. 대화로 문제를 해결하는 경우도 있지만 대부분 상대를 윽박지르는 일이 많았다. 목재 검사원들은 대개 야구 경기의 심판처럼 한번 단정을 내리면 결코 번복하는 일이 없었기 때문이다.

그는 수단과 방법을 가리지 않고 논쟁에서는 자신의 의견을 관철시켰으나 항상 결과는 신통치 않았다. 그러나 그는 논쟁을 벌이지 않고도 상대를 자신의 편으로 만들 수 있는 방법을 터득함으로써 많은 성과를 거두었다.

다음은 그의 경험담 중 하나이다.

어느 날, 거래처로부터 전화가 왔다. 전에 발송한 한 트럭분의 목재 품질이 좋지 않아서 납품받을 수 없다는 내용의 전화였다. 담당자는 목재 나르는 작업을 중단하고 있으니 빨리 와서 확인하라고 재촉을 했다. 목재를 4분의 1 정도 옮겼을 무렵 목재 검사원이 검사를 한 결과 절반 이상의 목재가 불합격 처리되는 바람에 그런 사태가 벌어진 것이었다.

그는 거래처로 가는 동안 이 문제를 해결할 적절한 방법을 강구했다. 예전의 그였다면 목재에 관한 해박한 지식을 총동원하여 다짜고짜 등급

판정 기준에 대한 검사원의 잘못을 지적했을 것이다. 그러나 그는 논쟁을 벌이지 않고 상대를 자신의 편으로 만들 수 있는 방법을 생각했다.

공장에 도착하니 담당 직원과 검사원은 서로 험악한 표정으로 당장이라도 덤벼들 기세였다. 그런 그들에게 그는 합격된 목재와 불합격된 목재를 따로 구분해달라고 부탁했다. 그리고 불합격으로 판정된 목재를 꼼꼼히 조사해 보았다. 그는 검사원이 지나치게 엄격한 판정 기준을 적용했다는 사실을 알아냈다.

문제의 목재는 백송재였으나, 검사원은 그것의 재질에 대해 잘 알고 있지 못한 듯했다. 백송재는 자신이 전문이었지만 크로레는 검사원의 방식에 대해 이의를 제기하지 않았다. 대신 검사원에게 목재들을 불합격시킨 이유를 물었다. 물론 상대의 잘못을 지적하는 식의 태도는 취하지 않았다.

크로레는 백송재의 특성과 우수성을 진지하게 설명한 후, 정중한 태도로 다시 한번 검사를 부탁하였다. 화난 감정이 수그러든 검사원은 자기가 엄격한 판정 기준을 적용했을지도 모른다고 반성하는 것 같았다. 하지만 크로레는 검사원의 무안한 눈빛을 모른 척하며 어떤 목재를 보내야 만족하게 받아들일 수 있겠냐고 물었다.

마침내 검사원의 태도가 180도 달라졌다. 그는 다시 검사한 후 결과를 통보해 주겠다고 한 발 물러섰다. 다음 날 그는 목재 전량의 대금을 수표로 받았을 뿐만 아니라 금전으로도 바꿀 수 없는 신뢰를 얻었다.

사람은 어떤 경우 심한 저항감 없이 자신의 사고방식을 바꾼다. 그런데 남으로부터 잘못을 지적받았을 경우에는 화를 내고 고집을 부린다. 진실보다는 위기에 처한 자존심을 중시하는 것이다. 이렇듯이 상대의 잘못을 직접적으로 지적하는 것은 금물이다.

　① 극단적인 말을 삼간다.
　'확실히', '틀림없이' 등과 같이 단정적인 말보다는 '나는 이렇게 생각합니다만', '나도 그렇게 생각하지만'라는 식의 완곡한 말을 사용한다.
　② 잘못을 즉시 지적하지 않는다.
　대신 '그런 경우도 있습니다만', '이 경우는 사정이 다른 것 같은데'라는 식으로 상대가 생각할 수 있는 기회를 준다.

　위의 내용은 상대방에게 스스로 반성할 수 있는 기회를 주는 구체적인 방법이다. 이것만 잘 활용해도 상대를 내 편으로 만들고 자신을 신뢰하게 하는 데 큰 도움이 된다.

TRUST 05
자문자답하라

내가 옳든 그르든 결코 자신이 잘못했다고 생각하지 않는 것이 인간의 습성이다. 따라서 상대를 비난하는 일은 불필요한 일이며 반발심만 키울 뿐이다.

어리석은 사람은 상대를 헐뜯으려고 하는 반면 현명한 사람은 이해하려고 노력하며, 상대의 말과 행동에는 그럴 만한 이유가 있다고 생각한다. 그들은 '만약 내가 상대방이라면 어떻게 느끼고, 어떻게 반응할 것인가?'라는 식으로 자신에게 자문자답을 함으로써 상대의 입장을 이해하려고 한다. 그럼 상대방도 자연스럽게 당신을 믿고 따르기 마련이다.

자문자답하는 훈련을 거듭하다보면 상대를 감정적으로 대하는 것이 얼마나 어리석은 짓인지 깨닫게 된다. 그리고 사람을 다루는 요령이 생긴다.

M. 케네스라는 사람은 자문자답을 통해 사람의 마음을 사로잡는 능력을 한 단계 업그레이드시켰다.

그의 집 근처에는 공원이 하나 있었는데, 그는 언제나 그곳에서 기분 전환을 하고는 했다. 그는 맑은 공기와 편안함을 주는 공원을 좋아했다. 특히 공원을 아름답게 만드는 나무에 대한 사랑은 각별했다. 그런데 사람들의 부주의로 인해 걸핏하면 나무들이 불에 타는 화재가 일어났다.

화재의 원인은 대개 공원에 놀러온 소년들이 숲 속에서 소시지나 달걀을 요리해 먹은 뒤, 뒤처리를 소홀히 해서 발생한 것이었다. 대부분 작은 화재였지만 때로는 큰불로 번져 소방차까지 동원되는 경우도 있었다.

모닥불을 금하고 위반자는 처벌한다는 게시판이 공원의 한구석에 세워져 있었지만 사람들의 눈에 잘 띄지 않아 무용지물이었다. 게다가 공원의 안전을 맡고 있는 관리인마저 엄중하게 단속하지 않아 화재는 끊이지 않았다.

그는 언젠가 화재가 난 것을 발견하고 관리인에게 달려가 소방서에 연락해달라고 요청한 적이 있었다. 그런데 그는 자기 담당 구역이 아니기 때문에 그럴 수 없다고 냉담하게 거절했다.

그 후로 그는 마치 공원의 관리인이 된 것처럼 모닥불을 피우고 있는 소년들에게 불을 끄라고 호통을 쳤다. 말을 듣지 않을 경우에는 경관에게 알리겠다고 위협까지 했다.

소년들은 마음 내켜 하지 않으면서도 마지못해 모닥불을 끄고는 했다. 하지만 그가 자리를 떠나면 다시 모닥불을 피웠고, 어떤 소년은 큰불이 나서 공원이 다 타버렸으면 좋겠다고 말하기도 했다. 그의 호통이 소년들을 설득하기는커녕 오히려 반발심만 심어준 것이다.

우연히 이런 사실을 알게 된 그는 인관관계에 대해서 다시 한번 생각하게 되었다. 그리고 '만약 내가 소년들의 입장이라면 어떻게 느끼고 행동했을까?' 하는 자문자답을 통해 상대방의 입장을 이해하려고 노력했다.

그 이후로 그는 모닥불을 피우는 소년들을 만나면 일방적으로 강요하지 않았다. 대신 그들의 행동을 이해하며 자신도 어렸을 때 똑같은 놀이를 했다고 말했다. 단 모닥불을 피우는 행위의 위험성과 주의 사항, 화재를 예방하는 방법을 구체적으로 가르쳐 주었다. 덧붙여 공원보다는 모래땅에서 모닥불을 피우는 것이 안전하다고 강조했다.

결과는 어떻게 됐을까? 얼마 지나지 않아 아이들은 그를 만나면 자연스럽게 인사를 하고 신뢰의 미소를 띠게 되었다. 뿐만 아니라 아이들은 모닥불을 피운 후 화재가 나지 않도록 뒤처리를 철저히 했고 화재 또한 자연히 줄어들게 되었다.

그는 자문자답을 통해 상대의 입장을 이해함으로써 어떤 반발도 없이 소기의 목적을 달성하고 소년들의 자존심도 세워준 것이다.

만일 상대가 좀처럼 당신을 믿지 못하고 따르지 않는다면 이렇게 자문자답해 보라.

'내가 상대의 입장이라면 어떻게 생각하고 행동할까?'

그러면 상대가 당신을 믿고 따를 수 있는 좋은 묘안이 떠오를 것이다.

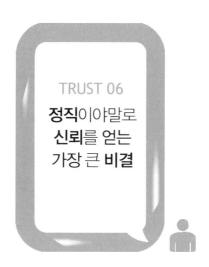

TRUST 06
정직이야말로
신뢰를 얻는
가장 큰 **비결**

어떤 사람들은 정직함에 대해 이렇게 생각을 하기도 한다.

"정직하면 오히려 더 손해 보는 일이 많은걸?"

'정직해야 한다.'는 것을 마치 '인생 망치는 지름길'인 것쯤으로 여기기도 한다. 인생은 어느 정도 속임수를 두고 남의 등을 밟고 지나가는 것이라고 생각하면서 사는 사람들이 있다. 그러나 정직함이 세상에서 가장 큰 신뢰의 무기가 된다는 믿음을 저버리지 않기를 바란다. 또한 세상은 정직한 사람들의 삶과 인간애에 대한 진정성에 반드시 보답한다.

어느 날 데일 카네기는 자신의 강좌에서 '정직함이 얼마나 커다란 힘'을 갖는 '신뢰의 법칙' 중 하나인지에 대해서 뉴멕시코의 앨버커키에 사는 브루스 하비라는 한 건설회사의 현장 간부의 예를 들어 이야기한 적이 있다.

하비는 자신이 근무하는 건설회사에 고용되어 자신의 현장업무를 돕도록 파견된 인부 중 한 명이 어느 날 사고를 당하게 되자 무척 안타까웠다. 하비는 그가 병원에 있는 동안 거의 하루도 빠짐없이 그의 병문안을 다녔고, 다른 인부들과 함께 그의 병원비를 모금하는 등 정성을 다해 자신의 업무를 보조했던 인부를 도왔다.

하비는 월급날이 되자, 경리부에서 지급된 월급을 현장 인부들에게 지급하고 병원에 있는 인부의 몫도 챙겨서 직접 전달하기 위해 찾아갔다. 병상에 누워 있던 인부는 진심으로 정성을 보여주는 하비에게 고마운 마음을 금할 길이 없었다.

그런데 며칠 후, 하비는 자신이 잘못 계산된 월급을 전달한 것을 알게 되었다. 하비는 인부에게 병문안을 가서 사실을 말했다.

"실은 월급이 잘못 전달되었더군요."

"아, 그렇습니까? 그런데 어쩌지요?"

하비는 그가 월급을 받은 다음 날 병원비로 모두 사용했다는 사실을 알게 되었다. 하비는 곰곰이 생각 끝에 인부에게 이렇게 제안했다.

"그럼 제가 경리부에 얘기해서 다음 달 월급에서 공제하는 걸로 하는 것이 어떻겠습니까?"

하지만 인부는 그 방법이 결코 자신에게 수월하지 않은 방법임을 알고 있었다.

"실은 제가 형편이 여의치 않아서 드리는 말씀입니다만, 몇 달로 나눠서 갚는 방법은 없을까요?"

하비는 잠시 생각해 보았지만, 회사에 가능한 빨리 돈을 상환해야 하는 것도 사실이었다. 그렇다고 병상에 누워 있는 인부의 사정을 모른 채 할 수도 없었다. 하비는 고심 끝에 말을 했다.

"저도 그렇게 해드리고 싶습니다만, 그건 지금 말씀드리긴 어렵습니다. 하지만 회사로 돌아가 사장님께 잘 말씀드려 보겠습니다."

병상에 누워 있는 인부의 사정을 생각하면서 그렇게 말은 했지만, 하비는 집으로 돌아오면서 이렇게 생각했다.

'사장님의 반응이 어떠실까? 정직하게 말씀드리는 건 문제가 아닌데…… 인부에게 추가 지급된 급여를 몇 달 정도 분할해서 갚을 수 있도록 허락해 주실까?'

하비는 나름의 고민 끝에 결단을 해야 했다.

'일단 솔직하게 말씀드리자. 그리고 인부의 사정에 대해 말씀드리자. 만일에 사장님께서 인부의 요청을 거절하신다면, 내 월급에서 우선 공제를 하는 것으로 말씀드리자.'

하비는 다음 날 출근을 하자마자 사장실로 갔다.

"무슨 일인가 하비, 얼굴이 전보다 더 여위였네."

하비는 사장에게 자초지종을 설명하였다.

"정확히 확인을 하지 않고 전달한 제 잘못입니다."

하비의 이야기를 듣고 사장이 말했다.

"아니, 그건 자네 잘못이 아닐세."

하비는 고개를 저으며 대꾸했다.

"아닙니다. 저의 실수가 분명합니다."

사장은 손사래를 치며 말했다.

"아니, 아닐세. 그건 자네 잘못이 아니라 경리부에서 실수한 거지. 안 그런가?"

하비는 직감적으로 사장이 자신의 잘못을 두둔해 주고자 함을 느꼈다.

"사장님의 너그러운 마음은 잘 알겠습니다. 하지만 제 잘못이니 저에게 책임을 물어 주십시오."

그때서야 사장은 하비를 보면서 말했다.

"그래, 알겠네. 자네 잘못일세. 그러니 어서 그 인부가 원하는 대로 문제를 해결하도록 해주게."

"감사합니다. 사장님!"

하비는 감사의 예의를 갖추고 사장실을 나왔다. 그리고 곧바로 경리부로 가서 인부의 추가지급 급여액을 몇 달에 걸쳐 나눠 공제하도록 처리했다. 한편 하비의 솔직함을 본 사장은 그 후로 그를 더욱 신임하게 되었다.

사실 우리는 이런 실수를 하게 되더라도 그것을 다른 부서나 다른 직원의 책임으로 떠넘길 수도 있다. 아울러 자신보다 지위가 낮은 인부에게 회사의 원칙만을 내세워서 다음 달 급여에서 모두 공제하는 것으로 하여 개인사정을 고려해 주지 않을 수도 있다.

자신이 잘못한 일을 남에게 떠넘기는 것은 정말로 바보 같은 처신이 아닐 수 없다. 누구나 자신의 실수나 잘못에 대해서 나름의 핑계를 댈 수 있다. 실제로 바보들은 그렇게 한다.

TRUST 07
공과 **사**를
구분해야 한다

어떤 분야에서든 어느 정도의 위치에 올라가면 본의 아니게 수많은 유혹과 청탁을 받게 된다. 전혀 모르는 사람의 부탁은 단호하게 거절할 수 있지만 친분 관계가 있는 사람으로부터의 부탁은 거절하기가 쉽지 않다.

사람들이 친분이 있는 이의 청탁을 단호하게 거절하지 못하는 것은 그로 인해 그 사람과의 관계가 나빠질까 하는 우려에서이다. 하지만 이를 두려워하여 정당하지 못한 유혹이나 청탁을 받아들여서는 안 된다. 공과 사를 구분하지 못하는 사람은 그 누구도 신뢰하지 않는다.

사람들은 흔히 타인으로부터 신뢰받기 위해 그가 바라는 것을 최대한 수용하려는 자세를 취한다. 물론 이 방법은 상대의 호감을 사는 데 매우 효과적이다. 그러나 공과 사를 구분하지 못하는 태도는 자신의 가치를 떨어뜨려 오히려 역효과를 불러온다.

청탁을 한 상대가 감정이 상하는 것은 잠시뿐이다. 왜냐하면 그 순간이 지나면 자신이 무리한 부탁을 했다는 사실을 깨닫기 때문이다. 만일 청탁을 거절당한 것에 대한 분노를 평생 가슴에 두고 사는 이가 있다면 그 사람의 부탁은 정말 잘 거절한 것이다. 오히려 그런 부류의 사람들을 가까이 두면 해가 된다.

우리가 잘 알고 있는 유능한 사람들은 공과 사를 잘 구분하는 사람들 이었다. 사적으로는 형제나 친구처럼 대했지만, 공적으로는 선을 분명히 했다.

미국의 태프트 대통령은 그중 대표적인 인물이다.

태프트 대통령은 6주 동안 친분이 있는 한 부인으로부터 자신의 아들을 어느 보직에 앉혀달라는 부탁을 받고 있었다. 매일같이 그녀가 찾아오는 통에 태프트 대통령은 골머리가 아팠다.

그녀의 남편은 정계에서 어느 정도 영향력을 행사하는 사람이었다. 그래서 그녀는 많은 상·하원의원들의 도움을 얻어 아들을 그 보직에 앉히기 위한 물밑 작업을 펼치고 있었다. 하지만 태프트 대통령은 해당 부처의 책임을 맡고 있는 사람의 추천을 받아 다른 사람을 그 자리에 앉혔다.

얼마 후, 그녀로부터 원한에 사무친 편지가 날아왔다. 그녀는 편지에 대통령이 마음만 먹었다면 쉽게 그 자리에 자신의 아들을 앉힐 수 있었음에도 그리하지 않았다며 은혜도 모르는 사람이라고 비난했다.

덧붙여 대통령이 관심을 가지고 있던 법안을 통과시키기 위해 자신이 지역구 출신 의원들을 설득해서 그 법안을 지지하도록 했었다고 했다.

대통령은 그녀의 청탁을 거절한 것을 계기로 은혜를 원수로 갚은 사람이 된 것이다.

편지를 다 읽은 태프트 대통령은 상대의 무례함을 응징해 주고 싶었다.

당장 반박하는 편지를 써서 그녀를 호되게 혼내려고 했다. 하지만 그는 현명한 사람이었다. 그는 그녀가 보낸 편지를 책상 서랍에 넣어두었다가 2~3일이 지난 뒤 다시 꺼내보았다. 좀 더 냉정하게 생각하기 위해서였다.

대통령은 그녀에게 가능한 한 친절하게 편지를 써서 보냈다. 편지의 요지는 이러했다.

'당신이 실망한 것은 충분히 이해하지만 인사 문제는 대통령 혼자 결정할 수 없는 일이고, 또 그 분야에 전문적인 기술을 가진 사람이 필요했기 때문에 국장의 추천에 따를 수밖에 없었습니다. 그리고 당신 아들의 현재 직위도 중요한 자리라는 걸 저는 믿어 의심치 않습니다.'

며칠 후 대통령의 편지를 받고 기분이 풀린 그녀는 사과의 편지를 보내왔다. 그런데 무슨 일인지 대통령이 임명한 사람의 발령이 특별한 이유 없이 지연되었다. 그러던 중, 이번에는 그녀의 남편으로부터 편지가 날아왔다. 자세히 살펴보니 이전에 그녀가 보낸 편지와 필적이 같았다. 알고 보니 직접 청탁하기에는 눈치가 보였던 그녀의 남편이 계획한 일이었다.

그 편지에 따르면 대통령이 부탁을 거절한 이후 그의 아내가 신경쇠약증에 걸렸고 위염 증상까지 나타나 거의 빈사 상태라고 했다. 그녀의 병은 아들이 그 자리에 임명되어야 나을 것이라고 했다.

구구절절하기 이를 데 없는 편지였지만 대통령은 자신의 결정을 번복할 의사가 없었다. 그는 다시 한번 그녀의 남편에게 편지를 써서 부인의 건강이 속히 완쾌되기를 바라지만 유감스럽게도 인사 문제는 번복할 수 없다고 못 박았다.

편지를 보낸 지 이틀 뒤, 백악관에서 음악회를 개최했다. 그런데 그때 대통령 부부에게 가장 먼저 인사를 건넨 사람은 바로 그들 부부였다. 불과 2~3일 전만 해도 병석에 누워 있던 부인이 건강한 모습으로 음악회에 참석한 것이다. 속이 빤히 들여다보였지만 대통령은 그들 부부와 반갑게 인사를 했다.

만일 태프트 대통령이 그들 부부의 부탁을 들어주었다면, 분명 그들 부부를 기쁘게 해주었을지는 모르지만 대통령으로서의 자격을 의심받아 다른 사람들로부터 존경과 신뢰를 받지는 못했을 것이다.

많은 사람들로부터 신뢰와 존경을 받는 유능한 사람이 되기란 쉽지 않다. 때로는 한없이 넓은 마음으로 상대를 포용할 줄도 알아야 하며, 때로는 냉정하게 판단하고 행동할 줄도 알아야 한다. 좋은 뜻으로 결정했다 해도 공과 사를 구분하지 못한 행동은 지탄을 받게 되어 있다.

이 사회에서 신뢰를 얻고 존경받는 사람이 되려면 공과 사를 분별하지 못하는 사람의 부탁은 단호하게 거절해야 한다. 거절하면 상대에게 비인간적이고 냉정하다는 느낌을 줄 수 있지만 그 감정은 그야말로 일시적인 것이다.

TRUST 08
나 스스로를
꾸짖는다

고객을 상대하는 일을 하다 보면 때로는 까다로운 사람을 만날 때가
있다.

"아니, 이건 내가 원했던 색감이 아니잖소."

"납품을 하기로 한 날이 언젠데 지금 가져오는 거지요?"

"수준이 떨어져서 OK를 놓기가 어려울 것 같은데요?"

서비스업이든 아니면 프리랜서로 어떤 일을 맡아 처리해 주는 일이든
자신에게 일을 부탁한 사람과의 견해가 달라서 일처리가 쉽지 않을 때가
많다. 하지만 너무 걱정할 필요는 없다. 의사소통이 까다로운 사람들을
만날 때에도 우리는 신뢰를 얻는 비결을 통해 원만하게 일처리를 해낼 수
가 있다. 그것은 한마디로 말해서 자신을 호되게 꾸짖는 방법이다.

하지만 이 방법은 앞에서 데일의 경험처럼 자신의 잘못을 있는 그대로
시인하는 방법과는 달리 자신이 잘못한 것이 명확히 드러나지 않을 때,

그래서 상대가 충분히 어떤 오해를 하고 있다고 판단될 때 사용할 수 있는 방법이다.

뉴욕에서 상업 미술가로 일하고 있는 페르디난드 워렌은 까다로운 고객과 마주하게 되었다.

그는 통조림회사 클라이언트의 패키지 디자인을 의뢰받고 정해진 날짜에 맞추어 제품 디자인 시안을 선보이게 되었다. 시안용임에도 불구하고 클라이언트 사의 담당자는 워렌에게 원하는 색감이 아니라고 불평을 하기 시작했다.

"아무리 시안용이라 해도 붉은색감이 우리 제품의 이미지와 맞지 않는군요."

"지금 보기에는 그렇게 보이는 것이 당연합니다. 이 프린터의 시안은 본래의 색감보다 조금 떨어지거든요."

워렌은 시안에 나온 색감이 그저 프린터의 특질일 뿐이라고 해명했다. 하지만 클라이언트 사의 담당자는 계속해서 워렌의 말을 이해할 수 없다는 듯이 말했다.

"아니, 시안이라면 본 인쇄상의 상태와 동일해야 하는 것 아닌가요?"

워렌이 다시 설명할 필요를 못 느낄 정도로 그 사람은 본래 색감과 시안용 샘플의 색감 차이를 이해하지 못했던 것이다.

"좋습니다. 그럼 시간을 좀 더 주시기 바랍니다. 원하시는 완벽한 색감을 가져다드리지요."

그리고 며칠 후, 워렌은 인쇄 상태의 본래 색감이 잘 표현된 광고물을 제시했다. 그제야 그 담당자는 "이제 제대로 나왔군!"하고 워렌에게 OK 사인을 보냈다.

워렌은 고개를 숙여야 할 때를 잘 아는 디자이너이다. 그는 위와 같은 상황에서는 그 담당자를 아무리 이해시키려고 해도 안 된다는 것을 알고 있었다. 워렌의 경험으로 볼 때, 담당자가 잘못 이해하고 있는 것을 디자이너가 이해시키려고 하거나 가르치려고 하면 반드시 문제가 발생했다. 따라서 이런 경우에는 담당자를 이해시키려고 드는 것이 아니라, 그의 의견을 존중하며 고개를 숙이는 것이 현명한 처사일 것이다.

워렌은 말했다.

"이런 경우는 그저 보통의 경우입니다. 좀 더 까다로운 분들도 계시지요. 예를 들면 어떤 미술 편집자들은 자기들이 위탁한 일을 '즉시, 곧바로!' 처리해 주기를 원합니다."

"빨리 좀 부탁해요, 가능하면 지금 당장!"

이런 주문과 마주쳤을 때는 다른 일감은 조금 뒤로 미뤄 두고 그 일을 먼저 처리하는 경우가 많다. 하지만 명심해야 한다.

이런 식으로 급하게 일을 처리하다 보면 실수가 벌어지게 마련이다. 그런데 문제는 이 실수가 결코 사소하게 넘길 일이 아니라는 것이다.

워렌은 어느 날 유명한 미술관 미술감독을 지낸 사람에게서 일을 부탁받게 되었다. 그런데 그 사람은 항상 사소한 일에 대해서 꼬투리를 잡으려고 하는 사람이었다. 워렌은 그의 사무실을 나올 때마다 불쾌한 기분이 들 때가 많았다. 곰곰이 생각해 보니, 그것은 그의 비난 때문이 아니라 그의 공격 방법 때문이었던 것이다. 어느 날 워렌은 부탁받은 일감을 미술감독에게 납품하게 되었다. 그런데 배달된 그 일감을 보고 미술감독이 곧바로 워렌에게 전화를 걸어왔다.

"워렌, 보통문제가 아닌 것 같군요. 지금 당장 이쪽으로 와주면 좋겠소."

미술감독의 사무실에 도착하자 예상했던 일이 벌어지기 시작했다.

"워렌, 이거 일이 잘못되어도 한참 잘못된 것 같소."

워렌은 가만히 그의 말을 경청했다.

그는 신랄한 어조로 워렌의 작품을 비난하기 시작했다.

"도대체 왜 이렇게까지 되었는지 이해가 안 되는군요!"

그는 화를 내기도 했다. 그렇게 몇 마디를 더 듣고 나서야 워렌은 입을 열었다.

"실수에 대한 변명은 하지 않겠습니다. 이제는 제법 잘되었다고 생각했는데, 아직도 마음에 들지 않으시다니 제 자신이 참으로 부끄럽군요."

워렌은 변명을 하지 않았다. 스스로 자기비판을 하듯이 낮은 자세로 이야기를 했고 평소보다 더 공손한 태도를 보였다. 그러자 갑자기 워렌을 응시하던 미술감독의 표정이 흔들리기 시작했다. 그리고 곧바로 워렌이 말을 다시 꺼내기도 전에 미술감독은 워렌을 옹호하고 나서기 시작했다.

"아, 물론 그래요. 하지만 그래도 뭐 큰 실수는 아닙니다. 다만……."

그 순간! 상대방이 자신에게 관대의 문을 여는 포용의 첫발을 떼는 그 순간을 워렌은 정확히 포착했다.

"제 실수를 제 스스로 용납하기 어렵군요."

그러자 미술감독이 당황한 듯이 이번에는 워렌의 말을 가로채려 하였다.

"아…… 너무 그럴 필요까지야……."

워렌은 더욱 공손하게 말을 했다.

"하지만 감독님, 이건 제가 용납할 수가 없군요. 작업에 들어간 열정만 빼고 모든 비용을 받지 않겠습니다."

그 말을 들은 미술감독은 순간 할 말을 잃은 듯 난감해했다. 워렌은 자신의 작품을 들고 그의 사무실을 나왔다. 발걸음을 옮기는 워렌의 입가에는 미소가 번지기 시작했다. 워렌은 신이 났고, 정말로 좋은 경험을 한 자신이 뿌듯하게 느껴졌다. 워렌은 그 순간을 두고 말했다.

"난생 처음 내 자신을 스스로 꾸짖으면서도 굉장히 신이 났었습니다. 상대방의 화를 누그러뜨리는 것은 물론, 상대방이 오히려 미안해하는 제 자신에게 무안함을 느끼지 않았습니까."

미술감독은 몇 번이나 전화에 사과의 메시지를 남겼다. 그리고 워렌이 전화를 받게 되었을 때 그는 이렇게 말했다.

"워렌, 그냥 그 작품을 보완해서 쓸 수 없을까요?"

그때 워렌은 말했다.

"제가 좀 더 주의를 기울였어야 했는데 정말 유감입니다. 뭐라고 드릴 말씀이 없군요……."

미술감독은 급기야 워렌의 사무실로 찾아왔다. 워렌은 드디어 완벽한 기회가 왔다고 느꼈다. 워렌은 원두커피 한 잔을 끓여 대접을 하면서 마지막 신뢰의 칼을 빼 들었다.

"감독님, 감독님께서는 그동안 저에게 소중한 일감을 많이 주셨습니다. 이번 일도 그중 하나로 제가 당연히 만족스럽게 일을 해드려야 했습니다……. 그러니 이 그림은 다시 그려 드리겠습니다."

"아니오! 괜찮아요!"

이번에는 미술감독은 워렌의 두 손을 잡고 얘기했다.

"당신에게 그런 수고를 끼칠 생각은 아니었소. 오히려 이런 점에서는 훌륭하지 않소? 그러니 약간의 수정만 거쳐서 사용하도록 하죠. 워렌."

미술감독은 워렌의 마음을 안정시켜 주기 위해 손으로 그림을 가리키며 칭찬할 점을 발견해 주면서까지 안심을 시켜 주려고 노력하였다.

이런 경우에서도 볼 수 있는 것처럼, 우리는 어떤 일에 대해서 불가피한 클레임이나 불평사항을 접했을 때에도 상대방에게 신뢰를 얻어낼 수 있는 것이다.

여러분도 이런 상황에서 신뢰를 이끌어 낼 수 있다. 그런데 한 가지 간과해서는 안 될 점이 있다. 그것은 '진정으로 자신의 잘못을 인정할 수 있는 마음이 전제되어야 한다.'는 것이다.

어떤 일에 대하여 진정으로 자신의 실수를 인정할 수 있는 용기를 가질 수 있다면, 상대방에게서 적어도 위와 같은 신뢰를 기대해 볼 수 있을 것이다.

TRUST 09
리더의
권한과 책임

게티즈버그 전투가 막바지에 접어든 1863년 7월 3일.

남군의 총사령관이었던 로버트 리 장군은 북군의 공세에 반격하기 위해 총공격 명령을 내렸다.

"1만 5천의 병력을 이끌고 조지 피켓 장군이 선봉에 서시오."

명령을 받은 조지 피켓 장군은 전날 적군의 동태를 살피면서 현실적으로 북군의 위세가 남군보다 우세하다는 사실을 알게 되었다.

"2km 앞에 진을 치고 있는 적군은 무려 120문의 대포로 진을 치고 있습니다. 그리고 거대한 돌벽을 쌓아 놓고 그 주위로 8천 명이 넘는 소총부대까지 포진하고 있습니다. 이런 상황에서 아군의 보병부대만으로 진격을 단행하기란 사실상 어렵습니다."

그러나 총사령관인 로버트 리 장군은 진격을 명령했다.

조지 피켓 장군은 명령을 받든 채, 자신의 병사들을 모아 놓고 뜨거운 눈빛을 교감하면서 이 전투의 전술에 대해 큰 소리로 외쳤다.

"불과 2km의 거리다. 적군의 대포가 불을 뿜어내더라도 우리의 용맹스런 병사들은 사거리를 피해 빠르게 전진하여 돌격하라. 병사들이여, 목숨을 걸고 돌진하라! 적진에 돌입하면 곧바로 아군의 기병대가 측면을 공략할 것이다. 그렇게 측면 깊숙이 파고들어 적진의 전열을 교란시킬 수 있다면, 승리는 곧 우리 것이다!"

병사들은 우레와 같은 함성을 질렀다. 병사들의 사기는 충만했고, 눈빛에서는 조지 피켓 장군을 따라 목숨까지도 불사하겠다는 충정의 의지가 불타오르고 있었다.

드디어 조지 피켓 장군은 자신의 병사 1만 5천명을 이끌고 출정의 깃발을 높이 치켜들었다. 조지 피켓 장군의 작전에 의하면 불과 2km라는 짧은 거리를 진격하는데 20분, 그 시점에 기마부대가 측면기습을 적시에 해주어야만 했다.

남군이 진격을 시작하자 북군의 120문이나 되는 포병부대는 엄청난 양의 포탄을 남군에게 포격하기 시작했다. 진군하던 조지 피켓 장군의 병사들은 맥없이 쓰러져 갔다. 그럼에도 병사들은 용감하게 진격했고 마침내 적진 가까이 진군해 가게 되었다.

"기마부대여, 측면을 공격하라!"

기마부대의 측면 공격 명령이 내려졌다. 그러나 보병부대 병사들이 적진의 코앞까지 진격했음에도 불구하고 측면 공격을 담당하기로 했던 기마부대는 나타날 기미를 보이지 않았다. 피켓 장군의 보병 병사들이 적진의 돌벽 가까이 다가갔을 무렵, 갑자기 북군의 보병부대가 돌벽 뒤편에서 사방으로 뛰쳐나와 남군의 병사들을 향해 일제 사격을 가하기 시작했다. 남군의 병사들이 도미노처럼 쓰러져 갔다. 기마부대는 그 순간에도 나타나지를 않았고 최후의 순간까지 전력을 다해 진격했던 병사들은 적진의 코앞에서 비참한 최후를 맞이하고 있었다.

이 전투로 인해 조지 피켓 장군 휘하의 1만 5천 병사들 중 무려 7,678명이 사망했다. 3명의 사단장 중 2명이 중상을 입었으며, 11명의 여단장 중 3명이 중상을 입었고 3명이 사망했다. 15명이나 되는 연대장 중 6명이 사망하고 5명이 부상을 입는 극심한 피해를 입었다.

그 와중에서도 한 장교가 이끄는 120명의 병사들은 적의 진지까지 진군하여 최후의 돌격을 감행했다. 이 최후의 결사대는 돌벽을 뛰어넘었고 총검을 들고 닥치는 대로 적들을 물리치며 앞으로 나아갔다. 북군의 심장부에서 일대 난전을 벌인 끝에 급기야 한 병사는 남군의 깃발을 적진의 심장부에 꽂는 데 성공했다.

하지만 그 승리의 기쁨은 오래가지 않았다. 이미 너무나도 많은 피해를 입었고 최후까지 살아남은 적진 속의 병사들은 얼마 되지 않았기 때문이다. 결국 남군은 패배하였다.

로버트 리 총사령관은 패배를 인정했으며 곧이어 "모든 책임은 총사령관인 나에게 있다."고 공표하기에 이르렀다.

로버트 리 장군은 자신의 휘하에 있는 부하들에게 패배의 책임을 전가하지 않았다. 심지어 자신의 부대가 전멸을 당한 월콕스 여단장이 눈물을 흘리며 패배를 알리는 순간에도 로버트 리 장군은 이렇게 말했다.

"눈물을 거두시오, 장군. 이 패배는 모두 내 책임이고 나의 잘못이오. 장군과 병사들은 용감했소. 이 패배를 극복할 수 있도록 도와주시오."

총사령관인 로버트 리 장군은 곧바로 자신이 모든 책임을 홀로 떠안은 채, 남부동맹 의장인 제퍼슨 데이비스에게 사의를 표명하고 총사령관의 자리에서 물러났다.

"젊고 유능한 인물을 저를 대신하여 앉혀 주십시오."

그렇게 퇴임한 로버트 리 장군의 삶은 그 후로 더욱 빛났다.

그는 전투에서 부상을 당한 부상자들과 사망자들의 가족들을 돌보고 위로하는 일을 하면서 평생을 보냈던 것이다. 사실 로버트 장군은 그 전투에서 자신이 그토록 비참하게 패배하게 된 원인을 기마부대의 작전 실패로 돌릴 수도 있는 지위에 있었다. 그리고 또 의도적으로 그럴 듯한 구실을 만들 수도 있었다.

그러나 로버트 리 장군은 그렇게 하지 않았다. 그는 결코 부하들에게 책임을 전가하지 않았다. 그의 고결함은 바로 이러한 리더의 진면목에 있었던 것이다.

조지 피켓 장군의 장병들이 남군 본부로 귀대할 때 로버트 리 총사령관은 몸소 그들을 맞이하면서 한마디를 남겼다.

"나의 병사들은 용맹했으며, 군인으로서 훌륭했다. 이 전투에 패한 책임은 내가 진다!"

우리는 이러한 리더들에게서 자신이 가지고 있는 지위와 권한을 '정직한 고백'과 함께 모두 포기할 수 있는 신념을 배운다. 일생을 다 바쳐서 이룩해 온 빛나는 장군의 별을 일순간의 자기반성을 통해 떼어낼 수 있는 진정한 용기를 배운다.

당신은 무엇을 책임지고 있는가?

TRUST 10
**아름다운
감정**에
호소하자

인간은 상대방에게 진실한 모습보다는 그럴듯하게 꾸며진 모습을 보이고 싶어 한다.

제시 제임스는 미주리 주에서 대도(大盜)로 이름을 날리며 열차와 은행 등을 습격하고는 했다. 그럼에도 불구하고 그는 아들에게만큼은 자신의 범죄 행위를 그럴싸하게 꾸며 훔친 돈으로 가난한 사람들을 돕는 의적으로 미화하고는 했다. 그리하여 그의 아들은 아버지를 믿게 되었고 자랑스러워하기까지 했다.

이처럼 인간은 자기 자신을 높이 평가하고 훌륭한 인물이라고 생각하려 한다. 따라서 상대방이 나를 믿고 생각을 바꾸게 하고 싶다면 그럴듯하게 꾸미고 싶어 하는 마음에 호소해야 한다.

아파트 임대업을 하고 있는 해밀턴 파렐 씨는 이 방법을 이용하여 슬기롭게 문제를 해결한 대표적인 경우이다.

파렐 씨의 아파트 입주자 중에 한 남자가 있었는데, 그는 계약 기한이 4개월이 남아 있는데도 불구하고 이사를 가겠다고 고집을 부렸다. 게다가 전세금이 가장 비쌀 때인 한겨울을 아파트에서 보낸 뒤 입주자를 구하기가 매우 어려운 시기에 이사를 가겠다고 하는 것이었다.

그의 요구를 들어주면 임대 수입이 줄어들 것은 불을 보듯 뻔한 일이었다.

파렐 씨는 은근히 화가 났다. 평소 같았으면 계약서를 제시하며 이사를 가려면 계약 기간 동안의 방세를 모두 지불하고 가라고 다그쳤을 것이다. 그러나 파렐 씨는 문제를 복잡하게 만들고 싶지 않았다.

파렐 씨는 곰곰이 생각한 끝에 그를 찾아가 이렇게 말했다.

"당신의 입장은 이해하겠습니다만, 저로서는 당신이 이사를 갈 것 같지는 않군요. 오랫동안 아파트 임대업을 하다 보니 저도 모르게 사람 보는 눈이 생겼거든요. 제가 볼 때 당신은 약속을 어겨가면서까지 이사를 갈 사람이 아닙니다. 이 문제를 조금만 더 생각해 주십시오. 그래도 이사를 가고 싶으시다면 그렇게 하셔도 좋습니다. 그러면 제가 사람을 잘못 본 거라고 생각하면 그만이니까요. 하지만 저는 당신이 약속을 어길 사람은 아니라고 굳게 믿고 있습니다."

며칠 후, 파렐 씨는 입주자로부터 집세를 받았다. 그리고 이사 가는 것을 취소하기로 했다는 대답도 들었다. 그 이유는 약속을 지키는 것이 매우 중요한 일이라는 사실을 깨달았기 때문이라고 했다.

파렐 씨는 자신의 가치를 높이고 그럴싸하게 보이고 싶어 하는 인간의 심리를 이용하여 입주자의 마음을 움직이는 데 성공한 것이다.

이외에도 우리가 알고 있는 수많은 유명인들이 이 방법을 이용하여

위기를 효과적으로 극복했을 뿐만 아니라 사람들로부터 무한한 신뢰를 받았다. 가령 록펠러 2세는 자기 아이들의 사진이 신문에 게재되는 것을 방지하기 위해 '아이들의 사진을 신문에 싣는 것에 동의할 수 없다.'고 말하지 않았다. 대신 자식들을 사랑하는 부모의 공통된 심정에 호소했다.

그는 신문사에 부모의 입장으로 자식의 사생활이 보장되지 않는다면 아이들이 밖에 나가 마음대로 뛰어놀 수도 없고 다른 친구들과 가깝게 지내는 것도 어려울 것 같다고 하소연했다.

그 결과 일체의 신문에서 그의 아이들의 사진은 찾아볼 수 없었다.

또 하나의 예를 보자.

잡지 《새터데이 이브닝 포스트》와 《레이디스 홈 저널》의 창설자인 사이러스 커티스는 사업 초창기에 다른 잡지사와 같은 수준의 원고료를 지불할 능력이 없었다. 그리하여 그는 작가들의 아름다운 감정에 호소했다.

그는 그 당시 최고의 인기를 누렸던 작가에게 원고 청탁을 하고 1백 달러짜리 수표를 직접 주는 대신 그녀가 열성적으로 참여하고 있는 자선단체에 보냈다. 그러자 그 작가는 적은 원고료를 받고도 그의 잡지사와 지속적인 관계를 맺었다.

물론 이 방법이 모든 사람에게 효력을 발휘한다는 것은 아니다. 까다로운 사람들에게는 아름다운 마음에 호소해도 잘 통하지 않을지도 모른다. 따라서 만약 당신이 이보다 더 좋은 방법을 알고 있다면 굳이 이 방법을 사용할 필요는 없다. 그러나 그렇지 않다면 시험해 보라.

상대방의 마음이 어떠한지 모를 때는 일단 그의 아름다운 감정에 호소하면 틀림없이 성공할 것이다. 인간은 상대방으로부터 진심 어린 신뢰를 받고, 정직하고 공정한 인물로 인정받으면 부정적인 반응을 보일 수가 없다.

PART 4

인간관계의
기적을 이루는
요소

상대가 일단 'No'라고 말하게 만들어버린다면
그것을 'Yes'로 만드는 것은 여간 어려운 일이 아니다.
'No'라고 말한 이상 그것을 번복하는 것을
자존심이 허락하지 않기 때문이다.
'Yes'라고 말해버리고 나서 후회할지언정
대부분의 사람들은 그것을 고집하게 마련이다.
그래서 처음부터 'Yes'라고 말하게끔
이야기의 방향을 이끄는 것이 무엇보다 중요한 것이다.

★ ★ ★ ★ ★

대화를 하는 상대를 편하게 해주어라.

말하는 사람이 부담 없이 편하고 자유롭게 자신의 의사를 표현할 수 있도록 부드러운 표정으로,

진심으로 상대의 의견을 경청하고 있음을 보여주어야 한다.

또한 상대방이 하고 싶은 말이 무엇인지 정확히 이해할 수 있어야 대화의 목적이 이루어지는 것이므로,

가끔 질문을 해서 말하는 사람의 의견을 잘 듣고 있다는 것을 보여주어야 한다.

TRUST 01
아버지의
눈물

동양 사람에게는 어른에 대한 공경의 마음이 있다. 이런 '공경의식'은 유교에서 비롯되었다. 그러나 어른이라고 해서 모두 공경받아야 한다는 사회적 준칙이 통용되지는 않는다.

"윗물이 맑아야 아랫물도 맑다."는 격언이 말해주는 바와 같이, 어른이라고 하더라도 어른답게 행동하고 그 책임을 다하여야 공경을 받을 수 있다는 것이다. 실제로 개방화 물결이 휩쓸고 지나간 요즘의 중국을 비롯한 한국과 일본은 물론 홍콩 등에서는 아직도 공경의식이 사회적 공감을 얻고 있지만, 어른이라고 해서 무조건 그런 공경문화만 믿고 사는 건 오래전의 일이 되어 버렸다.

데일은 홍콩에서 '정직함이 신뢰를 얻는 비결'이라는 강좌를 이끌었던 적이 있었다. 강좌의 수강생 중에 유독 말이 없던 중년 남자가 있었다. 여느 때와 같이 강좌가 끝날 무렵, 한 사람씩 자신의 경험을 발표하는 시간이 되었다. 말이 없던 중년 남자가 발표를 하겠다고 손을 들고 나섰다. 그 중년 남자의 사연은 애절했다.

"저는 지금까지 제 아들과 사이가 좋지 않습니다. 저는 한때 마약 중독자였습니다."

그의 이야기를 듣던 수강생들은 놀란 눈으로 그를 바라보았다.

"물론 지금은 완치되었습니다만 그것 때문에 아내는 병을 얻어 세상을 떠났습니다. 그리고 저는 하나밖에 없는 아들과 아직까지 남남처럼 지내고 있습니다."

그의 이야기를 들으면서 수강생들은 그가 한때 마약에 빠져서 허덕이던 무능한 남편이자 존경심이라고는 찾아볼 수 없는 한 아이의 아버지였지만, 이제는 아버지라는 자신의 자리로 돌아가려고 하는 의지를 느낄 수 있었다.

"하지만 아들은 저를 아버지로 여기지 않습니다."

그 순간 여기저기서 한숨 소리가 터져 나왔다. 중년 남자는 눈물을 글썽이며 말했다.

"제가 이 강좌에 오게 된 건, 이런 문제에 부딪친 제 자신이 너무 가엾게 느껴졌기 때문입니다. 과연 제가 아들에게 도저히 용서받을 수 없는 아버지에 불과한가요?"

중년 남자는 정중하게 조언을 구했다.

"제가 어떻게 해야 할까요?"

중년 남자의 말을 들으면서 데일의 가슴속에는 하나의 느낌이 스치고 지나갔다. 동양의 전통적 사고방식에 의하면 이런 경우 나이 든 쪽이 먼저 나서는 법은 아니다. 그래서 그 중년 남자는 아버지인 자신이 화해를 청할 입장이 아니라고 생각하고 있었던 것이다. 데일은 그 남자에게 목례를 한 후 수강생들에게 질문을 던졌다.

"그럼 과연 이런 문제의 화해 책임은 아들에게만 있는 것일까요?"

강좌를 듣던 사람들은 제각기 의견을 내놓았다.

"아니오. 아무리 아버지가 잘못을 했어도 자식 된 도리로서는 이제 마약 중독에서 완치되어 정상인으로 돌아오신 아버지를 마음으로 받아들이는 것이 도리지요."

찬반 의견은 팽팽하게 나눠지고 있었다.

"그렇지만 어린 나이에 아들이 받았을 상처에 대해서는 생각해 보셨나요? 심지어 마약에 빠져 있던 아버지 때문에 어머니는 병을 앓다가 돌아가셨잖아요. 그렇다면 아들과의 화해 문제도 아버지에게 책임이 있는 거 아닌가요? 모든 원인은 아버지의 행동에서 비롯되었으니까요."

사람들은 자유롭게 의견을 내놓았고, 데일은 그 중년 남자에게 물었다.

"지금 이 순간, 무엇이 가장 망설여지십니까?"

중년 남자는 약간 어리둥절한 표정을 지어보이며 데일의 말뜻이 무슨 의미인지 잘 모르는 듯했다.

"다시 말씀드리면, 아버지로서 아들에게 신뢰를 얻고 싶은 마음은 간절하시죠?"

"네, 물론입니다."

"그렇다면 신뢰를 얻기 위해 아버지로서 무엇을 어떻게 해야 한다고 생각하는지요?"

사람들의 이목이 중년 남자에게로 집중되었다. 그는 잠시 아무 말도 못한 채 서 있었다. 중년 남자는 가슴속에 차오르는 속 깊은 울분을 억누르고 있는 것처럼 보였다. 그가 충혈된 눈으로 말문을 열었다.

"제가 먼저 잘못했다고 용서를 빌어야 하나요?"

유교적인 문화 속에서 살아왔던 아버지로서, 참으로 힘겨운 말일 것이다. 하지만 수강생들은 그가 이런 질문을 던지자 눈빛이 반짝거리기 시작했다. 그때 데일이 한마디 정곡을 찔렀다.

"만약에 당신이 틀렸다고 생각하신다면, 확실하게 인정하시기 바랍니다."

그 말을 듣는 순간, 중년 남자의 눈에서 눈물이 주르르 흘러내렸다.

"제가 정말로 그렇게 할 수 있을까요?"

데일은 계속 말을 거들었다.

"물론이죠. 아드님 역시 가슴이 아프기는 마찬가지일 것입니다. 무럭무럭 자라고 있는 손자 녀석들의 재롱도 보시면서 남은 생을 살아가셔야죠."

수강생들은 숙연해졌다. 중년 남자는 고개만 끄덕이며 양손으로 얼굴을 감싼 채 눈물을 흘렸다. 그 눈물은 마지못해 지켜온 자존심에 대한 부끄러움의 눈물임이 분명했다.

그는 나이 든 사람으로서, 젊은 사람들이 어른을 무조건 공경해야 한다고 생각했던 자신을 채찍질하는 것이었다. 그는 아버지로서, 아들이 자기가 원하는 대로 처신하지 않고 아버지에게 무조건 먼저 찾아와 주기를 바라던 마음을 가졌던 걸 반성하고 있었다. 중년 남자가 참회의 눈물을 흘리는 그 순간, 강좌에 모인 사람들은 모두 감동의 물결로 하나가 되었다.

수강생들 중 한 사람이 손수건을 건네주었다. 누군가는 음료수를 가져다가 그의 손에 쥐어 주었다. 이윽고 진정을 되찾은 그는 수강생들을 바라보며 말했다.

"제가 틀렸습니다. 알량한 자존심만 부리다가 이렇게 무너져버린 것이 오히려 시원합니다. 여러분이 큰 힘이 되어 주셨습니다. 제 아들에게 가서 먼저 사과하고, 반성하고, 제 진심을 전하겠습니다."

모두가 뜨거운 격려의 박수를 아끼지 않았다. 사실 아버지로서 아들에게 용서를 구한다는 일은 쉬운 일은 아니다. 특히 유교적인 사고방식을 가진 사람으로서는 쉽지 않은 결단이 필요한 것이다. 하지만 그는 자신의 고집과 관념을 꺾고 아들에게 마음을 열기로 결심하였다. 그는 스스로 아들과의 관계가 이렇게 된 데에 대해 전적으로 자신의 책임이라고 고백했다. 수강생들은 그에게 박수갈채를 보냈으며 격려해 주었다.

다음 강좌에서 이 중년 남자는 자신이 어떻게 아들과의 관계를 풀어 갔는지 이야기해 주었다.

중년 남자는 아들의 집에 찾아갔다. 그리고 초인종을 누른 채, 아들이 나오기를 기다렸다.

"누가 왔지?"

몇 번을 물어도 인기척이 없자 저녁 식사를 하던 아들 내외와 아이들까지 모두 현관으로 나와 문을 열어 보았다.

"아니, 아버지!"

그는 현관문 앞에서 무릎을 꿇은 채 아들 내외가 나오기를 기다렸던 것이다.

"내가 잘못했구나. 아들아."

그 한마디에 아들은 눈물을 흘리며 아버지 앞에 무릎을 꿇었다.

"아버지, 저를 용서하세요."

무릎을 꿇고 자신의 지난날을 반성하는 아버지의 모습을 본 아들은 그 즉시 자기 마음을 열고 아버지를 받아들이게 되었던 것이다. 그는 지금

아들과 며느리, 그리고 손자 손녀와 함께 행복하게 생활하고 있다.

여기서 우리가 배울 수 있는 교훈은 아버지라고 해도, 직장 상사라고 해도, 어른이라고 해도, 형이라고 해도, 자신이 어떤 유리한 위치에 있다고 하더라도, 나이와 지위를 불문하고 자신의 잘못을 인정하고 고개를 숙일 줄 아는 반성의 덕목이 곧 '신뢰를 회복하고 더 나은 신뢰를 부르는 열쇠'가 된다는 것이다.

자신의 잘못된 행동이나 의견을 인정하거나 수정하는 것은 결코 패배를 의미하는 것이 아니다. 오히려 잘못된 점을 알고 있으면서도 스스로 인정하지 못하는 것이 더 큰 패배이다. 모든 일을 꼭 승리와 패배의 기준으로 바라볼 필요는 없다. 그리고 그보다 중요한 것들이 세상에는 많이 존재한다. 행복, 사랑, 가족, 평화, 감사 등……

TRUST 02

겸손한 태도는
인간관계의
기적을 이루는
요소이다

인간은 완벽하지 않은 존재이다. 그런데도 사람들은 자주 자신이 완벽한 존재인 것처럼 다른 사람을 비난하고 헐뜯는다. 이러한 태도는 상대에게 부정적인 감정을 심어주어 상대를 적으로 만들기 쉽다.

상대가 나를 신뢰하고 내 편으로 만들려면 상대의 단점을 지적하기 전에 자신의 단점을 밝혀야 한다. 어떤 사람은 약점을 잡혀 오히려 상대에게 끌려가는 결과를 초래하는 것은 아닌가 하고 의문스러워하지만 인간은 본능적으로 자신보다 약한 존재에게 마음을 쉽게 여는 법이다. 자신이 완벽한 존재가 아니라는 사실을 밝히며 겸손하게 행동하면 상대는 너그러운 마음을 갖게 되고 그 사람을 신뢰하게 된다.

데일 카네기는 자신의 단점을 인정하면 어떤 효과를 불러오는지 수없이 목격한 사람이었다.

다음은 데일이 직접 경험한 이야기다.

데일에게는 조세핀이라는 조카가 있었는데 어느 날 그의 비서로 일하기 위해 뉴욕으로 오게 되었다. 고등학교를 막 졸업한 그녀는 직장에서 일해 본 경험이 전혀 없어 처음에는 실수투성이였다.

데일은 답답한 나머지 그녀에게 자주 잔소리를 하고는 했다. 그런데 어느 날 잔소리를 늘어놓다가 문득 이런 생각이 들었다.

'나는 조세핀보다 인생 경험도 많고 일도 훨씬 능숙하다. 그녀에게 나와 같은 능력을 기대하는 것은 무리가 따르는 일이다. 무엇보다 나의 능력이 대단하다고 말할 수도 없다. 나는 그녀의 나이 때에 어땠었지? 항상 실수만 저지르지 않았나? 솔직하게 말하자면 그녀가 그때의 나보다 훨씬 잘하고 있지 않은가?'

그 이후로 데일은 그녀에게 잔소리를 할 때마다 다음과 같이 말하기로 결심했다.

"조세핀, 그게 아니야. 하지만 그것은 내가 지금까지 해온 실수에 비하면 그렇게 대단하지도 않단다. 처음에는 틀리는 것이 당연하지. 경험을 쌓으면 실수도 안 하게 될 거야. 예전의 나에 비하면 네가 훨씬 나은 편이지. 나도 처음에는 실수를 많이 했단다."

먼저 스스로의 단점을 밝히고 꾸짖자 그녀는 기분 나빠하지도 않았으며 충고를 귀 기울여 들었다.

자신의 단점을 먼저 밝히면 아무리 오만하고 독선적인 사람도 신뢰하며 내 편으로 만들 수 있다. 잔소리나 충고를 할 때 자신의 단점을 먼저 밝히는 겸허한 태도로 대하면 상대는 불쾌한 기분을 느끼지 않을 뿐만 아니라 충고를 하는 이에게 마음을 열고 신뢰하게 된다.

독일제국 최후의 황제 빌헬름 2세 때 수상을 지냈던 편 블로 공은 이 방법을 이용하여 오만하고 독선적이라고 소문난 빌헬름 2세의 마음을 사로잡았다.

빌헬름 황제는 방대한 육·해군을 거느리고 독일을 천하무적의 나라로 만든 장본인으로 성격이 급하고 폭언을 일삼았다. 그래서 그를 모시는 사람들은 황제가 문제를 일으키지 않을까 항상 가슴을 졸였다.

그러던 어느 날 염려하던 사건이 터지고 말았다. 영국을 방문 중이던 빌헬름 황제가 폭언을 했고, 그것이 영국 신문《데일리 텔레그래프》에 대서특필된 것이다.

영국의 정계와 국민이 들고 일어났고, 독일 본국의 정치가들도 황제의 독불장군식 태도에 당황함을 감추지 못했다.

영국 국민들을 분노하게 만든 그의 폭언은 이랬다.

"나는 영국에 호의를 가지고 있는 유일한 독일인이며, 일본의 위협 때문에 대해군을 조직했다. 영국이 러시아와 프랑스의 공격을 받지 않고 안전하게 지내는 것은 모두 나의 덕이다. 보불전쟁 때 영국이 승리를 거둔 것도 모두 나 때문이다."

문제가 일파만파로 확산되자 황제 자신도 당황했다. 그는 펀 블로 수상에게 책임을 전가하려고 했다. 황제는 언론에 '펀 블로가 시키는 대로 말했으므로 모든 책임은 그에게 있다.'라고 발표하려 했다.

펀 블로는 기가 막히고 억울할 수밖에 없었다. 그는 황제에게 곧바로 달려가 "자신에게 황제를 움직여 그와 같은 엄청난 말을 하게 할 힘이 있다고 믿는 사람은 아무도 없을 것이다."라고 말했다.

그러자 황제는 크게 화를 냈다. 왜냐하면 펀 블로는 위기에서 벗어날 생각에만 집착한 나머지 자신이라면 저지르지 않을 어리석은 실수를 저질렀다는 식으로 황제의 자존심을 건드렸기 때문이다.

평소에 단 한 번도 이러한 실수를 저지르지 않았던 펀 블로는 후회가 막심했다. 그러나 일은 이미 벌어지고 난 뒤였다. 그는 차선의 방책을 강구해야 했다.

펀 블로는 재빨리 말을 바꾸어 황제를 칭찬하기 시작했다. 자신은 현명한 황제와 감히 비교할 수 없는 사람임을 여러 가지로 증명하면서 한없이 겸손한 태도를 취했다. 그러자 황제는 화를 누그러뜨렸을 뿐만 아니라 펀 블로를 칭찬하기 시작했다. 황제를 추켜세우고 자신의 단점을 밝힘으로써 위기를 모면한 것이다.

만일 그가 처음부터 자신의 단점을 먼저 말하고 황제의 단점을 얘기하는 식으로 사태를 풀어나갔다면 어떻게 되었을까? 위기를 맞지 않아도 되었을 뿐만 아니라 보다 쉽게 문제를 해결할 수 있었을 것이다.

사람들은 대개 자신이 다른 이보다 우월하다는 생각이 들면 오만하고 독선적인 태도로 상대를 가르치려 든다. 그러나 이러한 행동은 신뢰받고 명성을 얻기 위해서 반드시 버려야 할 행동이다.

다른 사람의 마음을 사로잡고 무한한 신뢰를 얻으려면 자신의 단점을 먼저 밝힌 다음 상대에게 주의를 줘야 한다.

TRUST 03
인정하고
수용하는
자세의 **신뢰**

미국에서 가장 유명한 작가 중 한 사람인 앨버트 하버드는 자신의 글에 대해 병적으로 열광하는 독자와 차갑게 냉대하는 독자를 모두 가지고 있는 작가이다.

그의 문체에서 비롯된 이러한 양극화 현상은 실제로 그가 미국에서 가장 독창적인 작가라는 문단의 평을 듣는가 하면, 때로는 가장 혹독한 작가라는 비난을 받는 원인이 되기도 했다. 그러나 앨버트 하버드란 작가를 주목하는 것은 그의 글과 문체보다는 그의 '인간적 품성' 때문이다.

그는 자신의 글로 인하여 적을 만들어 내기도 하지만, 인간적 품성에 있어서는 '적을 친구로 만드는 비밀'을 알고 있는 마법의 작가였기 때문이다.

언젠가 앨버트의 글을 정말로 싫어하는 독자가 엄청난 비난의 편지를 그에게 보낸 적이 있었다.

"당신의 글을 읽다 보면 식사 중에도 구역질이 날 지경이다. 도대체 그런 걸 글이라고 쓰는 당신은 시궁창에나 처박혀야 직성이 풀릴 것 같다……."

이 편지를 받은 앨버트는 곧바로 이런 답장을 보냈다.

"선생님께서 지적해 주신 부분을 신중하게 생각해 보았습니다. 맞습니다. 제가 쓴 글을 읽어 보니, 저 역시도 선생님과 같은 기분이 들더군요. 그런 분야에 대한 선생님의 의견을 알게 되어 좀 더 공부를 해야겠다는 생각을 하게 되었습니다. 감사합니다."

앨버트는 이렇게 상대의 지적을 진솔하고 겸허하게 수용하는 태도를 가진 사람이었다. 매번 이런 악담을 늘어놓는 편지를 받을 때마다 앨버트는 상대방이 지적하는 부분에 대해서 자신을 진솔하게 돌아보는 좋은 습관을 가진 것이었다. 게다가 앨버트는 그런 편지를 보내 준 사람들에게 이런 말을 남기기를 주저하지 않았다.

"너무나 감사합니다. 다음에 선생님께서 이 근처에 오실 때 저를 방문해 주시면, 이 점에 대해서 우리 함께 진지하게 대화를 나누어 보는 것이 좋겠습니다. 지금은 서로 멀리 떨어져 있지만 저의 마음을 담아 뜨거운 악수를 건네는 바입니다."

우리가 일상을 살아가면서 겪게 되는 온갖 따돌림과 비난과 시기에 대하여 앨버트와 같은 자세로 대할 수만 있다면 어떤 광경이 벌어지게 될까?

우리가 앨버트를 통해서 배울 점이 있다면, 그건 바로 상대방이 지적하는 점에 대해서 인정하고 수용하는 자세를 갖는 것이 곧 상대가 당신을 신뢰하게 만드는 비결이 된다는 것이다. 왜냐하면 사람들은 대개 자신에게 나쁜 감정을 갖지 않고 관대한 모습을 보여주는 사람에게는 기본적으로 좋은 감정을 갖고 호의를 베풀려고 하는 본성이 있기 때문이다.

여러분도 한번 생각해 보자.

누군가에게 욕을 해댈 정도로 화가 나 있을 때, 상대가 오히려 먼저 고개를 숙여 온다면, 그래서 화가 난 자신이 오히려 무안한 마음이 들게 된다면, 당신의 마음은 어떤 상태가 될까?

마찬가지로 당신을 향해 비판의 칼날을 들이대는 사람이라 할지라도, 그는 결코 그 비판을 고맙게 받아들이는 당신을 향해 그 어떤 적의도 가질 수 없을 것이다.

사람은 자신의 잘못을 인정하는 사람에게는 악의를 갖지 않는다. 성경의 구절처럼 "내 뺨을 때린 자에게 다른 뺨을 대줄 수 있다."면 당신은 그 누구와도 형제가 될 수 있는 것이다.

조그만 것이라도 지적을 받은 사람이 그 점을 인정하고 수용한다면, 오히려 더욱더 신뢰를 베풀어 주고 싶어 하는 것이 사람의 마음인 것이다.

인간관계의 명장 데일 카네기는 우리에게 이런 말을 건네준다.

당신의 생각이 옳을 때에는
그 생각을 부드럽고 재치 있는 방법으로
상대에게 전해라.
당신의 생각이 잘못되었을 때에는
그 잘못을 가능한 빨리
그리고 기꺼이 겸허하게 인정하도록 해라.
자신에게 솔직할 수 있다면
이런 일이 얼마나 자주
당신에게 일어나는지도 경험하라.

TRUST 04

'Yes!'라는
긍정의 신호를
이끌어 내는
대화법 1

"쟤하고는 정말 말이 안 통해!"

"남자친구가 제 말은 통 듣지를 않으려 해요."

"아니, 왜 부장님은 제 말이면 무조건 부정하시는 거죠?"

"뭐라고요! 제 말이 틀리다고요?"

가끔은 친구와, 때로는 애인과, 종종 동료나 상사와의 사이에서 우리는 말 한마디로 인해 상처받고 또 상처 주는 일이 많이 생긴다.

위의 경우와 같이 누군가와의 의사소통에서 불협화음이 생겨날 때마다 불평을 하는 사람의 마음속에는 어떤 욕구가 숨겨져 있는 것일까?

답은 아주 간단하다.

우리의 마음속에는 상대방이 내게 'Yes!'라고 긍정해 주면 좋겠다는 '욕망'이 숨어 있다.

우리는 일상 속에서 많은 사람들과 의견 충돌을 일으키며 살아간다.

하지만 조금만 다르게 생각을 해보면, 의견 충돌이란 것의 의미는 '보다 긴밀하게 가까워지는 과정'이라고 볼 수 있다. 주변에서 자주 듣게 되는 말 중에는 이런 말이 있다.

"싸움을 하는 과정에서 서로 정이 싹텄어요."

평생을 함께 살아온 노부부는 이렇게 말한다.

"우리가 평생 소소한 부부싸움으로 다투지 않았다면 결코 이 자리에 함께 있지 못하겠지요."

직장에서는 이렇게 말하기도 한다.

"서로의 생각을 끝까지 밀고 당겨서 결국 좋은 결과를 얻게 되었습니다. 우리는 한 팀이니까요."

인간관계에서의 의견 충돌이란 하나의 일치점을 향해 나가기 위한 과정인 것이다. 충돌하는 의견의 한 편에 서 있는 사람의 욕구는 '상대가 나를 긍정해 주기'를 바라는 'Yes!' 욕구인 것이다.

한 쪽 손바닥이 다가가면 상대의 손바닥이 함께 반응을 해줘야 손뼉이 쳐지듯이 말이다. 따라서 우리는 인간관계에 있어서 비밀 하나를 발견할 수 있다. 즉 우리가 상대방의 의견을 긍정적으로 생각해 볼 수 있다면 상대방과 의견이 충돌할 때, 그 상대방에게 신뢰를 얻을 수 있는 비결은 아주 간단하게 도출된다는 것이다.

상대가 원하는 'Yes!'를 대화 중간 중간이나 어떤 시점에 외쳐주기만 하면 된다. 고개를 끄덕인다면 더욱 효과는 만점일 것이다.

반대로 '상대가 나에게 긍정하게 하려면' 어떻게 해야 할까? 그 역시 간단하다. 상대의 입에서 'Yes!'가 나오도록 대화를 이끌어가거나 분위기를 만들어 가면 되는 것이다.

"하지만 그렇게 간단하게 해결될 문제인가?"

이렇게 말하는 사람들도 있을 것이다.

인간관계의 문제는 변수도 많고 다양한 해결책이 필요하기에 그렇게 간단한 문제가 아니라고 할 수도 있을 것이다. 하지만 여러분은 한 가지 명심해 둘 필요가 있다. 즉 사람들은 대개 그런 기본 원칙조차 잘 지키려 하지 않으려는 습성이 있다는 것이다. 다시 말하면, 우리는 상대가 나의 의견에 'Yes!'라고 말하기만을 바랄 뿐, 상대가 나를 신뢰할 수 있도록 만들기까지에 대해서는 진지하게 생각해 보지 않는 경우가 너무 많다는 것이다.

이 문제에 대해서 인간관계의 명장인 데일 카네기는 우리에게 몇 가지 조언을 주었다. 우선 사람들과 어떤 이야기를 나눌 때, 가장 먼저 주의해야 할 원칙은 이렇다.

"대화를 나눌 때, 상대와 생각이 다른 부분을 먼저 화제로 삼아서는 안 된다."

이 조언을 깊이 간직해 두기 바란다. 실제로 우리의 일상에서 이 조언을 무시해서 생겨나는 문제가 너무나 많다. 친구나 직장 동료들 사이에서 "저 사람들은 만나기만 하면 싸워!"란 소리를 자주 듣는 사람들이 있다. 그런 사람들의 갈등의 원인을 유심히 살펴보면 위의 원칙을 철저히 무시하고 있다는 걸 발견할 수 있다.

"너와 난 이게 달라!"

서로의 '차이'만 드러내어 상대의 의견을 긍정하지 못하면서 서로 자신의 주장에 동조해 주기를 바라지만 마치 영원히 만날 수 없는 철로처럼 자신의 주장만을 내세우면서 대립각을 세우는 것이다. 이러한 사람들은 진정한 친구나 동료를 얻을 수 없다.

가정에서 부부간에도 서로의 단점만을 지적하여 갈등을 빚고 있는 경우가 많다. 처음 만나 사랑을 할 때, 그렇게 멋지고 아름답게 보이던 장점들은 어디로 사라진 것일까?

신뢰를 얻기 위해서나 관계를 더욱 돈독하게 유지하기 위해서는 서로의 차이점을 화두로 꺼내서는 절대로 안 된다. 서로의 차이점에 대한 이야기는 서로의 의견과 마음이 일치되고 서로의 본심을 이해하게 되었을 때 가볍게 웃으면서 하는 것이다.

TRUST 05
'Yes!'라는
긍정의 신호를
이끌어 내는
대화법 2

상대방에게서 'Yes!'를 이끌어 내려면 어떤 화제를 먼저 대화의 주제로 삼는 것이 좋을까? 정답은 상대방과 자신의 공통점이나 공동의 관심사를 화두로 삼아 대화의 실마리를 가볍게 풀어나가는 것이다.

어떤 사람을 만나기 전에 항상 그 사람과 자신과의 공통점은 무엇이 있는지를 생각해 보아야 한다.

대화의 상대에 대하여 만나기 전에 준비를 하는 것은 정말 중요하다. 상대방에 대한 정보와 자신이 하고 싶은 이야기가 머리와 마음속에 충분히 정리되어 있을 때, 상대에 대한 두려움은 없어지고 자신감으로 충만해진다. 또한 이러한 준비는 상대에 대한 배려이며, 자신에 대해 관심이 있는 당신을 신뢰하는 첫걸음이 된다는 것을 명심해야 한다.

사도 요한은 "완벽한 사랑은 두려움을 극복한다."고 하였다. 이 말을 바꾸어 말하면 "상대에 대한 완벽한 준비는 상대에 대한 배려이며, 신뢰의 첫걸음"이라고 할 수 있다. 상대에 대한 준비가 전혀 없이 대화를 하다 보면 말문이 자주 막히고 실수로 이어진다.

'그 사람이 어떤 취미를 갖고 있더라?'

'아, 저번에 보니까 읽고 있던 책이 내가 보던 책과 같았지? 이번에는 그 책에 대해 가장 먼저 인사를 건네야겠는걸.'

특히 같은 취미를 갖고 있거나 같은 물건을 소장하고 있는 경우에는 더욱더 쉽게 상대방의 신뢰를 얻어낼 수 있는 계기가 된다.

"와우, 갖고 계신 노트북이 제 것과 똑같은데요?"

"역시! 골프채를 보는 안목이 훌륭하시군요."

"지금 타고 계신 차는 언제 구입하신 겁니까? 제가 그 자동차 마니아라서……. 마니아 클럽에도 가입해 활동하고 있거든요."

이처럼 서로의 공통점을 가지고 대화를 시작하다 보면, 스르르 상대방에 대한 경계심은 자연스럽게 없어지게 되고 특히 상대방에게 갖게 되었던 차별성이나 차이점은 공통점에 흡수되어 그렇게 큰 문제로 보이지 않게 된다.

만일 지난번에 만나서 다툰 친구나 애인, 의견이 일치되지 않은 비즈니스 파트너가 있다면 다음 만남에서는 이 방법을 사용해 보기 바란다.

공통점을 찾아내고 서로가 연관된 점을 두드러지게 부각시키는 법을 알게 된다면, 여러분은 그 어떤 사람에게서라도 신뢰를 얻어낼 수 있는 훌륭한 인간관계의 마법사가 될 것이다.

서로의 의견이 크게 다르다 할지라도 너무 걱정할 필요는 없다. 이런 노력을 통해 서로 차이를 좁혀가다 보면 언젠가는 그 결실이 눈에 보이게 될 것이다. 매일매일 싸우고 다투는 형제자매들도 놀 때는 함께 공통적으로 좋아하는 게임을 하고 논다는 사실을 명심해둘 필요가 있다.

우리는 어려서부터 서로의 차이를 먼저 규정하려는 태도를 교육받아왔다. 내가 누구인가라는 것을 '나는 타인과 달라.'라는 개념으로 깨닫고 인식하게 되었던 것이다. 그래서 어렸을 때부터 내 것과 남의 것을 구분하는 법을 가장 먼저 배운다. 하지만 이 차별화에 너무 집착하다 보면 정신적으로나 심리적으로 인간관계를 잘 이끌어 갈 수 없는 문제가 발생한다.

또 그런 습관을 버리지 못한 채 사회에 진출하게 되면 직장생활에서나 사회생활에서도 좋지 않은 결과를 낳게 된다. 나의 것도 소중하지만 공동의 것, 우리의 것에 대해서도 소중한 마음을 가져야 되는 것이다.

이제 우리는 상대방과 서로 다른 의견이나 관점을 먼저 대화의 주제로 삼는 것을 피해야 한다는 것을 명심해야 한다.

데일의 경우라면 과연 이런 문제들에 대해 어떤 조언을 해줄까? 데일은 이렇게 말했다.

"상대방의 의견에 대해 당신이 동의하는 것에 대해서 먼저 말을 시작하고 계속 그것을 강조하십시오."

즉 당신이 누군가와 대화를 할 때, 가능하면 당신과 상대방이 같은 목표를 향해가고 있으며 다른 점이 있다면 그것은 목적이 아니라 방법이라는 점을 계속 강조하는 것이다. 우리가 반드시 기억해 두어야 할 것은 '같은 목표를 향해가고 있다.'는 점과 '방법만이 다를 수 있다.'는 점이다.

그리하여 결국에는 상대방이 '네, 맞아요.', '맞습니다!'라고 맞장구를 칠 수 있도록 대화를 진행해 가야 한다.

만일에 상대방의 입에서 '아니오!', '전 그렇게 생각하지 않는데요?'라는 말이 튀어나오도록 대화를 유도해 간다면, 당신은 그 사람에게서 신뢰를 얻는 일이 얼마나 힘든 일인가를 경험할 것이다.

심리학적으로 인간은 어떤 사람에게 신뢰를 주게 되는 것일까?

하버드 대학교의 심리학자 오버스트리트 교수는 다음과 같이 말했다.

"심리학적으로 볼 때, 대개의 사람들은 '아니오!'라고 말을 하는 순간 자신이 말한 것에 대해 다시 번복하기를 두려워한다."

오버스트리트 교수는 그렇게 작용하는 인간의 심리를 '자존심'이라는 개념으로 설명한다.

사람은 일단 '아니오!'라고 말을 해버리면, 자존심이라는 '내면의 각성 의식망'이 형성되어 점점 더 그것을 강화해 나가려고 하는 속성을 갖게 된다는 것이다. 이와 같은 심리로 '네! 맞아요.'라고 말을 한 것에 대해서도 긍정적인 방향의 각성 의식망을 펼치고 있는 것이다. 따라서 사람들이 어떤 결정을 이야기한 이후에는, 곧바로 '아니오, 제 생각이 틀렸어요.'라고 번복을 하기 어렵다는 것이다.

이를 통해 우리는 "거짓말이 거짓말을 낳는다."는 격언이 어떤 연유에서 고착화되는지도 이해할 수 있는 것이다.

따라서 사람을 만날 때 가장 중요한 것은 대화의 첫걸음에서 상대방으로부터 'Yes!'라는 긍정의 신호를 얻어내는 대화법을 익히는 것이 상대방의 신뢰를 얻을 수 있는 비결이 된다는 것이다.

TRUST 06

'Yes!'라는
긍정의 신호를
이끌어 내는
대화법 3

우리 주변에서 상대방에게 'Yes!'라는 긍정의 답을 가장 잘 이끌어 내는 사람들은 누가 있을까?

우선 교회의 목사를 들 수 있다. 목회자들의 설교 화법의 비밀은 설교를 듣는 교인들에게서 지속적으로 예스(아멘Amen)를 연발하도록 만드는 데 있다. 그런 화법을 통해 목회자는 전체 교인들의 신뢰를 얻어내는 데 탁월한 능력을 가진 사람들이다.

"주님의 역사하심을 믿습니까?"

"아멘!"

"주께서 항상 함께 하신다는 걸 믿습니까?"

"아멘!"

목회자는 설교를 하면서 끊임없이 자신의 메시지를 교인들이 잘 받아들이고 있는지를 되묻고 질문하며 확인을 한다. 이는 설교 내용이 정확히 교인들의 마음속에 전달되고 있는지를 확인함은 물론 교인들 스스로가 자신의 입으로 '아멘'이라고 말함으로써 긍정의 신뢰성을 내면에 충만하게 하도록 하는 힘을 갖는 것이다. 목회자들의 설교에 대해 교인들이 보이는 반응은 모두가 긍정의 대답이며, 그 누구도 목사의 설교를 들으면서 '아니오.'라고 말하지 않는다. 그 비밀은 설교의 화법에 있다.

우리 주변에서 상대에게 신뢰의 화답을 잘 이끌어 내는 사람들은 또 누가 있을까?

가장 쉽게 볼 수 있는 사람들이 있다면 TV나 문화센터 등에서 강연을 하는 유명강사나 기업의 전문 프리젠터들이다. 유명한 강사들은 가장 먼저 두 가지 법칙으로 사람들의 긍정을 유도해 낸다.

첫째는 유머이다.

첫 인상에서부터 아주 유쾌하고 청중들에게 강연이 아주 재미있을 것 같다는 생각이 들 정도의 유머를 구사하여 긴장을 풀어준다. 청중들은 강사에게 더욱 주의를 집중하게 되고 처음부터 청중을 '열렬한 지지자'로 만들어 버린다.

그리고 두 번째로는 질문화법을 집중적으로 사용한다.

'그렇지 않습니까?', '과연 그럴까요?'하면서 청중들의 마음을 움켜쥐었다가 폈다가 하면서 사로잡는 것이다.

기업의 프리젠터들 역시 가장 먼저 주의를 집중해 내기 위해 콘셉트가 되는 핵심 화두를 던진다.

"왜, 타이어는 안전의 도구라고 생각하시나요? 왜죠? 왜 고객들이 이 회사의 타이어를 사용하면 안전하다고 생각하죠?"

이러한 콘셉트 제시 화법들은 사람들로 하여금 '정말, 우리는 왜 타이어가 안전의 도구라고 생각하지?'하며 생각하게 하고, 그런 의식의 반전

상황을 틈타서, 프리젠터가 제시하는 새로운 콘셉트에 '긍정'할 수 있는 마음의 준비를 하게 된다.

"따라서 이제 타이어는 안전을 넘어서 감각이 되어야 합니다. 누구나 타이어를 통해 차의 느낌을 전달받게 되니까요."

이런 프리젠테이션의 과정을 겪으면서 사람들은 속으로 '맞아!'하고 긍정을 하게 되는 것이다.

사람들에게서 신뢰를 얻는 비결 중 하나인 예스를 이끌어 내는 방법은 우리의 일상에서도 자주 발견할 수 있다. 가정에서 엄마가 아이에게 약을 먹일 때를 생각해 보자.

"아픈 거 나으려면 약을 먹어야지?"

이 말을 들은 아이는 절대로 "아니."라고 말을 할 수가 없을 것이다.

"약을 먹으면 여기 아픈 거 다 낫지?"

이 말을 들은 아이는 약은 곧 아픈 것을 없애주는 것이라는 인식을 갖는다. 즉 엄마는 '약은 쓰다.'는 관념을 갖고 있는 아이에게 약은 쓰지만 병을 낫게 한다는 사실을 통하여 쓴 약을 먹이려고 하는 엄마의 행동에 신뢰성을 부여하는 것이다. 따라서 아이는 '약을 먹어야 아픈 것이 낫는다.'는 의식을 하게 되고, 엄마의 질문에 '네.'라고 긍정하게 되는 것이다.

예스라는 대답을 얻어내는 것이 왜 중요한 것인가에 대해서는 앞부분의 한 심리학자의 설명을 통해서 쉽게 이해할 수 있었다. 이제는 조금 다른 방식으로 이해를 해보자.

상대방의 입에서 "예, 그렇죠.", "맞습니다, 맞고요."라는 반응이 나왔다는 것은 마치 당구공의 한쪽 면을 큐로 친 것과 다르지 않다. 당구공의 한쪽 면을 큐로 때려서 공이 전진할 때는 엄청 빠른 속도로 회전하는 것을 볼 수 있다. 이런 경향이 바로 일단 예스라고 인정했을 때에 인정한 사람 스스로가 긍정의 경향을 지속적으로 유지하고자 하는 심리이다.

그런데 한쪽으로 빠르게 회전하는 당구공의 회전력을 반대로 바꾸려면 어떻게 해야 할까?

처음 공의 한쪽 부분을 칠 때보다 더 큰 힘으로 반대쪽을 때려서 역회전을 가해야 할 것이다.

여기서 우리가 배울 점은 일단 상대가 'No!'라고 부정하기 시작했다면 그것을 'Yes!'라고 긍정하게 만들어 신뢰를 얻기 위해서는 더 큰 힘이 든다는 사실이다.

이러한 심리적 경향은 인간의 신체에도 변화를 가져온다. 즉 상대방을 신뢰하지 않을 때는 마음속으로만 그런 것이 아니라 온몸 전체가 상대방을 거부하는 반응을 하고 있다는 것이다.

데일은 인간의 부정적 마인드가 인체에 어떤 영향을 가져오는가에 대한 의학보고서를 자신의 강좌 프로그램 수강생들에게 강의한 적이 있다.

데일의 보고서에 의하면 사람은 "아니오."라고 말하게 되면 사실 그 말 한마디를 한 것보다 더 많은 부정적 행동을 하게 된다는 것이다. 즉 인체의 각종 신경조직 그리고 근육 등이 모두 한데 어우러져 거부 상태를 빚어낸다는 것이다. 대개는 미미한 정도이지만 때로는 눈에 띌 정도로 심각하게 육체적 거부 현상이 일어나기도 한다는 것이다.

반면 "네, 그래요."라고 긍정할 때는 그와 같은 위축 현상이 일어나지 않고, 수용적이며 개방적인 상태로 변화된다. 그래서 처음부터 가능한 한 상대방이 'Yes!'라고 말할 수 있도록 많은 노력을 기울일 필요가 있다는 것이다.

'Yes!'라는 대답을 많이 유도해 내면 낼수록 궁극적인 제안 사항에 대해 상대방의 관심을 끌 수 있는 가능성도 높아지게 되는 것이다. 특히 세일즈맨은 이 비결을 잘 활용해 보길 바란다.

자신이 팔고자 하는 상품이 무엇이든 상관없이 고객을 응대해야 하는 세일즈맨이라면 첫 만남에서부터 고객이 'Yes!'라고 긍정하도록 하는 화법을 연구해 보기 바란다. 처음부터 상대방에게 긍정하는 마인드를 갖게 한다면 세일즈의 성공확률은 그만큼 높아질 것이다.

TRUST 07

'Yes!'라는
긍정의 신호를
이끌어 내는
대화법 4

인류 역사상 사람을 설득하는 데 있어 최고라고 할 수 있는 아테네의 철학자 소크라테스는 상대방의 잘못을 지적하지 않고 특별한 문답법을 통해 상대로부터 믿음을 얻어내어 소기의 목적을 달성했다.

소크라테스식 문답법은 아주 간단하다. 상대로부터 'Yes'라는 대답을 이끌어 내는 질문을 던지는 것이다. 상대방이 'Yes'라고 말하지 않을 수 없는 질문을 하고, 다음 질문 역시 'Yes'라는 대답을 이끌어 내는 질문을 한다. 이렇게 되풀이하는 과정에서 상대방은 자신이 최초에 부정했던 문제에 대해서도 'Yes'라는 대답을 하게 되는 것이다.

뉴욕의 한 은행에 근무하던 제임스 에버슨이라는 남자의 일화를 보면 소크라테스식 문답법이 어떤 것인지 자세히 알 수 있다.

어느 날 한 손님이 예금 계좌를 개설하기 위해 찾아왔다. 그는 평소 하던 대로 필요한 사항을 물어보고 용지에 기록했다. 그런데 손님은 대부분의 질문에는 자진해서 대답을 잘했지만 어떤 질문에는 입을 굳게 다물고 도무지 말을 하려 하지 않았다.

그는 이 질문에 응답을 하지 않으면 계좌를 개설해 줄 수 없다고 말하고 싶었다. 실제로 과거에 그는 이런 일이 생기면 상대를 몰아세웠다. 은행의 규칙을 방패 삼아 자신이 상대방보다 우위에 있음을 느끼는 것은 매우 통쾌한 일이었다. 그러나 그러한 태도는 은행을 일부러 찾아온 손님에게 호감을 주지 못한다는 것을 알게 되었다. 그 후로 그는 상대방 입장에서서 생각하게 되었고, 상대를 설득할 수 있는 좋은 방법을 찾아냈다.

그는 이번에도 그 방법을 사용하기로 마음먹었다. 그는 상대가 'Yes'라고 말하게끔 질문을 던졌다. 그리고 손님에게 마음에 들지 않는 질문에는 굳이 대답할 필요가 없다고 말했다.

그가 던진 질문의 내용은 다음과 같다.

"조금 전에 말씀드린 바와 같이 손님이 대답을 하지 않으셔도 상관은 없지만 만약 예금을 하신 후에 손님에게 사고가 생기면 어떻게 하시겠습니까? 법적으로 당신의 가장 가까운 사람이 예금을 찾을 수 있도록 해야겠죠?"

그러자 손님은 'Yes'라고 대답했다.

"그럴 경우를 대비해서 은행에서 고객과 가장 가까운 사람의 이름을 알아두려고 하는 겁니다. 좋은 방법이라고 생각하지 않습니까?"

이번에도 역시 손님은 'Yes'라고 대답했다.

그는 상대방이 'Yes'라고밖에 말할 수 없는 질문을 반복적으로 던지면서 용지에 기록하는 사항이 은행을 위한 것이 아니라 고객을 위한 것이라는 사실을 깨닫게 만들었다. 마침내 손님은 꺼려했던 대답을 말하고 예금 계좌를 개설했다.

에버슨이 사용한 소크라테스식 문답법이 상대방을 설득하는 데 효과적인 것은 처음에 긍정적인 대답을 하느냐 부정적인 대답을 하느냐에 따라 상대가 마음을 열 것인지 아닌지가 결정되기 때문이다. 다시 말해 상대가 일단 'No'라고 말하게 만들어버린다면 그것을 'Yes'로 만드는 것은 여간 어려운 일이 아니다. 'No'라고 말한 이상 그것을 번복하는 것은 자존심이 허락하지 않기 때문이다. 'Yes'라고 말해버리고 나서 후회할지언정 대부분의 사람들은 그것을 고집하게 마련이다. 그래서 처음부터 'Yes'라고 말하게끔 이야기의 방향을 이끄는 것이 무엇보다 중요한 것이다.

인간이 진심으로 'No'라고 할 때에는 단순히 입뿐만 아니라 신체의 각종 기관이 변화를 보인다. 예를 들면 분비선, 신경, 근육 등의 조직들이 일제히 딱딱하게 굳어져 거부 태세를 취한다. 반면 'Yes'라고 할 경우에는 이런 현상이 전혀 일어나지 않는다. 오히려 신체 조직은 무엇인가를 받아들이려는 자세를 취한다. 그래서 'Yes'라는 말을 많이 하게 만들수록 상대방의 생각을 자기 쪽으로 끌고가 신뢰하게 만드는 것이다.

인간관계의 명장 데일 카네기는 말한다.

"아테네의 천덕꾸러기였던 소크라테스는 인류 역사상 가장 위대한 철학자 중 한 사람이다. 왜냐하면 소크라테스는 인간의 사고방식을 송두리째 바꿔 놓은 사람이기 때문이다. 소크라테스는 단 한 번도 상대방이 틀렸다고 말하지 않았다. 소크라테스는 정말로 노련한 사람이었다."

소크라테스는 자기와 의견을 달리하는 사람들이 동의하지 않을 수밖에 없는 질문들을 정확히 구사할 줄 알았다. 그리고 그는 하나씩 하나씩 상대방의 동의를 구해나가는 방식으로 논쟁을 했다.

소크라테스는 대화를 하는 자세에 대하여 다음과 같은 가르침을 주었다.

"대화를 하는 상대를 편하게 해주어라. 말하는 사람이 부담 없이 편하고 자유롭게 자신의 의사를 표현할 수 있도록 부드러운 표정으로, 진심으로 상대의 의견을 경청하고 있음을 보여주어야 한다. 또한 상대방이 하고 싶은 말이 무엇인지 정확히 이해할 수 있어야 대화의 목적이 이루어지는 것이므로, 가끔 질문을 해서 말하는 사람의 의견을 잘 듣고 있다는 것을 보여주어야 한다."

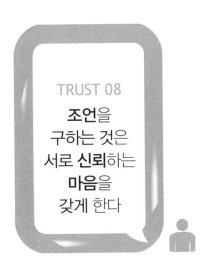

TRUST 08

조언을 구하는 것은 서로 **신뢰**하는 **마음**을 갖게 한다

"받는 것보다 주는 것이 행복하다."는 말이 있다. 사람들은 도움을 받는 것도 좋아하지만 그만큼 다른 사람에게 도움을 주는 것도 좋아한다. 도움을 줌으로써 자신의 중요성을 느끼기 때문이다.

어떤 사람은 상대에게 조언을 구하면 귀찮아할 것이라고 생각하는데 실제로는 전혀 그렇지 않다. 오히려 상대는 조언을 구하는 사람을 믿고 조금이라도 더 도움을 주려는 적극성까지 보인다. 뉴욕의 한 병원 방사선과 담당 의사인 Y 박사의 이야기는 인간의 이러한 욕구를 잘 보여준다.

Y 박사가 근무하는 병원은 미국에서 제일가는 방사선과를 창설할 계획을 갖고 있었다.

X선 장치 제조업자들은 이때를 놓칠세라 자사의 제품에 대한 안내서를 가지고 방사선과 담당 의사인 Y 박사를 끊임없이 괴롭혔다. Y 박사는

업자들의 시달림에 골머리를 앓았다.

그러던 중 다른 업자들과 비교가 안 될 만큼 사람의 심리를 교묘하게 이용하는 한 업자가 Y 박사에게 다음과 같은 편지를 보냈다.

'우리 회사에는 최근 최신형 X선 장치를 완성하였습니다. 마침 그 첫 번째 제품이 사무실에 도착했습니다. 저는 물론 이번 제품이 완벽한 것이라고는 결코 생각하지 않습니다. 우리 회사는 한층 더 좋은 제품을 만들기 위해 노력하고 있습니다. 그러기 위해 박사님의 검사를 받고 조언을 들을 수 있다면 더없는 영광으로 생각하겠습니다. 바쁘시겠지만 승낙해 주신다면 저희 제품을 보내드리겠습니다.'

편지를 읽은 Y 박사는 귀찮기보다는 기쁘기 그지없었다. 그때까지 X선 장치 제조업자들로부터 계약 청탁만 받았지 그 어떤 조언도 부탁받은 적이 없었기 때문이다.

그 편지는 그에게 중요한 느낌을 주었다. 그 주 내내 약속이 있었지만 그는 그 장치를 검사하기 위해 약속 하나를 취소했다. 그 제조업자로부터 결코 구매하도록 강요당하지 않았지만 그는 병원을 위해서 그 장치를 꼭 사야 한다는 생각이 들었고 바로 계약을 맺었다.

이처럼 조언을 구하는 것은 자신뿐만 아니라 상대를 기쁘게 하고 서로 신뢰하는 마음을 갖게 한다. 또한 조언을 구하는 사람은 어려운 문제를 해결할 수 있는 힌트를 얻어서 좋고, 조언을 하는 사람은 타인을 도움으로써 자신의 존재 가치를 높일 수 있어 유익하다.

롱아일랜드에서 중고차 판매업을 하는 한 남자는 조언을 구하는 것이 얼마나 상대에게 큰 만족감을 주고 믿음을 형성하게 하는지 절실하게 경험했다. 다음은 그가 겪은 이야기이다.

어느 날 스코틀랜드 출신의 부부가 자동차를 사기 위해 방문했다. 그는 차례로 차를 구경시켜 주었는데, 그들은 그때마다 불평을 했다. 쿠션이 나쁘다느니, 색깔이 마음에 들지 않는다느니, 차 모양이 마음에 들지 않는다느니 등의 트집을 잡았다. 특히 가격에 대해서는 차종을 불문하고 모두 비싸다고 했다.

마침내 그는 상대의 생각대로 이쪽이 움직이고 있다는 인식을 심어줘야겠다고 생각했다. 며칠 동안 고민한 끝에 그 부부에게 전화를 걸었다.

그들이 도착했을 때, 그는 최근에 들어온 중고차를 보여주었다. 그리고 자동차를 보는 그들의 안목이 뛰어나다며 칭찬하고 그 차의 가격을 얼마에 책정하면 좋을지 조언을 구했다.

그러자 그들은 기분 좋은 표정을 지으며 3만 달러가 적당할 것 같다고 말했다. 그는 다시 만약 3만 달러에 이 차를 내놓는다면 얼마에 사겠느냐고 물었다.

결과는 어떻게 되었을까? 이들 부부는 3만 달러에 그 차를 구입했다. 그들에게 조언을 구함으로써 그는 그들의 신뢰를 얻을 수 있었고 자동차까지 팔았던 것이다. 뿐만 아니라 그 부부는 그들대로 만족스럽게 자동차를 구입한 것이다.

다른 사람의 마음을 움직이고 싶다면 상대에게 조언을 구하라. 그것이 크든 작든 상대의 마음에 큰 울림으로 다가가 진실한 신뢰로 이어질 것이다.

TRUST 09
상대의 **말**에
귀를
기울여야 한다

사람들은 흔히 능수능란하게 화술을 구사하는 이를 '말 잘하는 사람'이라고 생각한다. 하지만 듣기를 잘하지 못하면 진정으로 말하기에 능하다고 할 수 없다. 말하기는 듣기까지 포함하는 것이다.

어떤 사람이든 다른 사람의 이야기를 듣는 것보다 자신의 이야기를 하는 것을 더 좋아한다. 이것은 본능적인 것으로 이 욕구를 억누르고 다른 사람의 이야기에 집중하는 것은 좀처럼 쉬운 일이 아니다. 그래서 듣기를 잘하는 사람은 말을 유창하게 구사하는 사람만큼 말을 잘한다고 해도 과언이 아니다. 상대방을 설득하기 위해 열심히 떠드는 것보다 귀를 기울이는 것이 더욱 효과적인 경우가 많다.

오래전 데일은 한 출판업자가 주최하는 만찬회에 참석한 적이 있었다. 그곳에서 전부터 만나고 싶었던 한 유명한 식물학자를 만났는데, 한 번도 들어본 적이 없는 그의 식물이야기에 완전히 빠져들고 말았다.

당시 카네기의 집에는 작은 실내 정원이 하나 있었다. 데일은 좋은 기회를 놓칠 수 없어 그에게 정원에 관한 몇 가지 질문을 했다. 그의 질문에 식물학자는 시원스럽게 대답을 해주었고, 데일은 더욱 그의 이야기에 빠져 몇 시간 동안 그와 대화를 나누었다.

그러던 중 밤이 깊어 만찬회가 끝이 났다. 데일은 그에게 매우 즐거운 시간이었다는 말과 함께 그의 박학다식함에 찬사를 보냈다. 그러자 그는 집주인에게 이렇게 말했다.

"데일 카네기 씨는 정말 이야기꾼이군요."

데일은 그의 이야기를 듣고는 고개를 갸우뚱했다. 그 이유는 자기가 식물학자와 이야기를 하는 동안 거의 아무 말도 하지 않았기 때문이다. 다른 화제라면 모를까 식물에 대해 이야기를 하기에는 지식이 풍부하지 못했기 때문이다. 그런데 식물학자는 데일이 진정한 이야기꾼이라고 찬사를 보내는 것이 아닌가.

그때 데일은 듣기를 잘하는 것이 얼마나 중요한지 깨달을 수 있었다. 식물학자가 데일을 이야기꾼이라고 칭찬한 것은 자신의 이야기를 성심성의껏 들어주고 적절한 질문도 아끼지 않았던 것에 대한 찬사였다.

하버드 대학의 총장을 역임했던 찰스 엘리어트는 이렇게 말했다.

"상담에 성공하기 위한 별다른 비결은 없다. 다만 상대의 이야기에 귀를 기울이는 것이 중요하다. 어떤 감언이설도 이를 능가하지 못한다."

이런 예는 굳이 먼 곳에서 찾지 않아도 우리 주변에서 흔히 볼 수 있다.

가령 어마어마한 돈을 들인 가게가 있다고 하자. 이 가게는 최고급 자재로 인테리어를 하고 상품을 보기 좋게 진열해 놓았다. 그리고 대대적으로 광고를 했다. 사람들이 구름처럼 몰려들 것은 뻔했다. 그런데 사람들은 이 가게에 가기를 꺼려했다. 손님의 말에 귀를 기울이지 않는 점원들의 태도 때문이었다. 점원들은 손님의 이야기를 중간에 잘라버리는가 하면 화를 내기 일쑤였다. 누가 이런 가게에 가서 물건을 구입하고 싶겠는가.

"말 한마디에 천 냥 빚을 갚는다."는 말이 있듯 상대의 말만 잘 들어도 어려운 상황을 호전시킬 수 있다. 세계적인 모직물 회사 데드마의 일화는 그 대표적인 예라고 할 수 있다.

창립 후 얼마 되지 않았을 무렵 한 고객이 사장실로 뛰어들어 소란을 피운 사건이 일어났다. 그 고객은 데드마의 거래처로 데드마에 15달러의 채무가 남아 있었다. 그러나 그는 그럴 리가 없다며 막무가내로 우겼다. 하지만 장부를 확인한 결과 그 사실은 정확했다. 그래서 회사에서는 여러 차례 독촉장을 보냈고, 이에 화가 난 그가 사장실로 뛰어 들어온 것이다.

그는 다짜고짜 화를 퍼부으며 다시는 거래를 하지 않겠다고 잘라 말했다. 초대 사장이었던 줄리앙 F. 데드마는 그에게 사실 여부를 따지고 싶었지만 그것은 최선책이 아니라고 생각했다. 그래서 사장은 그의 이야기를 끝까지 들어주었다.

한참 동안 열변을 토하던 고객은 이내 흥분한 마음을 가라앉혔고, 상대의 이야기를 들어줄 자세를 취했다. 사장은 그 기회를 놓치지 않고 고객에게 폐를 끼쳐 죄송하다는 말과 함께 일부러 회사까지 찾아준 것에 대해 고맙다는 인사를 전했다. 그리고 회사에서 착오로 문제가 발생한 것 같으니 15달러의 채무는 없는 것으로 하겠다고 제안하고 함께 점심을 먹자고 권했다. 회사를 골탕 먹이기 위해 찾아온 고객은 사장의 예상 밖의 태도에 놀라움을 감추지 못했다.

이 고객은 집으로 돌아가 다시 청구서를 꼼꼼히 확인하고 자신의 착오라는 사실을 안 후 사과의 편지를 보냈다. 물론 15달러도 동봉했다. 이후로 그는 데드마와 거래를 끊기는커녕 더 많은 물건을 구입했다.

그는 줄리앙 F. 데드마가 죽을 때까지 22년 동안 벗이자 거래처로서 좋은 관계를 유지했다.

상대방이 자신에게 흥미를 갖고 신뢰하게 하려면 먼저 상대에게 관심을 가져야 한다. 자신의 이야기만 늘어놓는 사람은 아무리 학벌이 좋고 지식이 풍부하다고 해도 현명한 사람이라고 할 수 없다.

다른 사람에게 존경을 받고 찬사를 듣는 사람이 되고 싶다면 다음 사항을 항상 명심해야 한다.

① 상대가 이야기를 오래 하더라도 인내심을 갖고 귀를 기울여라.
② 자기 이야기만 늘어놓지 마라.
③ 상대가 이야기하는 동안 자기 의견이 생각나도 갑자기 말을 중단시키지 마라.
④ 상대가 재치 없고 시시한 얘기를 하더라도 불쑥 잘라 말하지 말고 끝까지 들어라.

TRUST 10
자신을
낮추어야 한다

"저 사람은 어떻게 성격이 저 모양이야?"

살다 보면 우리는 이런 말을 할 때가 있다. 대개 자신으로서는 도저히 이해할 수 없는 성품을 가진 소유자를 보면 이와 같은 반응이 나오는데, 이것은 그리 놀랄 만한 일이 아니다. 개개인마다 겉모습이 다르듯 성품 또한 천차만별이기 때문이다. 각양각색의 성품을 모두 이해하고 받아들이는 사람은 거의 없다.

우리는 하루에도 몇 번씩 다양한 성품을 가진 사람들과 맞닥뜨리게 된다. 따라서 타인들로부터 인정받고 신뢰를 얻으려면 어떤 성품을 가진 사람이라도 이해하려는 자세를 갖추어야 한다. 자신이 싫어하는 성품이라고 해서 외면하거나 무시하게 되면 자신 또한 다른 사람들로부터 외면당하거나 따돌림받기 일쑤이다. 왜냐하면 자신이 선호하는 성품을 가진 사람을 다루는 일은 누구나 할 수 있는 일이기 때문이다.

하지만 자신이 싫어하는 성품을 가진 사람에게 호의를 베풀기란 쉽지 않을 뿐 아니라 특별한 마음가짐이 필요하다. 이를테면 마음에 들지 않는 성품의 소유자라 할지라도 그가 그렇게 된 데는 그럴 만한 이유가 있을 것이라고 생각하라는 것이다. 이렇게 하면 상대에 대한 연민과 함께 위로하고 싶은 마음이 생긴다.

인간의 성품은 환경의 영향을 크게 받는다. 우리가 뱀이 아닌 이유는 부모가 뱀이 아니기 때문이고, 소에게 키스를 하거나 뱀을 신성시하지 않는 이유는 우리가 힌두교를 전통 종교로 삼는 집안에서 태어나지 않았기 때문이다.

만일 우리가 미국 시카고를 중심으로 범죄 조직을 이끌었던 유명한 알 카포네와 같은 환경에서 똑같은 경험을 하고 자랐다면 우리도 그와 같은 인간이 되어 똑같은 일을 하게 되었을 것이다. 따라서 이 점을 항상 유념해 두고 사람을 대한다면 어떤 성품의 소유자라도 이해하고, 나를 신뢰하게 되어 내 편으로 끌어들일 수 있을 것이다.

만일 상대방과 같은 환경에서 자라고 똑같은 경험을 했다면 같은 성품이 될 가능성이 높다. 자라온 환경이 다르고 경험한 것이 달라서 성품이 다를 뿐이라고 생각한다면 어떤 사람을 이해하지 못하겠는가?

상대로부터 신뢰를 얻어 마음을 사로잡으려면 그 사람의 성품을 이해해야 한다. 상대의 성품이 마음에 들지 않는다고 해서 자신의 뜻대로 강제로 바꾸려고 한다면 오히려 역효과만 나타난다. 그 사람 그대로를 받아들이려는 노력을 기울여야 상대가 감동하고 당신을 믿고 따르게 되는 것이다.

만일 인간의 성품이 천편일률적이라면 사람들이 인간관계에 대해 고민할 필요가 없을 것이다. 한 가지 대처 방법만 알면 어느 누구도 내 편으로 만들 수 있을 테니까 말이다.

성품 중에 가장 다루기 힘든 것이 거만하고 완고한 성격이다. 융통성도 없고 자신의 잘못을 좀처럼 인정하지 않는 거만하고 완고한 성품을 가진 사람을 대하기란 쉽지 않다. 더더구나 그 사람으로부터 환심을 사서 신뢰하게 만들기란 얼마나 힘들겠는가.

거만하고 완고한 성품을 가진 사람들은 대개 자존심이 세다. 아무리 적절한 설명을 하고 근거가 확실한 사실을 나열해도 좀처럼 받아들이지 않는다. 논쟁을 하면 할수록 반발이 강해진다. 그러면 어떻게 대처해야 할까?

프레데릭 S. 파슨즈의 사례를 살펴보면 그 해답이 나온다.

소득세 상담직원인 파슨즈는 세무 감사원과 의견 충돌을 일으킨 적이 있었다. 9천 달러의 금액이 걸려 있는 일이었는데, 파슨즈는 그 돈이 악성 채권으로 회수가 불가능하다며 과세 대상이 되어서는 안 된다고 주장했고, 감사원은 충분히 회수가 가능한 돈이므로 과세 대상이라고 말했다. 두 사람은 한 시간 동안 토론을 벌였지만 결론이 나지 않았다.

그 감사원은 냉혹하고 거만한데다가 완고하기까지 한 사람으로 어떤 타당한 이유와 근거를 제시해도 자신의 의견을 굽히지 않았다. 그래서 파슨즈는 논쟁을 그만두고 화제를 바꾸어 감사원에 대해 칭찬을 하기 시작했다.

예를 들면 "자신은 책을 통해서 조세 공부를 했지 실전의 경험이 없다. 그런데 당신은 풍부한 실무 경험을 가지고 있어 부럽기 그지없다. 당신한테 배울 점이 많다."는 식의 칭찬이었다. 물론 이 말은 그의 본심이 아니었다. 거만하고 완고한 감사원을 설득하기 위한 전략이었다.

그러자 감사원의 표정이 부드러워지더니 자신이 적발한 탈세 사건에 대한 이야기를 시작으로 직업에 대한 고충과 자부심에 대한 얘기를 늘어놓기 시작했다. 시간이 지날수록 그의 어조는 부드러워졌으며 나중에는 가족 이야기까지 해주었다.

거만하고 완고한 사람들은 그 성품 때문에 냉혹한 인간처럼 느껴질 때가 많지만 그들도 평범한 인간일 뿐이다. 자신의 가치를 인정해 주고 찬사를 하는 사람들에게 관대하다. 그러므로 만일 당신 앞에 있는 상대가 거만하고 완고한 사람이라면 설득해서 이기려 하지 말고 자신을 낮추어야 한다. 상대로부터 자신의 중요성을 인정받게 되면 논쟁할 의욕을 잃고 친절하고 이해심 많은 사람으로 변하게 된다.

TRUST 11
자신을
낮추어서
성공한
자동차
영업사원

데일 카네기의 인간관계 개선 프로그램의 강좌를 수강했던 사람들 중에는 유난히 영업사원들이 많다. 부동산을 사고파는 중개인에서부터 길가에서 커피를 파는 사람까지 그 직업의 종류도 다양했지만 사람들의 개성도 다양했다.

데일은 자신의 강의를 수강했던 어느 자동차 영업사원의 경험담을 강의 시간에 들려주었다. 그의 이름은 헤럴드 링케였고, 몬테나 지역에서 일을 하고 있었다.

헤럴드는 이른 아침에 자신이 선택한 구역으로 출근을 한다. 그의 손에는 신차를 알리는 정보지가 가득 들려 있다. 어깨에는 노란색의 띠가 둘러져 있고, 띠에는 파란색 글씨로 신차출시를 알리는 문구가 적혀 있다.

그는 길목 횡단보도 앞에서 출근하는 사람들에게 정보지를 건네는 일을 2년 동안 거르지 않고 해왔다. 그렇게 홍보를 해도 헤럴드에게 자동차를 사려는 사람은 그리 많지 않았다. 어떤 사람들은 헤럴드에게 자동차에 대해 문의를 하고는 더 이상 연락을 하지 않는 경우도 있었다. 문의는 자기에게 하고, 구입은 다른 영업사원에게서 하는 경우라고 그는 생각했다.

헤럴드는 자동차 영업에서 받게 되는 판매의 압박감 때문에 신경이 매우 날카로워져 있었다. 그래서 기존의 고객들에 대한 서비스조차 소홀하게 되고 귀찮아지기까지 하였다. 자신이 관리해 오던 기존 고객들의 불만사항이나 요구사항을 처리하는 일에 대해서도 성의를 잊은 채 냉담하게 일을 처리하고는 했다.

'내가 이러면 안 되는데…… 왜 이렇게 약해지는 걸까?'

헤럴드는 자신의 이러한 영업방식에 대하여 생각했다.

'이것이 과연 올바른 방법인가?'

'나는 과연 제대로 일을 하고 있는 것일까?'

그러던 와중에 헤럴드는 데일의 인간관계 개선 프로그램에 참여하게 되었다. 그가 프로그램에 참여하게 된 계기는 노력해도 성과가 오르지 않는 것에 대한 괴로움 때문이었다.

그는 강좌를 통해 많은 걸 깨닫고 배울 수 있었다.

'그래, 난 영업사원으로서가 아니라 동시대를 살아가는 사람으로서 고객들과 관계를 맺어 나가야 해.'

데일의 강좌를 통해 그는 새로이 자신을 재창조하기 위해 노력했다. 우선 헤럴드는 아침마다 사무실에서 고객 명단을 작성해서 전화를 걸기 시작했다. 그리고 고객이 전화를 받으면 자신을 소개한 후 용건을 말했다.

"안녕하십니까, 고객님께서 지난주에 이번에 출시된 차에 관해 문의를 해 오셨는데 답변이 좀 미비한 것 같아서 전화를 드렸습니다."

"안녕하세요. 마이클 선생님. 이번에 구입해 주신 자동차의 향후 서비스에 대해서 다시 한번 상기시켜드리기 위해서 전화드렸습니다."

"안녕하십니까, 고객님. 구입하신 신차의 서비스는 만족스러우십니까?"

헤럴드가 가장 놀란 것은 고객의 반응뿐만 아니라 그동안 자동차만을 팔았지 자신을 통해 차를 구입해 준 고객들에 대한 사후관리를 전혀 하지 않았던 사실을 절실하게 깨달은 것이었다. 그리고 고객들은 저마다 마음속으로 불만사항을 갖고 있었다. 헤럴드의 이러한 적극적인 영업에 귀찮아하거나 불쾌하게 생각하던 고객들은 차츰 호의적인 반응을 보이기 시작했다.

"자신의 신분에서는 어떤 종의 차가 좋겠느냐?"

"이번에 출시된 자동차는 어떤 점이 좋으냐?"

"할부 조건은 어떻게 되느냐?"

그의 전화를 받은 고객들은 긍정적으로 협조해 주었다.

그 후 실제로 고객 중 많은 사람이 헤럴드에게 전화를 걸어 자동차의 구입에 대하여 스스로 문의를 해왔다. 헤럴드는 더욱 열심히 기존의 고객들의 안부를 묻는다든가, 고객의 생일 등 기념일을 챙기는 일을 소홀히 하지 않았다. 고객을 섬기는 자세를 항상 유지하던 헤럴드에게는 엄청난 변화가 생겨나기 시작했다.

"여보세요? 헤럴드 씨죠? 전 해리라고 합니다. 제 사촌이 이번에 자동차를 구입하려고 해서요."

기존 고객들은 자신을 낮추어 말할 줄 아는 헤럴드를 신뢰하게 되었고 그 결과 주변의 지인들이 차를 구입하려고 할 때마다 소개를 해주는 키맨(KeyMan) 역할을 대신해 주었던 것이다.

헤럴드는 고객의 의견을 존중해 주고, 자신을 낮추어 정중하게 대할수록 고객의 진정한 신뢰를 얻어내어 성공할 수 있음을 깨달았던 것이다.

TRUST 12
상대에게 맞추어야 한다

　상대가 안정적일 때 상대의 마음을 움직이기 쉽겠는가, 아니면 불안을 느낄 때 상대의 마음을 움직이기 쉽겠는가? 당연히 상대가 심적으로 평화로울 때 상대의 마음을 사로잡는 것이 용이할 것이다. 그러므로 상대의 마음을 사로잡고 싶다면 먼저 불안을 해소하는 것이 좋다.

　호텔이나 백화점 혹은 레스토랑 등에 갔을 때 서비스가 좋다거나 나쁘다고 느끼는 기준은 고객들의 불안을 해소시켜 주느냐 아니냐이다.

　서비스가 좋은 백화점이나 레스토랑 등은 불안을 해소시켜 고객들을 안심하게 만든다. 마음 편히 쇼핑을 할 수 있도록 고객들을 최대한 친절하게 대하는 것이다.

　남녀관계에서도 마찬가지이다. 여성은 항상 남성에게 '나는 남자에게 있어 어떤 존재인가?'라는 불안을 가지고 있다. 이때 센스 있는 남성은 연인에게 자주 전화를 걸어서 항상 그녀를 기억하고 있음을 알려준다. 여성의 불안을 해소시켜 주는 것이다.

반면 센스 없는 남성은 그대로 방치해 여성의 불안을 고조시킨다. 여성들이 "정말 나를 사랑하기는 하는 거야?" 하고 불만을 토로한다면 피곤하다며 무시할 것이 아니라 자신이 연인에게 불안을 심어주고 있는 것은 아닌지 살펴보아야 한다.

어느 직장을 가든 사소한 일로 부하 직원을 꾸짖는 상사를 만나게 된다. 사람들은 대개 이런 부류의 상사들을 단순하게 성격이 나쁘다고 생각해 버리는데, 이들은 실상 자신이 누구이며 어떻게 행동해야 하는지 모르는 불안감이 많은 사람들이다.

따라서 상사를 무조건 무시하거나 미워할 것이 아니라 상사가 안심할 수 있도록 존중해야 한다. 만일 상사를 무시하고 미워한다면 결코 상사와 좋은 관계를 유지할 수 없고, 순조롭게 직장생활을 할 수 없을 것이다.

인간은 그 누구도 자신에게 관심을 기울이지 않는다는 느낌이 들 때 좌절에 빠진다. 어떤 가게에 갔을 때 직원이 자신의 이름이나 얼굴을 기억해 주면 기쁨과 안정을 느낀다. 이는 누군가가 자신에게 신경을 써주고 있다는 단순한 사실 때문이다.

상대의 불안을 해소하려고 노력하는 것은 곧 상대를 존중한다는 것이다. 바꾸어 말하면 상대를 존중하고 배려할 때 불안은 해소되고 안정을 찾게 된다. 우리가 레스토랑이나 백화점에 불만을 품게 될 때를 생각해 보자. 직원으로부터 손님으로서 대접을 받지 못할 때 불쾌감을 느끼지 않았는가.

상대의 불안을 해소하면 마음을 움직이는 것이 매우 쉬워진다. 우리가 알고 있는 유명한 사람들은 상대방의 마음을 편안하게 만드는 데 탁월했다. 그들은 자신을 낮추고 상대를 존중함으로써 상대가 편하게 이야기하고 행동을 할 수 있도록 배려한다.

따라서 상대가 나를 믿고 따르게 하고 싶다면 먼저 불안을 해소하기 위해 힘써야 한다. 누군가를 안심시킬 수 있는 능력을 가지고 있는 사람은 신뢰와 존경받을 자질을 충분히 지니고 있는 것이다.

상대방의 불안을 없애고 원하는 대로 해줄 수 있다면 사람의 마음을 움직이는 것은 식은 죽 먹기일 것이다. 그러나 열 길 물속은 알아도 한 길 사람 속은 모른다는 말도 있듯이 상대의 속마음을 알아내기란 쉽지 않다. 사람의 마음은 작은 자극에도 시시각각 변하기 때문이다. 하지만 그렇다고 전혀 불가능한 것은 아니다. 어려운 것처럼 보이지만 어떻게 보면 매우 간단한 일일 수도 있다.

상대방의 불안감을 없애고 원하는 대로 해주려면 그 사람의 속마음을 알아내기 위해 노력하기보다 상대가 하는 것처럼 똑같이 해주면 된다. 가령 상대방이 약하게 나오면 약하게 대응하고, 강하게 나오면 강하게 대응하는 것이다.

마이클이라는 남자는 이 방법을 사용하여 상대의 마음을 움직이는 데 성공했다.

그는 십여 년 만에 고등학교 동창생들을 만나게 되었다. 그런데 그 친구들 중 한 명이 얼굴에 근심이 가득한 얼굴로 연신 한숨을 쉬고 있었다. 옆에 있던 한 친구가 그의 그런 모습을 보고 무슨 걱정이 있느냐고 물었다.

무겁게 입을 다물고 있던 그가 그 친구에게 작은 목소리로 고민을 털어놓기 시작했다. 그런데 비밀을 털어놓으려는 순간 옆에 있던 친구가 깜짝 놀란 표정을 지으며 큰 소리를 질러서 이야기를 중단시키는 것이 아닌가.

고민을 털어놓으려고 했던 친구는 불쾌한 표정을 지으며 다시 입을 다물고 말았다.

마이클은 근심 어린 친구의 곁으로 다가가 그의 고민에 대해 다시 물었다. 그 친구는 의구심에 찬 눈빛을 보이며 마이클을 경계했지만 이내 자신의 고민에 대해 털어놓았다.

마이클은 작은 목소리로 말하는 친구와 똑같이 소리를 죽이며 그와 대화를 했다. 그 후 친구는 마이클과 절친한 사이가 되었다.

상대가 감추고 싶은 말을 할 때 큰 목소리로 떠들어서 상대방을 더욱 주눅 들게 만드는 사람이 있다. 상대방은 약하게 나오는데 반대로 강하게 대응하면 대화는 성사되지 않는다. 이는 마치 다른 사람들이 맛있게 식사를 하고 있는데 음식이 맛없다며 젓가락도 대지 않으며 식사 분위기를 흐려놓는 것과 같은 이치이다.

사람은 상대방이 똑같이 행동할 때 마음의 문을 열게 되어 있다. 내가 즐거울 때 상대가 즐겁게 행동하면 호감이 생기고, 내가 슬플 때 상대가 슬픈 듯 행동하면 마음이 움직이게 되어 있다. 동병상련이 되는 것이다.

상대가 나를 신뢰하고 내 편으로 끌어들이고 싶다면 상대와 똑같이 행동해야 한다. 굳이 상대의 마음을 알려고 하지 않아도 이렇게 행동하면 상대의 마음을 움직이는 데 큰 효과를 볼 수 있을 것이다.

PART 5

상대방이
신뢰하도록
마음의 문을
여는 방법

긍정적인 자아개념을 가지게 되면,

모든 일에 자신감을 느껴서

다른 사람들이 어떠한 반응을 보이느냐에 얽매이지 않고

자유롭게 자신을 표현한다.

그런데 우리는 '나의' 무엇에 대해

누군가 비판하거나 헐뜯기라도 하면

언제라도 반박할 준비가 되어 있다는 것이다.

★ ★ ★ ★ ★

인간은 본능적으로 자신에게 관심을 보이는 사람을 신뢰하게 되고 호감을 가지게 되어 있다.

특히 자신이 열의를 가지고 있는 일에 흥미를 보이면 기대 이상으로 기뻐하고 스스럼없이 마음을 연다.

자신이 **옳다고**
주장할수록
신뢰는
떨어진다

"저는 부장님을 신뢰하고 싶습니다."

"나도 자네를 신뢰하고 싶네."

직장의 상사와 부하가 대화를 나누고 있다. 서로 경계하는 듯한 눈빛이 오고간다. 상사는 자신의 지위로 인해 오히려 능력있는 부하 직원이 부담스럽기만 하다. 부하 직원은 상사를 신뢰하고 싶지만 좀처럼 마음이 내키지 않는다.

"일단 자네가 날 잘 따라와 줬으면 하는데……."

잠시 이어지는 짧은 침묵, 그러나 부하 직원은 이내 고개를 숙인다.

"네 알겠습니다. 부장님……."

부하 직원은 일단 '예스'라고 말을 했다. 하지만 그건 진심으로 그렇게 하겠노라고 긍정한 것이 아니다. 부하 직원은 괴롭다. 거짓말을 했기 때문이다. 자신의 상사인 부장은 업무를 지시하는 가운데서도 사사건건 가르치려고 하기 때문에 부담스럽다. 부하 직원의 머릿속에서는 항상 갈릴레오 갈릴레이의 명언이 떠나지를 않는다.

"그대가 남을 가르친다는 건 있을 수 없소. 단지 그가 스스로 발견하도록 도와줄 수 있을 뿐이지."

부하 직원은 부장이 그런 생각을 했으면 좋겠다고 생각한다.

상대에게 무엇을 가르치고 싶더라도 상대방이 스스로 발견한 것처럼 추켜세워 줄 수 있는 마음을 지닌 사람, 어떤 사실을 꼭 지금 말해서 부하를 무안하게 하기보다는 '아, 이런 거였구나.'라고 발견의 탄식이 나올 때까지 기다려 줄 수 있는 사람이면 얼마나 좋을까.

상사인 부장은 왜 자신의 부하 직원에게서 신뢰를 얻지 못하고 있는 것일까? 항상 자기 고집과 주장을 내세우는 부장, 부하 직원은 앞으로 그 부장에게 어떤 태도를 취하게 될까?

결론은 부장 스스로가 자신의 부하를 점점 적으로 만들고 있다는 점이다. 그 이유는 자신만이 옳다는 강한 자아 때문이다.

과연 자신의 생각이 옳다고 할 때 그것이 과연 100% 옳은 것일까?

미국의 대통령 루스벨트는 의회에서 이런 연설을 했다.

"저는 제 생각이 무조건 옳다고 보지 않습니다. 하지만 제 생각 중에 약 4분의 3이라도 옳은 생각이라면, 저는 대통령으로서 더할 나위없는 기대치를 받고 있으며 내심 최고라고 고백하고 싶습니다."

데일은 자신의 수강생에게 다음과 같은 질문을 던졌다.

"당신의 판단이 100% 옳다고 보십니까?"

"당신이 비판하고 싶은 상대방의 생각이 100% 틀리다고 확신하고 있습니까?"

데일은 자신이 생각하는 바가 55%만이라도 옳다고 자신하는 사람이 있다면 그는 아마 월스트리트에서 하루에 1백만 달러 이상을 벌어들일 수 있을 것이라고 말한다. 하지만 대부분의 사람들은 그 정도의 확신조차도 갖지 못하고 살아가고 있다.

"55%에 이르는 확신도 갖지 못한 채 당신은 무엇 때문에 다른 사람에게 가르치려고 하고, 다른 사람이 틀렸다고 지적하는 것이죠?"

이 말은 상대에게서 신뢰를 얻고자 노력하는 당신에게 매우 중요한 일침이 된다. 왜냐하면 당신은 당신이 원하는 사람에게서 신뢰를 얻는 방법을 배우고 싶어 하기 때문이다.

사실 우리는 알고 있는 사실만큼 확실하게 상대방의 생각이나 관점 또는 태도가 좀 더 교육되어야 하고 때로는 틀렸다고 말할 수 있다. 그러나 실제로 당신이 상대에게 "당신은 교육이 더 필요하고 당신은 틀렸다."라고 말한다면 그들은 과연 당신을 신뢰할 수 있을까?

당신의 이야기나 주장이 옳다고 하여도 그 말을 듣는 상대방은 가장 먼저 당신에게 불쾌하거나 감정을 상하게 만든 느낌을 지울 수 없을 것이다. 왜냐하면 당신은 그들의 지성, 판단, 그리고 자존심 모두를 직접적으로 건드렸기 때문이다.

그래서 상대방도 당신에게 어떤 반격을 가하고 싶어질 것이 분명하고 또 실제로 그 반격은 직접적이며 공격적일 수 있다는 걸 당신은 알아야 할 것이다.

상황을 그렇게까지 몰고 갔다면 이미 돌이킬 수 없을 정도로 깊은 관계의 골이 형성되었을 수도 있다. 이런 상황에서는 상대방은 자신이 틀렸으면서도 그걸 바로잡을 생각은 하지도 않은 채 자신을 고집하려고만 할 것이다.

당신이 아무리 이성을 찾고 냉정을 찾아 합리적인 토론을 하려고 칸트나 플라톤의 논리를 모두 동원하여 설명해도 상대방은 당신의 대화에 동의하거나 설득에 넘어가지 않는다. 당신은 이미 상대에게 신뢰를 받지 못하고 있기 때문이다.

이런 상황은 친구, 연인, 동료, 비즈니스 관계 등에서 늘 나타난다.

과연 이런 상황들이 벌어지게 된 일차적이면서도 핵심적인 실수는 무엇일까? 상대는 왜 당신에게 반격을 가하는 존재로 변화한 것일까?

정답은 이미 당신이 그들의 감정을 상하게 만들었다는 아주 단순하고도 유치해 보이는 사실에 있다. 왜냐하면 이런 단순 이치에 인생을 사는 근본적인 차이가 들어 있기 때문이다.

고속으로 비행하는 비행기의 항로에서 1도의 비행각도 차이가 나중에는 엄청난 각도의 차이로 드러나듯이, 단순한 이치의 이런 태도는 향후 평생을 두고 우리 인생에 커다란 차이를 만들게 된다.

TRUST 02
나는 **아무것도** 모른다는 **사실**이다

우리는 적을 만들지 않고 신뢰를 불러일으키는 비결을 배우고자 한다. 어떻게 하면 될까?

정답은 자신의 생각이 옳다고 확신하고 있다면, 절대로 그것을 말로써 먼저 설명하거나 주장해서는 안 된다는 데 있다.

"내 생각은 달라. 내 말을 들어 봐."

상대방에게 틀렸다고 말할수록 당신을 향한 상대의 신뢰도는 점점 낮아진다는 사실을 명심할 필요가 있다.

데일은 당신의 그 말을 상대방은 이렇게 듣는다고 한다.

"내가 당신보다 더 똑똑하니까 내 얘기를 들어보고 당신 생각을 바꿔."

당신의 말을 들은 사람은 일종의 공격을 받고 있다고 생각할 것이다. 그래서 반대 감정만 불러일으켜서 당신과 싸우고 싶도록 만드는 것이다.

영국의 시인 알렉산더 포프는 이렇게 말했다.

"사람을 가르칠 때는 가르치지 않는 것처럼 하면서 가르쳐라. 그리고 어떤 새로운 사실을 제안할 때는 마치 그 사람이 잊었던 것을 다시 생각해낸 듯이 하라."

상대방을 존중해 주는 배려의 화법, 나를 내세우지 않고 상대의 기를 세워주는 대화에서 당신과 이야기하는 상대방은 마음속으로 당신을 신뢰하는 마음을 갖게 된다.

"음, 대화가 되는 좋은 사람이군."

이처럼 상대방의 입장에 서면 이런 생각들을 갖게 되는 것이다. 사람은 남에게 배우더라도 가르침 받는 느낌을 싫어하는 본능을 갖고 있다는 것이다.

상대에게서 신뢰를 끌어내기 위해서는 무조건 아는 것을 가르치려고 하거나 상대의 잘못을 바로잡아 준다면서 상대에 대한 배려나 조심성 없이 자신의 주장만을 내세우기보다는 상대방의 감정이나 자존심에 상처가 되지 않도록 재치 넘치게 해야 하는 비결을 터득해야 한다.

사람의 마음을 바꾸는 일은 대단히 어렵다. 따라서 누군가에게 어떤 주장을 관철하려고 한다면 그가 가장 자연스럽게 그 사실을 깨달을 수 있도록 할 필요가 있다.

사랑하고 있는 연인에게서 어떤 변화를 요구하고자 한다면 상대가 눈치채지 못하도록 그의 마음과 뇌리 속에 변화의 필요성을 각인시키는 재치 있는 노력이 필요할 것이다.

직장 동료나 비즈니스 관계에서 어떤 주장을 피력하여 동의를 얻어내야 할 상황이 벌어지면, 상대가 자신의 주장을 스스로 알아서 터득하여 깨달은 것처럼 느낄 수 있도록 조력해야 할 필요가 있다.

누군가에게 진정으로 신뢰를 얻어낼 줄 아는 현명한 사람은 다른 사람이 자신의 주장에 따르게 만들고 그가 자신을 위해 일을 하도록 만들되, 그 사람 스스로가 자발적으로 따르고 행동하고 있다고 생각하도록 만드는 사람이다. 이를 가장 잘 실천했던 사람이 소크라테스였다.

어느 날 소크라테스는 아테네에 있는 그의 제자들을 모아 놓고 이런 말을 했다.

"내가 아는 것은 오직 한 가지, 나는 아무것도 모른다는 사실이다."

소크라테스는 이 말을 지속적으로 제자들에게 들려줌으로써 제자들 스스로가 겸손할 수 있게 만들었다.

소크라테스는 조국의 장래를 많이 걱정했던 인물이었다. 그는 정치가들을 찾아다니며 그들의 잘못과 타락에 대하여 지적하며 가르침을 주려고 하였다. 그러나 정치가들은 소크라테스를 나라의 신을 믿지 않으며 제자들을 타락시키는 스승이라고 누명을 씌워 법정에 고발했다. 결국 독약을 마시고 죽어야 하는 형벌이 내려졌다. 그러자 제자들이 스승을 구하기 위해 간수를 매수하고 탈옥을 권유했다. 그러나 소크라테스는 오히려 제자들을 만류하며 말했다.

"너희들은 그동안 내가 가르친 것을 아직도 깨우치지 못하고 있구나. 진정한 자기 자신은 육체적인 자신에 있지 않으며, 정신적인 자신에 있다고 가르치지 않았느냐? 내가 지금 감옥에서 탈출하더라도 이 늙은 몸이 어느 곳을 방황하다가 어디에서 얼마나 더 살겠는가? 그리고 악법도 법이거늘 내가 탈옥을 하여 법을 어긴다면, 내가 스스로 떳떳할 수 있겠는가? 지금 내가 탈옥한다면 육신은 며칠 더 살겠지만, 그러면 정신적인 나 자신은 아주 죽고 말 것이다. 그렇지만 여기서 내가 죽음을 맞이한다면 정신적인 나 자신은 영원히 살 것이다. 그러니 내가 지금 죽더라도 그 죽음을 슬퍼하지 마라."

지금도 우리가 그의 이름을 말하고 있으니 그의 말대로 정신적인 소크라테스는 영원히 살아 있다.

TRUST 03
상대의
체면을
세워주어야
한다

많은 사람들이 자기의 주장을 관철시키기 위해 남의 감정은 아무렇지도 않다는 듯 짓밟아버리는 경향이 있다. 그들은 상대의 자존심을 지켜줄 생각은 전혀 하지 않는다. 그러나 다른 사람으로부터 존경받고 신뢰받는 사람이 되기 위해서는 상대의 체면을 세워준다는 것은 매우 중요한 일이다. 그럼에도 불구하고 이에 대한 중요성을 이해하고 있는 사람은 많지 않다.

다른 사람들이 보는 앞에서 부하 직원이나 아이들을 윽박지르거나 자존심을 깎아내리는 사람들이 있다.

좀 더 신중하게 행동하고 진심 어린 말로 상대방의 마음을 배려해 주면 굳이 환심을 사려고 노력하지 않아도 상대방이 믿고 따라오기 마련임에도 불구하고 사람들은 이 점을 간과하고 있다.

우리는 살다 보면 본의 아니게 상대의 마음을 아프게 하고 자존심에 상처를 줄 경우와 맞닥뜨리게 된다. 특히 한 조직을 이끄는 사람이라면 더욱 그러한 일이 많이 발생한다. 따라서 유능한 리더가 되려면 상대의 체면을 세워주는 것이 얼마나 중요한지 항상 염두에 두어야 한다.

조직을 이끌다 보면 직원을 해고시켜야 할 경우가 발생한다. 이런 때는 해고를 통보해야 하는 사람이나 해고 당사자나 기분이 유쾌하지 않은 법이다. 하지만 불유쾌한 일을 간단하게 처리하기 위해 해고 당사자의 체면을 무시해서는 안 된다. 해고 당사자가 받을 충격은 얼마나 크겠는가. 해고당한 사람이 자신이 다니던 회사에 대해 조금이라도 애정을 갖기를 바란다면 그들의 체면을 무시하는 언행을 삼가야 한다.

마샬 A. 그렌저의 이야기는 이에 대한 좋은 본보기가 된다.

공인회계사 사무실을 운영하는 마샬은 해마다 3월이면 직원들을 해고시킬 수밖에 없는 어려운 상황에 직면하고는 했다. 왜냐하면 공인회계사의 일이라는 것이 계절에 따라 성수기와 비수기가 뚜렷한 직업이기 때문이다.

그는 이 문제를 현명하게 해결하기 위해 노력했다. 자칫 잘못하다가는 함께 동고동락했던 사람과 얼굴을 붉히며 헤어질 우려가 있었기 때문이다. 실제로 그는 주위에서 해고 문제로 최악의 상황까지 치닫는 경우를 수없이 목격했다. 그들은 대개 해고를 당하는 사람들에게 이런 식으로 말하고는 했다.

"아시다시피 3월이 되었군요. 워낙 비수기라 이제 당신이 할 일도 별로 없을 겁니다."

이렇게 말하는데 해고 당사자가 어찌 자존심에 상처를 입지 않겠는가.

그래서 그는 임시로 채용한 사람들을 해고시킬 경우에도 신중한 방법을 취했다. 그는 개개인의 업무 실적을 조사한 뒤에 그들을 불러 능력에 대한 칭찬을 아끼지 않았다. 또 그들의 수고로 인해 회사가 얼마나 많은 도움을 받았는지 감사의 말을 전했다. 그런 다음 어떤 곳에 가서도 실력을 유감없이 발휘할 것이며 자신의 힘이 닿는 한 도움을 주겠다고 말했다.

그 결과 해고 당사자들은 밝은 표정으로 회사를 떠났다. 자신이 해고당했다는 느낌보다 자신의 중요성을 인정받았다는 사실에 마음이 한결 가벼워진 것이다. 그리고 다시 회사가 바빠지면 마샬이 자신을 재고용할 것이라는 믿음을 갖게 되었다. 실제로 마샬은 사람이 필요할 경우 해고당한 사람들을 먼저 염두에 두었다.

인간은 감정의 동물이라 조금만 자존심에 상처를 받아도 상대에게 반감을 가진다. 이 세상을 살면서 타인으로부터 신뢰를 얻기 위해서는 상대의 감정을 배려하는 습관을 지녀야 한다. 이쪽에서 체면을 세워주면 상대는 그만큼 당신을 믿고 따르게 마련이다.

TRUST 04
먼저
자신에게
문제가 없는지
살펴**보아라**

"제 눈의 들보는 보지 못하고 남의 눈에 티끌만 탓한다."는 말이 있듯이 인간은 본능적으로 자신의 잘못은 잘 찾지 못한다. 즉, 자신의 잘못에 대해서는 관대한 편이다. 그러나 다른 사람들이 믿고 따르게 하기 위해서는 상대의 잘못을 찾으려 하기보다는 먼저 자신에게 문제가 없는지 성찰하는 태도가 필요하다. 손뼉도 마주쳐야 소리가 나듯 상대가 부정적인 감정을 가지고 있다는 것은 그럴 만한 원인이 자신에게 있다는 뜻이다.

자신의 문제부터 찾는 자세는 상대의 마음을 움직이는 데 매우 효과적이다.

사람들은 대개 상대방을 설득하기 위해 그들의 잘못을 지적하고 정정하려 드는데, 이는 사람의 마음을 움직이는 데 효과적이지 않다. 사람은 자신이 틀렸다고 하더라도 다른 사람에게 지적을 당하면 인정하지 않으려는 경향이 강하기 때문이다. 따라서 자신의 문제를 먼저 지적하고 상대를 설득하는 것이 오히려 효과적이다. 상대가 먼저 문제를 인정하면 사람은 스스로 마음의 벽을 낮추고 상대의 말에 귀를 기울이게 된다.

제임스 토머스라는 남자의 경험담은 먼저 자신에게 문제가 없는지 염두에 두는 것이 상대를 설득하는 데 얼마나 효과적인지 잘 보여준다.

어느 날 그가 다니는 자동차 수리회사의 고객 여섯 명이 각기 다른 이유로 수리 대금을 지불하지 않겠다고 주장했다. 그러나 회사 측에서는 수리를 할 때마다 고객의 사인을 받아놓기 때문에 틀림없다며 지불을 독촉했다.

이때 회사는 수리 대금을 징수하는 데 있어 몇 가지 실수를 범했다.

첫째, 수금 사원이 직접 고객을 찾아가서 무슨 일이 있어도 반드시 지불을 해줘야 한다고 퉁명스럽게 말했다.

둘째, 회사의 청구서는 틀림없으며 고객이 무조건 틀렸다고 못 박아 말했다.

셋째, 자동차 문제에 대해서는 고객보다 회사 쪽이 훨씬 잘 알고 있으므로 더 이상 논쟁의 여지가 없다고 설명했다.

넷째, 고객과 치열한 논쟁을 벌였다.

회사에서는 모든 문제의 원인은 고객에게 있다고 단정 짓고 끝내 법적인 수단을 강구하겠다고 엄포를 놓았다. 그러자 고객들도 이에 질세라 법적으로 대응하겠다고 맞섰다.

그러던 중 지배인이 이 사실을 알게 되었다. 그는 사건 전반에 대해 면밀히 검토했다. 그 결과 문제의 고객들이 그 이전까지만 해도 대금 지불 상황이 매우 양호한 우수 고객들이었다는 사실을 알아냈다. 그렇다면 문제는 고객 쪽에 있는 것이 아니라 회사의 대금 징수 방법에 있을 수도 있다고 생각했다.

이렇게 판단한 지배인은 제임스 토머스 씨에게 이 문제를 해결하도록 지시했다. 이때 토머스 씨는 다른 수금 사원처럼 무조건 고객들에게 수리 대금을 납부하라고 독촉하지 않았다. 그 대신 다음과 같은 방법을 취했다.

첫째, 미납된 대금에 대해서는 단 한마디도 언급하지 않고 다만 회사 의 서비스 실태를 조사하기 위해 방문했을 뿐이라고 말했다.

둘째, 상대방의 얘기를 들어보지 않고서는 어떤 판단도 할 수 없으며, 회사 측에서 실수를 했을지도 모른다고 얘기했다.

셋째, 자기가 알고 싶은 것은 고객의 자동차에 관한 것일 뿐이며, 그 차 의 문제점에 대해서는 차주인인 고객이 누구보다도 잘 알고 있을 것이라 고 말했다.

넷째, 고객으로 하여금 말을 하게 만들고, 고객의 이야기를 동정심과 흥미를 가지고 귀담아들었다.

다섯째, 회사 측의 일방적인 주장으로 고객에게 불편을 끼친 점을 사 과하고, 그들이 얼마나 높은 인격을 가진 사람인지 칭찬했다.

그런 다음 토머스 씨는 청구서에 대한 이야기를 꺼냈다. 그러자 수리 대금을 줄 수 없다고 버티던 대부분의 고객들은 금액을 모두 납부했을 뿐 아니라 그 후 2년 동안 토머스 씨에게 새 차를 주문했다.

TRUST 05

바른 말도 무뚝뚝하게 하면 신뢰를 잃는 이유

당신은 다른 사람을 신뢰해 본 적이 있는가?

"물론이죠. 제가 신뢰하는 사람들은 아주 많습니다."라고 답변을 하는 사람이 있는 반면 "글쎄요? 저는 그다지 제가 신뢰할 만한 사람을 만나보지 못했거든요."하고 말하는 사람도 있을 것이다.

우리는 다툼이나 분쟁이 발생했을 경우에 옳고 그름을 떠나서 감정적으로 분개하여 서로 오해를 증폭시키고 싸움을 지속하는 경우를 자주 보게 된다. 또한 우리는 상대가 옳다는 것을 알고 있음에도 불구하고 감정적으로 상대의 의견을 무시하거나 주장을 신뢰하지 않는 경우가 많다.

그럼 도대체 우리는 왜 올바른 것에 대해서도 신뢰하고 싶지 않은 생각이 드는 것일까?

답은 바로 의견의 전달방식에 있다. 아무리 올바른 정보나 사실을 전달하더라도 받아들이는 상대방의 입장에서 설득력 있는 어조와 태도로 전달하지 않는다면, 상대방이 그 주장이나 정보를 있는 그대로 받아들이기 어렵다는 것이다. 이러한 경우의 대부분은 상대방에게 무뚝뚝하게 얘기를 한다거나 지나치게 공격적으로 이야기를 한다.

데일 카네기는 말한다.

"상대방의 생각이 틀렸다는 것을 당신이 확실하게 알고 있다 하더라도 그에게 무뚝뚝한 태도로 말하지 마십시오. 당신의 무뚝뚝한 태도 또한 상대방에게 신뢰를 주지 못하기 때문에 당신과 상대방은 서로 신뢰를 하지 못하면서 대화를 이어가고 있는 무의미한 시간을 보내고 있는 것입니다."

데일의 강좌 수강생이던 뉴욕에 사는 한 젊은 변호사는 어느 날 연방대법원에서 중대 사건을 두고 판사와 법정 논쟁을 벌인 적이 있다. 사건의 규모가 크고 상당한 금액에 달하는 청구소송과 함께 중대한 판례가 예상되는 많은 사람들의 관심이 집중된 재판이었다. 공판을 진행하던 중에 판사가 변호사에게 물었다.

"현재 해사법의 법정기한이 몇 년입니까?"

그러자 젊은 변호사는 대뜸 발끈하며 나섰다.

"판사님. 해사법에는 법정기한이 없다는 걸 모르십니까? 그리고……."

변호사가 판사에게 따지듯이 말하자 법정 안은 쥐 죽은 듯이 조용해졌고 싸늘한 기운이 감돌기 시작했다. 썰렁한 분위기에 당황한 변호사는 방청객들이 앉아 있는 쪽을 바라보며 생각했다.

'이상하네? 분명히 내 말이 맞는데?'

그 순간 판사가 싸늘한 어조로 말했다.

"변호인의 말대로 해사법에 기한이 없다면 피고는 왜 자신의 법정대리인에게서 그 이야기를 듣지 못한 거죠?"

판사는 굳이 하지 않아도 되는 이야기를 하며 변호인을 몰아세우기 시작했다.

변호사는 분명히 자신이 알고 있는 맞는 이야기를 했다. 그리고 판사가 그걸 물었기 때문에 제대로 가르쳐 준 것에 불과할지 모른다. 그러나 변호사가 간과한 것은 그 말을 전달하는 방법이 공격적이고 무뚝뚝했다는 사실이다.

상황은 변호사의 태도에 판사의 인상은 순간 일그러졌을 것이고 차가운 공기가 온 법정을 감쌌으며, 그 와중에도 변호사는 자신의 말이 분명히 옳다고 생각하였던 것이다.

하지만 자신의 말이 옳다 해도 그 말이 판사에게 전달될 때의 느낌은 매우 불쾌하여 신뢰를 상실한 채 전달되었던 것이다.

변호사는 자신의 견해가 옳다고 생각할지도, 변론을 잘했다고 생각할지도 모르지만, 판사를 설득시키지 못했다는 것을 알아야 할 것이다. 이는 곧 판사에게서 신뢰를 얻지 못했다는 것을 의미한다.

무뚝뚝하고 상대방의 자존심을 건드리는 듯한 말의 전달은 우리의 생활 곳곳에서 불협화음의 불씨가 되고 있다. 이러한 현상은 친구나 연인 관계에서도 흔히 볼 수 있다. 또한 많은 기혼여성들이 남편의 공격적인 말투와 무뚝뚝한 태도 때문에 쉽게 상처받고 힘들어 한다.

데일 카네기의 인간관계 강좌에 출석하며, 약사들의 모임에서 총무를 맡고 있는 한 중년의 여성은 어느 날 자신이 다니던 헬스클럽에서 최근에 모임에 가입한 젊은 20대 여성 약사를 만나게 되었다. 젊은 여성 약사는 모임에서 평판이 좋지 않은 사람이었다.

"저 친구는 항상 자기 얘기만 열심히 해요."

"신입회원인 저 친구 있죠? 남 얘긴 들은 척도 안 하면서 자기 얘기만 하는 외골수 스타일이에요."

"저 약사 젊고 예뻐서 착하게 봤는데, 말하는 것이 너무 상대를 힘들게 한답니다."

중년의 여성 약사는 사람에 대한 편견을 갖지 않기 위해 노력하는 사람이었고, 누구에게도 차별을 두지 않는 사람이었다. 중년의 약사는 남들의 이야기에 신경 쓰지 않고 젊은 약사에게 모임에 관해 친절하게 설명도 해주며 함께 운동을 하기로 마음을 먹었다.

"반가워요. 이곳에서 운동하는군요."

"아, 네…… 총무님도 이곳에서 운동하시는군요?"

중년의 약사는 젊은 약사와 함께 운동을 하면서 모임에 관한 이런저런 이야기들을 해주었다. 두 사람은 30분 정도 운동을 한 후 휴게실로 갔다. 음료수를 앞에 놓고 중년의 약사는 모임에 대해 후배에게 이야기해 주었다. 그 순간 젊은 약사가 중년 약사의 가슴에 비수를 꽂는 한마디를 던진 것이다.

"총무님, 저도 모임에 대해서 하고 싶은 말이 많았지만 총무님께서 일방적으로 말씀을 하셔서 제가 하고 싶은 말은 하나도 하지 못했네요. 다음에는 저도 말을 좀 했으면 해요."

이렇게 말을 하고 샤워장으로 가는 젊은 약사를 바라보던 중년의 약사는 순간 심장이 멎는 듯했다.

'혹시 내가 늙어서 이젠 남의 입장은 안중에도 없는 습관이 생긴 걸까?'

중년의 약사는 그 일로 인하여 심각한 마음의 병을 앓게 되었다.

젊은 약사는 자신이 상대에게 어떤 상처를 주었는지 깨닫지 못했다.

만일 정말로 조용히 운동만 하다가 가려고 했던 젊은 약사에게 중년의 약사가 자기 이야기만 줄곧 했다고 해보자. 젊은 약사는 그런 생각을 할 수도 있을 것이다.

'이분은 정말 말도 많으시고, 자기 얘기만 하시는 분인걸?'

하지만 총무직을 맡고 있기에 나름의 배려 차원에서 모임에 대해 이것저것 이야기를 해주려는 의도를 알지 못한 젊은 약사는 자신이 느낀 불만을 있는 그대로 표현해서 상대의 마음에 상처를 주고 만 것이다. 이처럼 무뚝뚝하고 공격적으로 표출되는 말은 신뢰를 얻을 수는 없다는 것을 잊지 말아야 한다.

TRUST 06

상대가
동정심을
갖게 하라

인간은 대개 자신보다 나약하거나 어려운 사람들을 보게 되면 마음의 동요를 느낀다. 흔히 이를 가리켜 동정심이라고 하는데, 타인의 마음을 움직이는 데 매우 효과적인 방법이다.

동정심은 누군가와 갈등이 생기거나 자신에 대해 좋지 않은 감정을 가지고 있을 때 엉켜 있던 실타래가 풀리듯이 마법처럼 선의를 갖게 만든다. 아무리 화가 난 사람도 "당신이 그렇게 생각하는 것은 당연합니다. 만약 내가 당신이라도 그렇게 생각할 것입니다."라고 동정심을 자극하면 마음이 풀어지게 마련이다.

우리가 만나는 대부분의 사람들은 대개 동정에 약하다고 해도 과언이 아니다. 그렇다고 동정심을 유발하기 위해 지나치게 자신을 낮춘다거나 사과를 연발하라는 말은 아니다. 이러한 행동은 오히려 상대방에게 신중하지 못한 사람이라는 느낌을 갖게 만들 수도 있다.

여러분은 일단 동정심이 생기면 상대에게 한없이 너그러워진다는 사실을 직접 경험하거나 혹은 주변에서 수없이 목격했을 것이다.

어느 날 데일 카네기가 한 라디오 방송에서 《청춘인생》의 작가 루이저 메이 올코트에 대한 이야기를 하던 중 사소한 실수를 한 적이 있다. 그녀가 매사추세츠 주의 콩코드에서 불멸의 소설을 썼다는 사실을 분명히 알고 있으면서도 실수로 뉴햄프셔 주의 콩코드라고 두 번씩이나 잘못 말해버린 것이다.

그 방송을 들은 청취자들이 가만히 있을 리가 없었다. 방송국과 카네기의 집으로 신랄한 비난을 담은 편지와 전보가 계속 날아들었다. 특히 매사추세츠의 콩코드가 고향인 한 여성은 매우 분개해서 험한 욕설을 편지에 써넣었다. 이런 여성과 결혼을 하지 않은 것이 얼마나 다행인지 모르겠다는 생각이 들 정도였다.

데일은 그녀의 편지를 읽으면서 '나는 단지 지명을 잘못 말하는 잘못을 저질렀으나 당신은 예의에 어긋나는 큰 실수를 범하고 있다.'는 내용의 답장을 보내주고 싶었다.

그러나 데일은 이내 그것이 어리석은 짓이라는 걸 깨달았다. 데일은 그녀의 적의를 호의로 바꾸어 보기로 결심했다.

데일은 그녀에게 전화를 걸었다. 그녀가 전화를 받자 자기소개를 하고 방송 사고에 대한 사과를 했다. 덧붙여 자신의 잘못을 지적해 준 그녀의 편지에 대해 감사의 마음을 전했다. 그녀의 입장에 서서 동정심을 자극한 것이다.

그러자 딱딱한 어조이던 그녀는 한층 부드러운 목소리로 오히려 자신이 더 사과를 해야 할 입장이라며 어쩔 줄 몰라했다.

하지만 데일은 물러서지 않고 그녀가 사과할 필요는 전혀 없으며 어린 아이도 알고 있는 아주 기본적인 실수를 저지른 자신에 대해 다시 한번 사과의 말을 전한다고 얘기했다. 그러자 그녀는 더욱 안절부절못하고 카네기를 위로하려고 애쓰며, 카네기의 성품에 대해 칭찬을 아끼지 않았다.

인간은 모두 동정심을 원한다. 상처 난 아이들은 일부러 상처를 내보이거나 소리 내어 울음으로써 부모에게 동정을 구하고, 성인들은 자신의 힘들었던 이야기를 함으로서 상대의 동정심을 구한다. 자신의 불행을 통해 상대로부터 연민의 정을 느끼고 싶어 하는 마음은 정도의 차이는 있으나 인간이라면 누구에게나 있다.

유명인들도 예외는 아니다.

솔 휴로크는 미국 음악계에서 이름난 매니저였다. 그는 20여 년 동안 살리아핀, 이사도라 덩컨, 파블로바 등과 같은 세계적으로 유명한 예술가들과 함께 일을 했다. 그래서 그는 까다로운 예술가들의 마음을 움직이는 기술이 남달랐다.

그가 살리아핀의 매니저로 일할 때의 일이었다. 그는 이 가수의 괴팍한 성격 때문에 골머리를 앓고 있었다. 그런 살리아핀이 한번은 "오늘은 컨디션이 좋지 않아 노래를 할 수 없다."며 관계자들의 애를 태웠다. 예매도 다 끝난 상황에서 황당한 일이 아닐 수 없었다.

그러나 그의 성품을 익히 알고 있던 휴로크는 결코 화를 내지 않았다. 그와 논쟁을 해봤자 아무 소용이 없다는 사실을 너무도 잘 알고 있던 휴로크는 급히 살리아핀이 묵고 있는 호텔로 달려갔다. 그러고는 무리하게 노래를 해서 명성에 금이 가는 것보다 계약을 취소하는 것이 훨씬 낫다며 그의 뜻대로 공연을 취소시키겠다고 말했다.

그러자 살리아핀은 한숨을 쉬며 조금 쉬면 괜찮아질 것 같으니 5시쯤에 다시 와달라고 부탁했다. 시간이 되어 호텔에 찾아간 그는 거듭 살리아핀에게 무리할 필요 없다고 말했다. 그러자 살리아핀은 조금 더 있으면 몸이 완전히 회복될 것 같다며 7시 반에 다시 와달라고 부탁했다. 결국 그날 살리아핀은 훌륭하게 공연을 마쳤다.

만약 휴로크가 그에게 막무가내로 공연을 취소시킬 수 없다며 화를 냈다면 어떻게 됐을까? 아마도 괴팍한 성격의 살리아핀은 그를 골탕 먹이기 위해 더욱 고집을 부렸을 것이다. 휴로크는 이를 예상하고 그의 몸을 진심으로 걱정하는 것처럼 행동함으로써 그의 마음을 움직인 것이다.

어떤 이는 동정심을 구하는 행위를 자존심 상하는 일이라고 생각하는데, 이것은 동정과 구걸을 구별하지 못한 데에서 나온 착각이다. 동정심은 자존심을 모두 버리고 상대에게 머리를 조아리라는 것이 아니다. 상대의 입장에 서서 자신의 실수나 잘못을 적극적으로 인정하라는 것이다.

상대에게 신뢰를 얻어 마음을 움직이게 하려면 그의 동정심을 유발해야 한다. 동정심은 상대의 입장에서 믿고 이해하려는 마음을 갖게 만든다.

TRUST 07
상대의
자존영역을
침해해서는
안 된다

이제부터 우리는 보다 근본적인 심리의 문제에 대해서 생각해 볼 필요가 있다. 근본적이란 것은 가장 명료하고 쉽게 이해하고자 하는 자세이다.

우선 '나' 자신부터 살펴보도록 하자.

'나'에 대한 나 자신의 인식을 '자아'라고 한다.

'나'라는 사람은 일상생활을 하면서 수많은 생각을 하지만 그 생각들 속에는 오래도록 습관처럼 길들여진 것들이 존재한다. 이러한 특성을 개성이라고 표현하는데, 이 개성에는 좋은 것도 있지만 편견과 같이 한쪽으로 치우친 지나친 개성도 존재한다.

그리고 또 우리는 어떠한 성향을 가지고 있다. 질투심과 사랑, 선입관과 편견, 부러움과 시기심, 의심과 배타심, 두려움과 자만심 등 서로 다른 것 같지만 결국에는 내 안에 항상 존재하며 나의 선택을 기다리는 것들이다.

그리고 내 스타일이라는 것도 남과 다른 하나의 개성을 형성한다. 얼굴이 완벽히 같은 사람은 없다. 사람들은 헤어스타일이 다르고, 말투가 다르고, 머리 모양이나 심지어 즐겨 읽는 책과 사상이 다르고, 좋아하는 배우도 다르다. 그런데 서로가 다른 것을 좋아하고 서로 다른 관심을 갖는다고 하더라도 우리는 본능적으로 자신이 좋아하는 것에 대해서 인정받기를 원하고, 상대가 그것을 부정하면 반대 성향을 나타낸다.

"나는 네가 좋아하는 그 배우 정말 싫더라."

"나는 너처럼 머리를 묶고 다니는 것이 싫더라."

"나는 당신이 그런 식으로 화장하는 것이 싫어."

"나는 너의 향수 냄새가 싫어."

이런 말을 들었을 때, 우리는 누구나 그런 말을 한 사람이 싫어지는 본능을 갖고 있다.

왜 그럴까? 그것은 나의 취향, 성향, 관점 등 '나의 것'에 대한 부정을 경험하기 때문이다.

'나의'라는 영역은 침해당하면 본능적으로 반격태도를 취하는 영역으로써 '자존심'의 영역을 말한다. 즉 사람들은 자신의 근본적인 자존영역을 침해받는 순간부터 상대방에 대해 신뢰의 태도를 갖지 않는다는 것이다. 따라서 상대방에게 신뢰를 얻고자 하는 사람이라면 반드시 누군가의 자존영역에 대해서 결코 부정적인 말이나 태도를 보여서는 안 된다.

데일은 자신의 강좌 수강생들에게 위와 같은 관점을 명확히 보여주는 한 교수의 저서 내용을 읽어주면서 이 책의 문구를 책상 앞에 붙여 놓고 늘 암기하라고 충고한다.

하버드 대학교의 심리학과 제임스 하비 로빈슨 교수의 명저 《정신의 발달 과정》에 나오는 글이다.

"우리는 그 어떤 비판적 사고나 별다른 감정도 없이 우리의 생각을 바꾸는 경우가 종종 있다. 그럼에도 불구하고 우리는 누군가가 우리의 생각이나 습관 등이 잘못됐다고 지적하기가 무섭게 비판적으로 돌변하며 고집스러워진다.

사실 우리는 믿음을 형성하는 데 있어서는 놀라울 만큼 경솔하지만, 만일 누군가가 우리의 믿음을 위협하거나 부정하거나 빼앗아 가려고 할 때에는 그 믿음에 대하여 쓸데없을 정도로 강한 집착을 하게 된다. 우리에게 소중한 것은 그 생각이나 습관 자체가 아니라 다른 사람들로부터 위협받고 도전받는 각자의 자존심이기 때문이다. "

데일은 자신의 강좌 수강생들에게 신뢰를 얻기 위해서 이러한 사람의 심리구조를 이해함으로써 사람의 마음을 사로잡는 비법을 탐구하라고 강조한다.

자존심의 영역이 왜 그렇게 중요한 것일까?

사람들이 중요하게 생각하는 자존심의 심리를 이해함으로써 그걸 적극 활용하자는 것이 데일의 강의 핵심이다.

인간에게 가장 중요한 말이 있다면 그건 아마도 '나의'라는 말일 것이다. '나의'에 대해 사려 깊어질수록 지혜로워진다는 걸 명심해야 한다. 그것이 지혜의 시작이다. 우리는 '나의'라는 표현을 일상적으로 사용해 왔다. '나의 저녁식사', '나의 개', '나의 집', '나의 아버지', '나의 조국', '나의 신' 등.

긍정적인 자아개념을 가지게 되면, 모든 일에 자신감을 느껴서 다른 사람들이 어떠한 반응을 보이느냐에 얽매이지 않고 자유롭게 자신을 표현한다. 그런데 우리는 '나의' 무엇에 대해 누군가 비판하거나 헐뜯기라도 하면 언제라도 반박할 준비가 되어 있다는 것이다.

　스스로 진실이라고 습관적으로 생각해 오고 믿고 있는 것이나 자신의 신념이라고 생각해 온 것을 단번에 뒤흔드는 것에 대하여 우리는 너무나 쉽게 분노하면서, 무슨 수를 써서라도 그 신념을 지키고 생각을 고수하려고 한다. 그래서 논쟁이란 대부분이 자신이 이미 믿고 있는 것들을 옹호하기 위한 논거를 찾아 들이미는 일이라 할 수 있다.

TRUST 08
너무
쉬운 것
같은 것이
가장 **어렵다**

심리학자 칼 로저스는 자신의 저서 《인간이 되는 길》에서 이런 말을 했다.

"저는 제 자신에게 기도합니다. 가능하면 다른 사람들을 이해하는 마음을 가질 수 있도록 허락해 달라고 말입니다. 제가 사람들에게 이런 얘기를 하면 그들은 저의 이러한 기도를 이상하게 여기고는 했습니다. 아마 당신도 그럴지 모르겠습니다. 정말로 다른 사람을 이해하기 위해서 자신에게 허락을 구하는 일이 과연 필요할까요? 저는 그렇다고 생각합니다. 우리가 상대방의 말을 듣고 나서 제일 먼저 취하는 반응은 무엇입니까? 우리는 타인의 의견을 먼저 이해하려고 하지 않고 평가나 판단을 내리려고 합니다. 누군가가 자신의 기분이나 태도 그리고 신념을 나타낼 때 우리는 대개 곧바로 판단을 내버립니다. '이건 옳군요.', '그 생각은 어리석군요.', '좀 비정상이 아닌가요?', '합리적이지는 않군요.', '그건 맞지 않아요.', '그런 대로 들을 만하군요.'하면서 판단하는 경향이 있습니다. 중요한 것은 그런 말들이 상대방에게 어떤 의미를 가지는가를 이해하려고 하지 않는다는 것입니다."

결국 우리는 습관적으로 상대방의 자존심을 건드리는 행동을 하고 있다는 것이다.

여기서 우리는 중요한 하나의 비밀을 알게 되었다.

"너무 쉬운 것 같은 것이 가장 어렵다."

사람에게 신뢰를 얻는 일은 이 말과 다르지 않다. 그리고 그 신뢰를 오래도록 지속한다는 것 역시 쉬운 일은 아닐 것이다. 신뢰를 얻기 위해 노력하고 있는 자신의 행동을 되돌아보는 시간을 갖기 바란다.

내 주변의 사람들에게 그들의 자존심을 건드리진 않았는지, 만약 당신이 누군가의 자존심에 상처를 주었다고 생각된다면 그에 대한 대책을 세울 준비가 필요할 것이다.

다음은 데일이 겪은 이야기이다.

언젠가 데일은 자신의 집에 커튼을 달기 위해 실내 인테리어 디자이너를 부른 적이 있다.

"봄이 되었으니 좀 낡고 퇴색된 이 커튼들을 바꾸고 싶은데요?"

디자이너는 집 내부의 분위기와 빛의 구조 및 커튼을 달아야 할 곳의 넓이와 길이를 측정한 후에 원단을 제시했다.

"이거면 어떻겠습니까? 집안 분위기하고 잘 어울릴 것 같은데요?"

데일은 디자이너의 식견이 참으로 놀라웠다.

"그렇지 않아도 제가 그런 색감과 분위기의 커튼을 생각하고 있던 참이었습니다."

데일은 기분이 좋았다. 디자이너가 제시한 원단이 자신이 생각한 것과 일치하는 것이었다. 무엇보다 자신의 안목이 인정받았다는 느낌이 더 좋았다. 그래서 데일은 그 디자이너에게 신뢰감이 생겼다. 디자이너가 가격을 이야기하자 데일이 말했다.

"그래요. 알아서 청구해 주시면 됩니다."

데일은 디자이너에게 커튼 교체의 일을 맡겼다. 며칠 후 원단을 준비해 온 디자이너가 커튼을 달아주고 갔고 곧바로 청구서가 데일의 집에 도착했다.

'이런, 생각보다 좀 비싼 거 아닌가?'

데일은 디자이너가 선택한 색감과 디자인이 자기의 마음에 쏙 드는 것에 흥분하여 가격에 대하여 생각하지 않은 것을 속으로 후회하였지만 어쩔 수 없이 그 금액을 지불했다. 커튼 값을 치르고 며칠이 지났다. 데일의 친구가 집을 방문하여 교체된 커튼을 보고 칭찬을 했다.

"와, 아주 화사한걸. 그래, 어느 정도의 가격에 한 건가?"

데일은 비싸다고는 생각했지만 지불한 금액을 친구에게 말해주었다.

"아니, 그건 너무 비싼 금액이 아닌가? 자네 바가지를 쓴 게로군?"

이때 데일은 느낄 수 있었다. 자신의 어리석음을 지적받거나 잘못이 폭로되었을 때 사람들이 느끼는 본능적인 거부반응을 말이다. 데일 역시 자신을 방어하기 위해 애를 쓰기 시작했다.

"아닐세, 그래도 이건 인건비가 많이 들어간 거라고……. 디자이너가 직접 고안해서 달아주었다네."

데일은 가격이 싼 것은 얼마나 품질이 좋지 않은가 하는 이야기며, 이 커튼은 가격은 좀 높지만 제품에서 예술적 감각이 살아난다는 등의 얘기를 꺼내어 친구의 반박을 방어하였다. 그 다음 날에도 다른 친구가 데일의 집을 방문하였다. 그 친구는 교체된 커튼을 보고는 흥분을 감추지 못하면서 찬사를 늘어놓기 시작했다.

"와! 커튼이 너무 세련되고 자네의 집과 정말 잘 어울리네. 우리 집에도 이런 걸 해 놓고 싶어지네!"

그런데 이렇게 칭찬을 해오자 데일의 반응은 완전히 달라졌다.

"근데 말이야, 난 사실 이걸 살 만한 돈은 없었네. 아무래도 무리한 거 같네. 너무 비싸거든."

어떤 잘못을 했을 경우, 자기 스스로 그것을 깨우치고 느끼고 있다면 스스로 잘못을 극복하거나 교정할 수 있는 방법도 찾을 수가 있는 것이다. 그래서 사람들은 자신의 잘못을 스스로 인정할 수 있고, 자신에게 너그러워져서 스스로 용서하고 새롭게 변화할 수 있는 장점이 있다.

TRUST 09

상대방의
관심사를
파악해 **신뢰**를
얻는 **방법**

처음 만난 사람의 관심을 끌 수 있는 가장 좋은 방법은 무엇일까? 그것은 상대가 관심을 가지고 있는 화제를 거론하는 것이다.

우리가 알고 있는 유명 인사들은 이 방법을 활용하여 사람들을 자신의 지지자로 만들었다. 가장 대표적인 인물로 미국의 루스벨트 대통령을 들 수 있는데, 그는 사람을 만나기 전에 상대가 흥미를 가지고 있는 문제에 대해 여러모로 연구를 했다고 한다. 그래서 그는 어떤 직업을 가진 사람을 만나도 화제가 풍부했다고 한다.

사람들은 흔히 사교에 뛰어난 이들은 화술에 능하고 특별한 능력이 있다고 생각하지만 그들 역시 일반인들과 별반 차이가 없다. 단지 그들은 상대방이 무엇을 생각하고 무엇에 관심을 가지고 있는지 파악하는 데 노력을 기울인다. 인간은 본능적으로 자신의 일에 가장 관심이 많기 때문이다.

일류 제빵 회사의 사장인 헨리 G. 듀바노이의 일화는 사람들이 자신의 일에 관심을 가져주는 것을 얼마나 좋아하는지 여실히 보여준다.

오래전부터 뉴욕에 있는 한 호텔에 자사 제품을 판매하고자 했던 듀바노이는 4년 동안 호텔 지배인을 쫓아다니며 판로에 애를 썼다. 호텔로 지배인을 직접 찾아가는가 하면 지배인이 출석하는 모임에 항상 함께 했다. 심지어 손님이 되어 그 호텔에 투숙하기도 했다. 그러나 온갖 노력에도 목적을 달성할 수 없었다.

그러던 중 그는 전술을 다시 세우기로 했다. 지금까지의 방법으로는 지배인에게 계속 부탁을 해봤자 소용없을 것이라는 생각이 들었기 때문이다. 그는 고민 끝에 지배인이 어떤 일에 열의를 보이는지 조사하기 시작했다.

그 결과 그는 지배인이 미국 호텔협회의 회원이라는 사실을 알게 되었다. 그것도 단순한 평회원이 아니라 그 협회의 회장이며 국제 호텔협회의 회장도 겸임하고 있었다. 지배인은 협회가 어디서 열리든 반드시 출석하는 열성파였다.

다음 날, 그는 지배인에게 협회 이야기를 꺼냈다. 생각했던 것 이상으로 그의 반응은 놀라웠다. 그는 열의에 가득 차서 30분가량 협회에 대한 이야기를 들려주었다. 협회의 일은 그에게 즐거움의 원천인 듯했다. 그러면서 지배인은 그에게 입회를 권유했다.

지배인과 이야기를 하는 동안 그는 빵에 대한 언급은 한마디도 하지 않았다. 그런데 놀랍게도 며칠 후 호텔 측으로부터 빵의 견본과 가격표를 가지고 오라는 연락을 받았다. 그리고 호텔에 자사의 제품을 납품하게 되었다. 지배인의 뒤를 4년 동안 따라다니며 갖은 애를 써도 성사시키지 못했던 일을 그의 관심사를 거론함으로써 단번에 성사시킨 것이다.

인간은 본능적으로 자신에게 관심을 보이는 사람을 신뢰하고, 호감을 가지게 되어 있다. 특히 자신이 열의를 가지고 있는 일에 흥미를 보이면 기대 이상으로 기뻐하고 스스럼없이 마음을 연다.

현실 속에서 영화와 같은 놀라운 일이 일어날 수 있는 것은 인간이 그 만큼 자신의 일에 관심이 많다는 증거이다.

따라서 상대의 관심을 끌고 신뢰를 얻고 싶다면 상대방이 무엇을 좋아하는지 파악해야 한다. 상대가 관심을 가지고 있는 분야를 언급하는 것이 수천 마디의 말을 늘어놓는 것보다 효과적이다. 상대방의 관심사를 적절하게 활용할 줄 알면 그 사람에게서 신뢰를 얻고, 그 사람의 마음을 움직이는 데 수월하게 성공할 수 있다.

TRUST 10
취미와
공통된 화제를
찾아라

사람은 누구나 취미를 가지고 있다. 그래서 상대의 마음을 움직이는 데 취미는 중요한 수단이 된다.

사람의 얼굴이 모두 다르듯이 취미 또한 각양각색이다. 자신이 보기에 '저게 무슨 취미야?'라고 여겨지는 것도 사람에 따라 기쁨을 주는 취미가 될 수 있다. 따라서 취미에 대해서 이야기할 때에는 상대의 심기가 불편하지 않도록 주의해야 한다. 상대를 자신의 편으로 만들거나 신뢰를 얻기 위해 꺼낸 이야기가 오히려 부작용을 낳을 수 있다.

우리가 처음 대면하는 사람에게 의례적으로 취미를 물어보는 것은 그에게 좀 더 친숙하게 다가가 신뢰를 쌓기 위해서이다. 따라서 상대의 취미에 대해 진심으로 흥미를 가지고 열성을 보인다면 상대의 마음을 움직이는 데 큰 도움이 될 것이다.

조경회사에 다니는 한 직원은 누구나 자신의 취미에 대해 관심을 보이는 이에게 호감을 갖는다는 점을 이용하여 까다로운 고객을 설득시켰다.

그는 한 유명한 법률가의 정원 가꾸는 일을 맡게 되었다. 그 집주인은 그에게 정원의 한쪽 부분에 꽃을 심을 것을 지시하였다. 그때 그는 무심코 마당에 서성이고 있는 개에 대해 칭찬을 했다. 그 집주인은 개에 대한 남다른 애착을 가지고 있었다.

그의 찬사에 집주인의 반응은 기대 이상이었다. 딱딱하고 사무적으로 굴던 태도는 온데간데없고 친근하게 개에 대한 설명을 해주었다. 그리고 개집을 보여주었고, 심지어 개의 혈통증명서까지 꺼내 와서는 상세하게 설명해 주기까지 했다.

나중에는 그 정원사가 강아지를 좋아한다는 사실을 알고는 강아지 한 마리를 선물로 주었다. 그 강아지는 혈통서가 있는 아주 값비싼 것으로 집주인은 사육법까지 자세하게 적어주었다. 그의 취미에 대한 솔직한 찬사로 인해 그는 집주인의 마음을 사로잡았을 뿐만 아니라 강아지까지 선물로 받은 것이다.

취미는 자신이 진정으로 즐거워서 하는 행위이다. 그래서 상대의 마음을 쉽게 흔들 수 있는 것이다. 첫 대면한 상대를 당신의 편으로 만들어 신뢰를 쌓고 싶다면 취미에 대해 진심으로 관심을 보이고 찬사를 보내라. 그러면 마음을 혹하게 하는 미사여구로 꾸며진 말을 하지 않아도 상대는 당신을 진심으로 대할 것이다.

또한 다른 사람과 첫 대면을 했을 때 가장 괴로운 상황은 상대와 마땅히 나눌 대화거리가 없어 어색한 침묵이 흐르는 상태이다. 상대로 하여금 신뢰를 얻게 하기 위해서는 그 사람의 취미뿐만 아니라 몇 시간이고 대화를 나눌 수 있는 화제를 찾는 능력이 있어야 한다.

그러기 위해서는 상대가 관심을 가질 만한 화제를 찾아야 한다.

처음 만나는 사람과 공유할 수 있는 화제를 찾기 위해서는 어떻게 해야 할까?

상대방이나 주변을 주의 깊게 살펴보고 그의 취미나 애착을 갖는 것을 찾아야 한다. 단 자기 스스로도 가장 자신 있게 이야기를 할 수 있는 화제여야 한다. 상대의 마음을 움직일 수 있는 이야깃거리라도 자신이 잘 알지 못하는 화제를 택하면 낭패를 보기 십상이다.

고급 의자를 제작하여 납품하는 회사를 운영하던 제임스 에덤슨 씨의 일화는 공통된 화제를 찾는 좋은 본보기라 할 수 있다.

투명 필름을 발명하여 거부가 된 조지 이스트만은 로체스터에 '이스트만 음악학교'와 그의 어머니를 기념하는 극장을 건축하고 있었다. 당시 제임스는 이스트만이 건축하는 이 새로운 건물에 필요한 의자를 납품하고 싶었다. 그래서 건축가를 통해 이스트만과 만나기로 약속을 했다.

약속 당일, 제임스가 이스트만을 만나기 직전에 미팅 자리를 주선한 건축가는 한 가지 주의를 주었다. 이스트만은 매우 바쁜 사람으로 시간을 낭비하는 것을 싫어하니 5분 이내에 그의 관심을 끌어야 한다는 것이었다. 만일 5분 이상 그의 주의를 끌지 못한다면 결과는 불 보듯 뻔하다고 했다.

제임스는 건축가의 충고를 깊이 새기고 이스트만의 방으로 들어갔다. 그때 이스트만은 제임스가 들어왔다는 사실도 모를 만큼 책상 위에 산더미처럼 쌓인 서류를 처리하느라 정신이 없었다.

잠시 후, 이스트만은 하던 일을 멈추고 제임스 쪽으로 걸어오며 용건을 물었다. 제임스는 자기소개를 한 후 뜬금없이 방의 실내장식에 대해 칭찬을 했다. 그러자 이스트만은 밝은 표정을 지으며 맞장구를 쳤다.

제임스는 벽에 걸린 판자를 쓰다듬으며 '영국산 떡갈나무'에 대해 이야기를 했다. 이스트만은 판자의 재료를 알아맞힌 제임스의 이야기에 더욱 관심을 보이기 시작했다. 그리고 자신의 사업에 대해 이것저것 이야기를 해주었고, 자신이 아끼는 소장품도 보여주었다. 게다가 가난했던 시절에 대해서도 이야기를 해주었다.

두 시간이 지나도록 제임스는 이스트만의 방에 머무르며 그와 이야기를 나누었다. 결국 제임스는 부탁의 말을 꺼내지도 않고 의자 납품 계약을 성사시킬 수 있었다.

두 사람 사이에 공감대가 형성되지 않으면 대화는 이루어질 수 없으며, 대화를 하지 않는 상황에서 상대에게서 신뢰를 받기란 불가능한 일이다. 그래서 공통된 이야깃거리를 발견하는 눈은 성공하기 위해 반드시 갖추어야 할 능력이다. 그렇다고 무턱대고 겁을 먹을 필요는 없다. 누구나 그러한 능력을 충분히 가지고 있다. 단지 자신이 노력을 기울이지 않았을 뿐이다.

TRUST 11
자신의
이름에 대한
애착심

인간은 자신의 이름에 남다른 애착을 가지고 있으며, 후세에 남기고 싶어 한다. 한때 선풍적인 인기를 끌었던 미국 서커스의 창시자인 P. T. 번햄은 자신의 이름을 이어받을 자식이 없음을 걱정한 끝에 손자 C. H. 시레에게 번햄이라는 자신의 이름을 쓰면 25,000달러를 주겠다고 제의했다.

많은 독자들은 '이 책을 누구에게 바친다.'라는 식으로 저자가 자기 이름을 책에 기입해 주는 것을 좋아한다. 도서관이나 박물관의 값비싼 소장품 중에는 기증자의 이름이 적혀 있는 경우가 많고, 교회에도 기증자의 이름을 기입한 스테인드글라스 유리창이 많다.

사람들은 대개 남의 이름을 잘 기억하지 않는다. 그 이유는 여러 가지이지만 바빠서 기억할 여유가 없다는 것이 가장 크다.

하지만 다른 사람에게 신뢰를 얻어 자신의 편으로 만들고 싶다면 이름

외울 시간을 만들어야 한다. 이름은 단지 몇 단어에 불과하지만 상대로부터 자신의 이름이 불렸을 때의 시너지 효과는 어마어마하다.

인간이 자신의 이름에 대한 남다른 애착을 가지고 있다는 것을 일찍 깨달아 성공을 이룬 가장 대표적인 인물이 바로 철강 왕 앤드류 카네기이다.

앤드류 카네기는 철강 왕으로 불리지만 정작 자신은 제강에 대해 거의 아는 바가 없었다. 그럼에도 그가 제강 사업에서 기적적인 성공을 이룬 것은 철강에 대해 잘 알고 있는 유능한 사람들을 거느렸기 때문이다. 그는 제강에 대해 잘 알지는 못했으나 사람을 다루는 천부적인 재능을 가지고 있었고, 이것이 그를 강철 왕으로 만든 것이다.

그는 어릴 때부터 사람을 조직하고 통솔하는 재능이 있었다. 열 살 때 이미 사람은 누구나 자신의 이름에 지대한 관심을 보인다는 사실을 알고, 그것을 이용하여 다른 사람의 협력을 구한 적이 있었다. 그가 이름의 효과를 깨닫게 된 것은 아주 우연한 사건에서 비롯되었다.

어느 날 앤드류는 토끼 한 마리를 잡았다. 그런데 그 토끼는 임신 중이었고, 얼마 지나지 않아 많은 새끼 토끼가 태어났다. 토끼 수가 늘어나니 자연히 먹이가 부족하게 되었다.

그때 그는 기발한 생각을 떠올렸다. 그는 동네 아이들에게 토끼풀을 많이 뜯어온 아이의 이름을 토끼에게 붙여주겠다고 약속했다. 예상대로 아이들은 다른 사람보다 토끼풀을 더 많이 뜯기 위해 최선을 다했다.

앤드류는 이러한 인간의 심리를 사업에 응용하여 성공을 이루게 되었다.

예를 들면 그는 펜실베이니아 철도회사에 레일을 팔고 싶었다. 당시 철도회사의 사장은 에드거 톰슨으로, 앤드류는 피츠버그에 거대한 제철

공장을 세운 다음 그 공장의 이름을 '에드거 톰슨 제철소'라고 지었다. 그후 펜실베이니아 철도회사가 앤드류 카네기에게 레일을 구입했음을 두말할 나위도 없다.

또 그는 조지 풀맨이라는 한 사업가와 유니언 퍼시픽 철도회사에 납품할 침대차의 매각을 놓고 불꽃 튀는 경쟁을 벌인 적이 있었다. 두 회사는 계약을 따내기 위해 가격 경쟁을 벌일 수밖에 없었고, 결국 제 살 깎아먹기식 경쟁으로 치달았다. 이를 두고 볼 수 없었던 앤드류는 묘안을 짜냈다.

어느 날 밤, 호텔에서 마주친 경쟁회사 대표인 풀맨에게 앤드류는 지금 경쟁은 두 회사에게 전혀 이득이 없으니 반목하기보다는 두 회사가 합병하여 제휴하는 것이 좋지 않겠냐고 설득을 했다.

풀맨은 주의 깊게 듣기는 했지만 반신반의하는 표정이 역력했다. 한참 고민을 하던 풀맨은 새 회사의 명칭은 어떻게 할 것이냐고 물었다. 그러자 앤드류는 즉각 '풀맨 파레스 차량회사'라고 대답했다. 카네기의 말을 듣고 못마땅한 기색이 역력했던 풀맨은 금세 얼굴에 화색이 돌았고 상대방을 신뢰하는 듯한 모습이 역력했다. 마침내 이들은 협상 끝에 합병에 동의를 했고, 유니언 퍼시픽 계약 건을 성공적으로 체결했다.

정치가들에게 있어 유권자의 이름을 외우는 것은 큰 정치적 수완이다. 이름을 잊어버리는 것은 곧 자신이 잊히는 것을 의미하기 때문이다.

남의 이름을 외우는 것은 정치뿐만 아니라 사업, 사교에도 매우 중요하다. 그런데 많은 사람의 이름을 외우기란 말처럼 쉽지 않다. 사람들은 대개 초면인 사람과 2~3분 동안 대화를 나눈 뒤 헤어질 때 이미 상대의 이름을 기억하지 못한다. 사람의 이름을 잘 외우기 위해서는 특별한 방법이 필요하다.

① 상대의 이름을 정확하게 알아듣지 못했을 경우에는 한 번 더 말해달라고 부탁한다.

② 상대의 이름이 복잡할 때에는 써달라고 부탁을 한다.

③ 이야기를 하는 동안 반복해서 상대의 이름을 부른다.

④ 상대의 표정이나 모습 등과 함께 이름을 기억하도록 노력한다.

⑤ 가족관계, 직업, 고향 등 상대에 대한 정보를 묻고 그것과 이름을 연관시켜 기억한다.

⑥ 메모지에 상대의 이름을 적고 그것을 정확하게 외운다.

이름이란 본인에게 가장 소중하고 막대한 영향력을 지닌다. 상대의 이름을 기억하는 것이 때로는 입에 발린 아첨을 하는 것보다 몇 배의 효과를 낼 수 있다. 반면 상대의 이름을 잊어버리거나 잘못 말하면 기분을 상하게 만든다. 그러므로 상대의 이름을 정확하게 기억하는 것에 집중해야 한다. 하찮은 일처럼 느껴질지 모르나 그것이 사람들의 신뢰를 얻고 마음을 움직이는 데 큰 역할을 한다.

PART 6

사람을 움직이는
마법의 대화법

〈벤저민의 대화원칙〉

원칙1. 누군가가 잘못된 주장을 하더라도 말하는 중간에
퉁명스럽게 말을 끊으면서 잘못을 지적하지 말자.

원칙2. 상대의 이야기가 아무리 엉터리라고 해도
감정을 앞세워서 그 자리를 박차고 일어나거나
화를 내지 말자.

원칙3. 결론적으로 상대가 잘못된 주장을 하거나,
상대 생각이 잘못되었다고 해도
너무 공격적으로 비난하지 말자.

원칙4. 상대의 의견과 주장 및 제안이 엉터리라는 것을
꼭 그 자리에서 밝히려는 고집을 버리자.

★ ★ ★ ★ ★

〈질문형 대화법의 원칙〉

원칙1. 상대의 입장에서 누군가 꼭 자신에게 물어봐 줬으면 하는 질문을 생각해 낸다.

원칙2. 어떤 질문을 하면 상대가 말을 많이 할까를 생각한다.

원칙3. 세일즈의 경우 세 문장 정도의 질문을 미리 준비하여 목적을 달성하는 것이 클로징 효과가 좋다.

TRUST 01

마음속에
간직된 **상처**는
비수가 되어
돌아온다

어려서부터 부모가 자주 말다툼을 하는 가정에서 자라는 아이들은 성
장기에 독설 퍼붓기를 주저하지 않는다고 한다. 아이의 사회성은 자라온
환경에서 일차적으로 형성되고, 유치원이나 학교 등의 집단과 조직 속에
서 다양한 문화경험과 융화되어 발전한다.

그러나 일차적으로 영향을 받는 가정에서 옳지 못한 배움을 통해 성장
하면서 부정적인 시각을 갖는 경우가 많다. 우리가 주변 사람들로부터 신
뢰를 얻는다는 것은 결국 내 자신이 사람들로 하여금 나를 신뢰하게 만든
다는 것을 말한다. 즉 저 사람이 나를 신뢰하도록 '내가 저 사람에게 어떤
영향을 주어야 한다.'는 의미이다. 그런데 우리는 성장하면서 몸에 배인
습관을 쉽게 변화시키기가 어렵다.

그래서 데일은 다른 사람의 경험 사례를 통해 우리가 어떻게 하면 쉽게
변화를 가질 수 있을 것인가를 탐구하여 제시하였다.

"신뢰를 얻기 위해서는 타인에 대한 독설, 비웃음, 비난을 일삼는 습관을 무조건 없애야 한다."

혹시 이 글을 읽는 독자 중에서 그런 독설과 비아냥거림과 비난을 받은 적이 있다면, 당하는 사람의 기분이 어떤지를 충분히 이해할 수 있을 것이다.

여기 데일이 소개하는 역사상 유능한 한 인물이 있다.

그는 어느 날 혹독하게 비난받는 경험을 해야 했다. 이를 통해 그는 자신의 경험을 거울삼아 타인에게 어떻게 하면 비난하거나 조소하듯 이야기하지 않을까에 대해 연구한 사람이다.

데일이 소개하는 그는 바로 미국 역사상 가장 유능했고 온화했으며 사교에도 능했던 벤저민 프랭클린이다. 누구나 청년기에는 실수를 많이 저지르게 되는 것처럼 벤저민 역시 혈기왕성한 보통의 청년이었다.

어느 날 벤저민의 집으로 친구 한 명이 찾아왔다.

"어서 와!"

벤저민은 친구를 반갑게 맞으며 포옹을 했다. 하지만 친구의 표정은 그리 좋지 않았다.

"벤저민, 넌 내가 왜 왔는지 알겠니?"

영문을 모르는 벤저민은 우선 친구를 집으로 들어오라고 했지만 친구는 문 앞에서 한 발짝도 들어놓지 않은 채 벤저민에게 말했다.

"넌 틀렸어. 너의 그 알량한 생각과 주장들이 다른 사람들에게 어떤 모욕을 주고 있는지 알기나 해?"

벤저민은 친구의 갑작스런 말에 순간 며칠 전에 있었던 세미나가 떠올랐다. 세미나에서 벤저민은 여러 친구들 앞에서 자신의 주장을 거침없이 표현했었다.

"내가 그날 너무 심하게 얘기했었나? 난 그저 잘못된 것을 바로잡기 위해 말을 평소보다 좀 많이 한 것뿐인데……."

친구는 삿대질까지 하며 벤저민에게 말했다.

"야, 그렇지 않아! 네 말은 늘 너무 공격적이라 그 누구도 네 의견이 옳든 그르든 신경을 쓰지 않아. 너의 안하무인적인 말을 좋아하는 사람은 아무도 없단 말이야. 그런 걸 알기나 하는 거야?"

순간 벤저민은 심장이 굳는 것 같았다.

"다른 친구들은 네가 없는 자리에서 훨씬 더 신나고 재미있게 지내고 있지. 네가 너무 유식한 척을 해서 너에게는 아무도 말을 할 수가 없다고. 그런 사실을 알고는 있는 거야? 아무도 너하고는 말을 하려 하지 않는다는 것을?"

벤저민은 충격에 자리에 서 있을 힘조차 없는 것 같았다. 친구는 돌아서며 다시 말했다.

"생각해 봐. 친구들이 너와 함께 토론을 하면 마음만 불편하고 힘이 들어서 앞으로는 너와 어떤 문제에 대해서도 논의조차 하지 않을 것이라는 것을. 그러니 넌 지금 알고 있는 알량한 지식 외에는 더는 발전할 수 없을 거야."

친구는 그 말을 남긴 채 떠났고, 벤저민은 한동안 문 앞에 서 있었다. 그는 자신의 책상 앞에 앉아서 곰곰이 생각해 보았다. 그리고 자신의 일방적인 주장에 당황했을 친구들에 대해서도 많은 생각을 했다.

'내가 정말 그런 사람이었다니. 친구들은 어떤 기분이었을까……. 두려움이 앞서는군.'

벤저민은 결심을 했다. 친구의 충고를 받아들이기로 마음먹은 것이다.

'그렇지. 저 친구의 말이 틀린 것이 없어. 내가 뭔가 변화를 갖지 않으면 안 돼.'

벤저민은 자신의 저서에서 친구들과의 불협화음을 반성하며 대화의 정의에 대해 다음과 같이 말했다.

"대화는 '듣는 사람의 목적'과 '말하는 사람의 목적'이 어떻게 조화를 이루느냐에 따라 성패가 결정된다. 말하는 쪽이나 듣는 쪽이나 각자 자기 나름대로의 생각과 주관이 있을 것이다. 그러나 실제 대화의 현장에서는 그것을 간파하기 힘들 뿐만 아니라 잊어버리기 일쑤이며, 대화의 방향이 엉뚱한 곳으로 빗나가는 경우가 많다. 대화는 듣는 쪽의 목적에서 벗어나지 않고 진행될 때 그 효과를 기대할 수 있다. 자기의 목적보다 상대방의 목적을 빨리 파악하는 것이 중요하다. 그다음에는 자기의 목적을 잊지 말아야 하며, 양쪽의 목적이 조화를 이루도록 해야 성공적인 대화가 이루어진다."

인간관계의 명장 데일 카네기가 벤저민 프랭클린에 대해 칭찬하는 것들 중 가장 핵심적인 면이 바로 이 점이다.

데일은 벤저민 프랭클린에 대하여 이렇게 말했다.

"벤저민은 비난도 호의로 받아들일 줄 아는 사람이다."

벤저민은 친구의 독설과 비난을 인정할 만큼 큰 그릇을 가진 사람이었고 지혜를 아는 청년이었다.

벤저민은 자신의 자서전에서 "그로 인해 친구 관계가 안 좋아지고 또 사회적으로도 소외를 당할지도 모르겠다는 두려움이 앞섰다."고 솔직하게 고백하고 있다.

벤저민은 달라지기 시작했다. 친구가 지적했듯이 자신의 거만하고도 독선적인 태도를 당장 바꾸기로 결심한 것을 실천한 것이다.

벤저민은 자서전에서 자신의 변화에 대해 이렇게 고백했다.

"나는 다른 사람의 의견을 정면으로 반대하거나 또 내 의견을 단정적으로 주장하지 않기로 했다. 심지어 '명확히 말해서', '의심할 여지없이'와 같은 표현들은 나의 주장이 옳음을 강하게 말할 때 사용하는 표현이므로, 앞으로는 말이나 글에서도 가급적 사용하지 않기로 했다."

그러고 나서 벤저민은 자신이 습관적으로 사용해 오던 화법이 타인을 배려하지 않는 스타일이었음을 스스로 깨닫고 좀 더 온화하고 부드러운 대화법을 사용하기로 선택했다. 그 선택은 향후 그가 위대한 인물로 성공하는 데 있어 커다란 밑거름이 되었다. 그가 선택한 것은 다음과 같다.

"○○○라고 생각합니다."

"○○○라고 여겨집니다."

"○○○인 것 같습니다."

"현재로서는 이렇게 생각합니다." 등.

그리고 벤저민은 상대방과 대화를 나눌 때 자신이 지켜야 할 원칙을 정했다.

원칙1. 누군가가 잘못된 주장을 하더라도 말하는 중간에 퉁명스럽게 말을 끊으면서 잘못을 지적하지 말자.

원칙2. 상대의 이야기가 아무리 엉터리라고 해도 감정을 앞세워서 그 자리를 박차고 일어나거나 화를 내지 말자.

원칙3. 결론적으로 상대가 잘못된 주장을 하거나, 상대 생각이 잘못되었다고 해도 너무 공격적으로 비난하지 말자.

원칙4. 상대의 의견과 주장 및 제안이 엉터리라는 것을 꼭 그 자리에서 밝히려는 고집도 버리자.

벤저민은 상대방이 자기와 생각이 다르다고 해도 "지금 현재는 제 생각이 조금 다른데요……. 만일 제가 그러한 입장에 선다면 아마도 당신과 같이 생각할 것이 분명합니다."라는 식의 표현을 자주 하려고 노력했다. 그리고 이러한 태도의 변화가 자신의 삶에 많은 플러스 요인을 가져다준다는 것을 알게 되었다.

벤저민은 그 후로 대화가 더욱 즐겁다는 것을 알게 되었다. 자신의 의견을 제시할 때에도 가능하면 최대한 조심스럽게 꺼내면서 상대방에게 보다 적극적인 이해를 구하려고 노력하였다. 벤저민을 향하던 친구들의 비난도 점점 줄어들었다. 자신의 잘못을 스스로 인정할 줄 아는 그의 넓은 마음으로 인해 오히려 더 커다란 인간관계의 세계를 알게 되었던 것이다.

예전 같으면 "벤저민, 그건 네가 틀린 거야. 인정하라고!"란 말만 들어도 억울한 생각이 들어서 "좋아, 지금 당장 그게 얼마나 엉터리 같은 논리인지 밝혀 보겠네!"하고 반박을 했겠지만, 이제는 전혀 억울한 생각이 들거나 조급한 마음이 들지 않았다. 오히려 그들을 원만하게 설득하여 잘못을 교정하도록 했다.

벤저민은 자서전에서 다음과 같이 말했다.

"처음에는 내 성격을 많이 누그러뜨리면서 인내하고 또 인내해야 했다. 그러나 이제는 너무 익숙해진 나머지 나는 아마도 거의 50년 동안이나 독선적인 말을 내뱉은 적이 없었던 것 같다."

데일은 언제나 우리에게 이런 점을 강조하고 있다. 사람들에게서 신뢰를 얻기 위해서는 상대방의 어떤 행동과 발언에 대하여 그 자리에서 직선적으로 말하지 않아야 한다.

"아니, 틀린 것을 두고도 말을 하지 않아야 한다면 그건 너무 주관이 없는 행동 아닌가?"

그러나 상대방이 아무리 실수를 하였다 하더라도 그 순간에 지적하고 비난하는 것은 결코 도움이 되지 않는 것임을 명심해야 한다. 사람은 자신이 실수한 그 순간 자신을 비난하는 사람에게 신뢰를 주지 않을 것이 분명하기 때문이다.

당신이 누군가의 실수에 대하여 반박을 하거나 비웃어서 당신이 얻는 것이 있다면 그 사람의 자존심을 손상시키는 일일 것이며, 그 사람의 마음속에 오랫동안 지워지지 않을 당신에게 받은 상처일 것이다. 그 사람의 마음속에 간직된 상처는 언제 어느 때 당신을 향한 비수가 되어 돌아올지 모른다.

TRUST 02
친구보다
우월하다는
인식을 심어주면
안 된다

남에게 칭찬을 듣는 것만큼 기분 좋은 일은 없다. 그러나 칭찬은 자신의 어떤 행위나 인격에 대하여 남이 평가하는 것이지 자기 스스로 하는 것이 아니다. 남에게 신뢰받을 수 있는 태도는 겸손의 태도 위에서 능력을 인정받는 것이다.

러시아의 대문호 톨스토이는 겸손에 대하여 이렇게 말했다.

"겸손할 줄 모르는 사람은 늘 타인만 비난한다. 그런 사람은 타인의 과오만을 기억한다. 그래서 자신의 욕정이나 죄과는 점점 커지게 마련이다. 겸손한 사람은 모든 사람들로부터 신뢰를 얻는다. 우리는 누구나 모든 사람들로부터 신뢰받는 사람이 되고 싶어 한다. 그런데 왜 겸손한 사람이 되려고 노력하지 않는가?"

겸손은 자신을 내세우지 않고 상대방이 말하고자 하는 것과 바라는 것을 가능한 한 인정하며 배려하는 것이다.

오래도록 만난 친구와 우리는 왜 성장하면서 서로 그 관계를 지속해 나가기가 쉽지 않을까?

프랑스의 철학자 라로슈푸코는 그에 대해 이런 대답을 했다.

"만일 당신이 적을 원한다면 친구를 능가하십시오."

이 말은 친구를 적으로 만들고 싶으면 그 친구보다 훨씬 월등한 사람이 되라는 말이다.

"아니 친구를 적으로 만들다니? 그리고 적으로 만들기 위해서 내가 친구를 능가해야 한다는 것은 무슨 의미인가?"

라로슈푸코는 한마디를 더 하였다.

"그러나 정작 당신이 친구를 원한다면, 친구가 당신을 능가할 수 있도록 하십시오."

오래도록 친구와의 관계를 유지해 가기 위해서라면, 나 자신을 보다 겸손히 낮추고 친구의 위신을 세워주라는 의미이다. 특히 절친한 친구 사이에서는 서로의 질투와 시기로 틈이 조금만이라도 벌어지게 되면 평정심이 흔들리게 된다. 그래서 우리는 친구가 적으로 돌변하는 상황을 종종 목격한다. 어린 시절에는 대부분 질투심이 많은 이유를 차지한다. 친구가 나보다 공부를 더 잘했을 때, 시기를 하거나 질투심을 못 이겨서 어느 순간 사이가 멀어지는 걸 느낄 때가 있다.

"쳇, 자기가 뭐 그리 대단하다고?"

어릴 때는 철이 없어서 그럴 수 있다고 생각하면 그만이겠지만 실은 나이를 먹어서도 이러한 질투심은 점점 더 강해지는 것이 사실이다. 아이들보다 오히려 어른들이 더욱 질투심과 시기심이 강하다. 직장에서는 동료들끼리 승진을 두고 서로 다툰다. 동창회에서는 누가 먼저 좋은 지역에 집을 사서 이사를 했느니 하는 등의 문제를 가지고 서로 어깨를 견주기도 한다. 그런 가운데 우리는 서로의 능력을 가늠하게 되고 내가 친구보다 못하다고 생각이 되면 어느새 마음속에는 친구에 대한 시기의 벽이 생겨 나기 시작한다.

만일에 이 글을 읽고 있는 당신이 친구들 앞에서 서슴없이 자신의 일상을 이야기하는 사람이라면 주의할 필요가 있다. 절대로 그 친구를 능가하거나 그 친구보다 우월하다는 인식을 심어주어서는 안 된다.

"그렇다고 친구에게 진실하지 않을 수는 없지 않은가?"

물론 진실해야 한다. 그러나 진실해야 한다는 것과 친구를 나보다 우월하게 느끼게 해주는 것은 다르다. 내가 친구보다 가진 것이 더 많고 더 좋은 직장에 다닌다고 하여도, 그로 인해 내가 친구보다 우월하다는 것을 친구가 '느끼도록' 해서는 안 된다는 것이다.

"비록 내가 이런 점에서는 조금 빠른지 모르겠지만, 넌 이런 면에서 나보다 훨씬 월등하고 앞서가고 있잖니? 난 그 점이 참 부럽더라!"

친구의 월등한 점을 부각시켜 주는 것이 그 친구와 신뢰관계를 탄탄하게 가져갈 수 있는 것이다. 친구가 나를 능가할 때 스스로 중요한 존재가 되고 있다는 것을 느끼지만, 어느 순간 당신이 그를 능가하게 되면 그는 열등감과 질투심을 느끼게 된다.

모두가 그렇지는 않다고 하더라도 분명히 그러한 심리가 사람에게는 존재한다는 사실이다. 결국 친구 사이에서의 신뢰관계 역시 이러한 비밀이 있다는 것을 명심할 필요가 있다.

"친구끼리 너무 머리 쓰면서 사는 거 같아 싫다!"

"맞아, 친구 사이에 그런 식으로까지 해야 하나?"

물론이다. 생각해 보자. 학창 시절의 수많은 친구들이 서로 뿔뿔이 흩어지게 된다는 사실은 무엇에서 연유하는 것인지? 서로 멀리 이사를 해서일 수도 있겠지만, 서로 다른 진로와 능력으로 인해 다른 위치에 서게 됨이 아닌가? 따라서 나이가 들수록 그런 차이는 더욱 벌어지게 되는 것이다. 그러므로 친구와 오래도록 관계를 유지해 나가기 위해서는 이러한 신뢰관계의 비밀을 반드시 깨달아야 한다.

이와 관련해서 데일 카네기는 한 사례를 소개하였다.

뉴욕의 한 회사에서 직업 컨설턴트로 일을 하고 있던 젊고 예쁜 여성이 있었다. 그녀의 이름은 헨리였으며, 회사에서 인기가 좋고 능력을 인정받는 컨설턴트였다. 직장 상사들과 동료들 사이에서는 물론 후배 직원들 사이에서도 헨리는 미소가 아름답고 상냥하며 본받고 싶은 사람으로 손꼽혔다. 그러나 그녀는 처음부터 그런 사람은 아니었다고 말했다.

"제가 처음부터 상냥하고 남들과의 대화에서 호감을 얻은 건 아닙니다. 저는 입사 후 3개월 동안 친구가 없었어요."

헨리는 왜 3개월 동안 친구가 없었을까? 답은 간단했다.

헨리는 직업 컨설턴트로서 일을 하면서 자신이 이룬 업무성과들을 매일 주변 동료들에게 자랑을 했다.

"오늘은 어떤 사람을 만났는데요……. 제가 컨설팅을 잘해서 그분에게 적합한 일자리를 줬지 뭐예요?"

헨리의 자랑은 매일 이어졌다. 그리고 그녀 역시 자신은 일을 잘하고, 그것을 자랑스럽게 여긴다고 했다. 그런데 어느 순간부터 헨리는 점점 우울해지기 시작했다. 시간이 갈수록 동료들은 그녀와 함께 기뻐하기를 꺼려하는 듯했다. 그리고 서서히 터져 나오는 비난은 헨리를 더욱 힘들게 만들기 시작했다.

"저는 사람들에게 사랑받기를 원했어요. 그리고 진심으로 그들의 친구가 되고 싶었거든요."

그러나 그녀의 바람은 이루어지지 않았던 것이다. 그런 그녀가 어느 날 데일의 강좌 프로그램에 참석하게 되었다. 그리고 거기서 그녀는 자신의 문제점이 무엇인지를 정확히 발견하게 되었다.

"자기 자신의 성과에 대한 자랑은 자제하고, 친구들을 우월하게 칭찬하는 습관을 가져 보십시오. 즉, 자신을 낮추고 친구들을 우월하게 만들어 주세요."

데일의 강좌에서 헨리는 깨달음을 얻을 수 있었다. 그 후 그녀는 사람들에게 자신에 대한 이야기를 하기보다는 그들의 말에 귀를 기울이기 시작했다. 그러자 헨리의 눈앞에는 다른 일들이 벌어지기 시작했다. 사람들에게는 정말로 자신들의 이야기가 수북이 쌓여 있었고 자랑할 것들이 너무 많았던 것이었다.

그동안 내 이야기만을 듣느라 얼마나 힘들었을까? 나만 열심히 내자랑을 하는 동안 저들은 얼마나 답답했을까? 헨리는 자기 자랑만을 일삼던 모습을 반성하기 시작했다.

헨리는 이제 직장의 친구들과 이야기를 나눌 때 이런 이야기를 먼저 꺼낸다.

"제리, 지난 주말에는 뭐 좋은 일 없었어? 즐거웠던 일 있으면 얘기 좀 해줘."

"요즘은 어떤 기쁜 일이 있기에 항상 싱글벙글이야? 좋은 일이 뭔데?"

그녀는 그들에게 즐거웠고 기뻤던 일을 이야기해달라고 부탁을 했다. 그리고 사람들이 꼭 조언을 구할 때에만 자신의 일에 대한 성취감을 이야기하는 사람으로 바뀌었다.

TRUST 03
고용주의
마음을 움직인
한 **구직자**의
비결

데일이 소개하는 다음의 이야기는 직업을 구하는 한 구직자의 노력이 면접을 보는 사장의 마음을 감동시킨 사례이다. 데일이 이 사례를 통해 우리들에게 주고자 하는 교훈이 있다면 그건 매사에 상대방의 관심사에 대하여 주의 깊은 관심을 가져야 한다는 것이다. 특히 상대방의 관심사를 잘 모를 경우에는 상대방에 대해 관심을 기울여야 한다. 관심은 신뢰를 불러일으키는 지름길이다.

찰스라는 청년은 직업을 구하기 위해 여기저기 신문의 구인정보 코너를 뒤적이고 있었다. 그러다 발견한 것은 뉴욕의 한 신문 구인란에 쓰인 문구였다.

"비범한 능력과 경험을 갖춘 사람을 구합니다 ─로엘컴퍼니."

찰스는 사회 경험은 부족하지만 어떻게 하면 자신이 이 회사에 취업을 할 수 있을지에 대해서 생각했다. 그는 정성껏 작성한 자기소개서와 이력서를 보냈고 며칠 후 인터뷰를 하자는 회사의 연락을 받을 수 있었다. 5일밖에 남지 않은 인터뷰 일정이었다.

찰스는 인터뷰를 위해 나름대로 준비한 것을 실행하기 위해 회사가 위치한 월스트리트로 향했다. 찰스는 그 회사를 창립한 사람에 대해서 가능한 많은 조사를 했다. 설립연도, 설립당시의 창업자 및 임원들, 설립 후 매 사업 연도별 재무제표를 분석해 보았다. 매출액과 원가, 매출총이익, 영업이익과 순이익 등을 비교하면서 회사가 잘 운영되어 왔는지를 검토했다. 찰스는 이와 더불어 창립자의 태생은 물론 그가 다닌 학교와 고향, 그가 사업을 하면서 이곳저곳에 인터뷰를 했던 신문기사들까지 자료를 수집하여 읽고 또 읽었다.

드디어 인터뷰 당일이 되었다. 찰스의 차례가 되어 그는 면접관실로 들어갔다. 면접을 보기 위해 앉아 있는 여러 사람들 중 상석에 앉은 사람이 바로 자신이 자료를 수집하며 연구한 그 창립자임을 직감했다. 자리에 앉은 찰스에게 가장 먼저 인사부 임원이 질문을 했다.

"우리 회사를 지원하게 된 동기가 있다면 말씀을 해보세요."

찰스는 겸손한 태도로 말을 하기 시작했다.

"귀사와 같이 훌륭한 역사를 가진 회사를 알게 되어 진심으로 영광입니다. 앞에 앉아 계신 창업주께서는 28년 전에 책상 한 개와 직원 한 명으로 이 회사를 창업하여 지금까지 이렇게 번창해 오신 걸로 알고 있습니다."

순간 창업주의 눈빛이 번뜩였다.

"그 후로 여러 번 경영상의 위기를 겪으면서도 기업을 발전시켜 오셨는데 그 비결이 사원들에게 경영의 성과를 모두 공개하는 도덕 경영을 펼치신 것이 제가 선택하게 된 이유라고 할 수 있습니다."

"아니, 찰스 군. 그런 사실을 어떻게 알고 있지?"

창업주가 경탄하는 눈빛으로 물었다.

"제가 선택한 회사의 역사를 알기 위해 며칠 동안 월스트리트의 회계 사무실과 신문사를 뒤졌을 뿐입니다."

테이블에 앉아 있던 창업주는 물론 임원들까지도 찰스의 말에 고개를 끄덕였다.

찰스가 인터뷰 준비를 위해 이런 조사를 하게 된 까닭은 무엇일까?

그는 성공한 사람들의 대부분은 초창기에 겪었던 어려움을 돌이켜보기를 좋아한다는 사실을 알고 있었다. 그의 예상대로 이 회사의 창업주도 예외가 아니었던 것이다.

성공한 사람들은 대개 자신의 힘들었던 과정을 떠올리며 지금의 성공을 생각해 보길 좋아한다. 찰스는 그런 마음의 한 구석을 긴요하게 되짚어 준 것이었다.

면접을 끝내고 창업주는 자신의 회사를 지원한 구직자들 앞에서 자신의 이야기를 늘어놓게 되었다.

창업주는 단돈 450달러와 독창적인 아이디어 하나만을 가지고 어떻게 하여 이 사업을 시작하게 되었는지에 대해서 자랑스럽게 이야기를 했다.

"참 힘든 시기였지요. 그때는 주말도 공휴일도 없이 일을 했지요. 결국 모든 역경을 극복한 끝에 오늘날 월스트리트에서 가장 중요한 사람들이 우리 회사에 정보와 자문을 구하러 오게 되었답니다."

주변의 임원들 가운데는 창업주의 회상 섞인 이야기에 감회에 젖은 표정을 짓는 사람도 있었다. 창업주는 자신의 내력을 자랑스럽게 여겼다.

창업주는 다시 한 번 구직자들의 이력서를 들추어 보았다. 특히 찰스의

이력을 자세히 살펴보았다. 이력서를 보던 창업주는 인사담당 임원에게
말을 했다.

"이 사람이 바로 우리가 원하던 사람 아니오?"

인사담당은 창업주의 뜻을 알겠다는 듯이 그의 서류를 따로 분류해 놓
았다. 찰스는 자신이 입사하고자 하는 회사의 탄생에서 지금까지의 내력
에 대해 알고자 했다. 이는 그 회사를 만들고 성장시킨 창업주의 고난과
인내의 삶을 이해하는 것과 다르지 않았다.

찰스는 좋은 성적으로 회사에 취업하게 되었다. 좋은 이미지로 취업을
한 그는 창업주의 관심을 받는 직원으로서 신뢰를 받으며 성장을 거듭하
여 자신의 업무에서 빛을 발하는 중역이 되었다.

그는 언제나 자신의 회사를 찾는 월스트리트의 사람들에게 그들 스스
로 자신의 문제에 대해 이야기하게 함으로써 그 안에서 답을 찾아내 주는
훌륭한 컨설턴트로 성장하게 되었던 것이다.

TRUST 04
상대의 **마음**을
열게 하는
질문형
대화법

신뢰를 얻고자 노력하는 과정에서 흘린 땀은 참으로 소중하다. 누군가에게 그 사람의 마음을 얻고자 열정적으로 노력하는 태도는 이성적인 행동이며 합리적인 설득의 과정이기 때문이다.

설득의 과정은 대부분 말과 행동, 글과 프레젠테이션 문서 등으로 이루어진다. 어떤 경우에는 한마디 말이 중요할 때가 있다. 어떤 경우에는 열 마디 말보다는 단 한 줄의 글이 중요할 때가 있고, 열 마디 말과 열 줄의 글보다는 단 하나의 프레젠테이션용 도표가 중요할 때도 있다.

어떤 식으로든 우리는 상대방의 신뢰를 얻기 위해 다각도의 합리적인 방법을 찾아 노력한다.

그런데 우리 주변을 보면 상대를 설득하려고 자기만 열심히 일방적으로 이야기하는 사람이 있다. 그들은 수다스럽게 자신의 의견과 주장만을 열심히 떠들어댄다. 그런데 생각해 보자. 그런 사람들과 마주했을 때의 기분은 어떤가?

"상대가 너무 많은 말을 계속할 때는 정말 눈을 어디에 두어야 할지 모르겠어요."

일방적인 수다는 상대방을 당혹하게 만든다.

"지루하다고 하품을 할 수도 없고 또 상대의 입을 막을 수도 없고요."

이렇게 스트레스를 주기도 한다.

"적당히 알아서 대화를 끊어주면 좋겠는데, 다음 약속시간이 다가오는데 어떻게 해야 할지 정신이 없답니다."

가끔은 상대방의 스케줄도 무시한 채 자신의 이야기만을 하는 경우도 있다.

이러한 사람들은 전반적으로 무례한 인상을 주게 되는 것은 물론 결코 상대방을 설득할 수도 없으며 신뢰를 얻을 수가 없다. 일방적인 주장과 수다는 제아무리 멋진 표현을 사용해도 결코 신뢰를 얻을 수 없는 것이다.

왜 그럴까?

대화는 일방적인 것이 아니기 때문이다.

일방적인 대화법은 상대방을 코너로 몰아넣는 것과 같다. 예를 들어 권투선수가 상대방을 코너로 몰아넣게 되면 상대방은 빠져나오기 위해서 반발을 하게 된다.

대화에서도 마찬가지로 상대를 코너로 몰아넣을수록 상대는 마음을 더욱 닫으면서 방어하는 태도를 취하게 된다. 이럴 때일수록 상대의 방어를 풀어 줄 수 있는 대화법이 필요하다. 그게 바로 질문형 대화법이란 것이다.

질문형 대화법은 자신의 이야기를 먼저 하기 전에 상대로 하여금 먼저 이야기하게 만드는 것이다. 이 대화법에 익숙해지면 누구를 만나든지 주

늪이 들 필요가 없다. 나이가 많은 어른을 만나서도 대화에 자신감을 가질 수 있으며, 이성을 소개받게 되더라도 어렵지 않게 대화를 풀어갈 수 있다.

처음 만났을 때는 아이스 브레이킹(Ice Breaking)법을 사용하면 좋다. 말 그대로 얼음을 깬다는 뜻이다. 쉽게 이해하면 처음 만난 사이에서 갖게 되는 '서먹한 썰렁함'을 깨뜨리고 부드러운 분위기로 만든다는 뜻이다. 분위기를 전환시키는 질문을 몇 가지 던짐으로써 마음을 열고 서로의 대화에 귀 기울일 수 있는 기본 분위기를 만드는 것이다. 우리가 조금만 생각을 해보면 일상에서도 아이스 브레이킹법을 사용할 수 있다.

"와우, 이렇게 아름다운 스카프를 하고 오시다니요."

이런 말쯤은 누구나 다 할 수 있는 것이다. 하지만 대화를 이어가기 위해서는 이렇게 말하고 질문을 곁들일 줄 알아야 한다.

"와우, 이렇게 아름다운 스카프를 하고 오시다니요."라고 말을 한 후에 상대의 반응과 상관없이 "이거 못 보던 건데? 어디서 샀어요?"라고 질문을 이어가는 것이다. 그래야 상대방이 말을 받아 자신의 이야기를 편안하게 할 수 있게 된다. 이런 방식을 개방형 대화법이라고도 한다. 상대를 향해 질문을 던짐으로써 상대의 마음을 열어놓게 만드는 것이다.

"와, 오늘 네 머리 스타일이 아주 잘 어울리는구나. 오늘 뭐 좋은 일이 있는 것 같은데?"

여럿이 모인 자리에서 나타난 친구에게 말을 건넬 때도 마찬가지이다.

누군가는 "네 머리 참 예쁘구나."라고 간단하게 인사를 건넬 수도 있다. 그리고 어떤 친구는 "와, 예쁜데?"라고 놀라운 한마디로 인사를 건넬 수도 있다. 하지만 그런 인사를 받는 당사자의 마음은 그렇지 않다. 누군가가 "그 머리 어디서 했니? 네가 직접 한 거야?"라고 말해주기를 바라고 있기 때문이다. 만일 당신이 여러 친구들 가운데서 직접 그런 질문을 해준다면, 질문을 받는 친구는 당신을 오래도록 고마워할 것이다.

직장에서도 이와 같은 대화법을 응용해 볼 수 있다.

"김 대리, 오늘은 왠지 자네가 뭔가를 이뤄낼 것 같은데? 어제 좋은 꿈이라도 꾼 건가?"

이런 말은 일하는 사람을 즐겁게 만든다. 김 대리가 스스로 몇 마디 말을 하게 함으로써 긴장을 풀도록 해주기도 한다. 특히 세일즈를 하는 사람들에게 질문형 대화법은 고객의 신뢰를 얻어내는 유용한 방법으로 쓰인다.

"사모님의 취향은 모던하면서도 현대적인 컬러가 곁들여진 것 같은데 언제부터 그런 취향을 선호하게 된 거죠?"

이런 질문은 고객의 입장에서 참 많은 이야기를 하게 만든다. 그럼 고객은 자기 이야기를 하면서, 스스로 자신에게 맞는 옷은 어떤 것이며 이 옷보다는 저 옷이 더 좋겠다며 스스로 구매결정을 하게 되는 확률이 높아진다.

금융상품을 판매하는 증권사의 자산관리사들 역시 이런 질문형 대화법으로 고객을 대한다.

"고객님은 현재 50세입니다. 그럼 안전한 투자를 하셔야 할까요, 아니면 공격적인 투자를 하셔야 할까요?"

이 질문의 의도는 "고객님은 50세이시니까 공격적인 것보다는 안전한 자산에 투자를 하셔야 합니다."라는 말을 질문형으로 바꿈으로써, 고객이 스스로 "나는 나이가 50이니까, 당연히 안전한 자산을 선호해야겠지요."라는 답을 하게 만드는 화법이다. 그럼 고객은 스스로 안전한 자산에 투자해야 한다는 말을 함으로써, "그럼 안전한 자산에는 이런 것들이 있습니다. 한번 보십시오. 어떤 것이 고객님의 선택을 돋보이게 할까요?"라고 한번 더 질문을 던진다. 그러면 고객은 스스로 안전한 자산 중에서 투자할 만한 것들을 선택한다. 그럼 자산관리사는 이렇게 마무리를 한다.

"고객님, 최선의 선택을 하셨습니다. 안전자산으로 채권형 펀드를 선택하신 것 맞지요?"

그럼 고객은 답한다.

"네, 안전자산으로 채권형 펀드를 선택했습니다."

이렇게 되면, 자산관리사는 굳이 고객에게 공격적인 주식형 펀드에서부터 안전한 채권형 펀드까지 일일이 다 설명하면서 그 안에서 고객의 선택을 기다리는 고리타분한 컨설팅을 할 필요가 없다. 이렇게 해서 신뢰를 얻게 되면 고객은 선뜻 펀드 가입 계약서에 사인을 하게 된다.

질문형 대화법은 몇 가지 원칙이 있다.

원칙1. 상대방 입장에서 누군가 꼭 자신에게 물어봐 줬으면 하는 질문을 생각해 낸다.

원칙2. 어떤 질문을 하면 상대가 말을 많이 할까를 생각한다.

원칙3. 세일즈의 경우 세 문장 정도의 질문을 미리 준비하여 목적을 달성하는 것이 클로징 효과가 좋다.

당신은 학생, 구직자, 직장인, 은퇴자, 군인, 주부일 수 있다. 당신이 누구를 만나든지 만나는 상대로 하여금 이야기를 하게 만들어야 한다. 그들에게는 아직 할 말이 많이 남아 있기 때문에 당신에게 관심을 줄 수가 없다는 사실을 명심해야 한다.

TRUST 05
상대가
스스로
말하도록
배려해야 한다

　상대를 설득하기 위해 자기 혼자만 떠드는 사람들이 있다. 특히 세일
즈맨 중에 그런 부류가 많은데 이는 전혀 효과적인 방법이 아니다. 상대
의 마음을 움직이려면 상대로 하여금 충분히 말을 하도록 만드는 것이 좋
다. 본인에 대해서는 본인이 가장 잘 알고 있으므로 상대방 스스로 말을
하도록 배려하는 것이 현명하다.

　다른 사람을 설득하기로 마음먹었다면 상대의 말이 계속되는 동안에
는 이의를 달고 싶어도 참아야 한다. 참을성 있게 들어주며 거리낌 없이
자기 의견을 말하도록 배려해야 한다. 물론 역효과를 부를 수 있다고 이
의를 제기하는 사람도 있을 것이다. 하지만 한번 실천해 보면 상대의 마
음을 움직이고 신뢰를 얻는 데 얼마나 효과적인지 알게 될 것이다. 다만
상대에게 말을 하도록 만드는 것은 여간 힘든 일이 아니다. 특별한 비결
이 필요한 것 같지만 알고 보면 그 방법은 매우 간단하다. 상대가 가장 관

심을 가지고 있거나 자부심을 가지고 있는 화제를 꺼내는 것이다.

필라델피아 전기회사에 다녔던 조셉 S. 웹 씨는 이를 이용하여 상대가 말을 하도록 만드는 데 성공했고, 자신의 목적을 달성했다.

그가 근무하고 있을 당시는 전기가 갓 보급되던 때로 전기회사 직원들이 가정을 방문하여 전기 사용을 권유하고 다녔다. 조셉 역시 담당자와 펜실베이니아 주의 부유한 네덜란드인들이 모여 사는 마을을 시찰한 적이 있었다.

그 지역의 농가들은 모두 전기를 사용하지 않고 있었다. 조셉은 함께 동행한 담당자에게 이 마을은 왜 전기를 사용하지 않는지 물었다. 그러자 담당자는 마을에 사는 사람들은 지독한 구두쇠들이라고 대답했다. 담당자는 전기 사용을 몇 번이나 권유했지만 허탕만 쳤다고 말했다.

조셉은 직접 문제를 해결할 목적으로 한 농가를 찾아갔다. 문을 열어준 그 집의 안주인은 그들이 전기회사 직원인 것을 알자 이내 문을 닫아버렸다. 하지만 조셉은 포기하지 않고 노크를 했다. 그러자 그 집 안주인은 마지못해 문을 열어주었다. 그러고는 입에 담지 못할 험한 욕설을 퍼부었다.

조셉은 그녀의 욕설을 다 들어주었다. 그리고 욕설이 다 끝날 즈음에 정중하게 전기 문제 때문에 찾아온 것이 아니라 달걀을 사려고 왔다고 말했다. 그러자 안주인은 미심쩍은 표정으로 조셉을 쳐다보았다.

조셉은 굴하지 않고 그 집에서 키우는 닭의 종류가 도미니크종이 아니냐고 묻고는 훌륭하다고 칭찬을 했다. 그러자 안주인은 호기심 어린 눈으로 그에게 닭이 도미니크종인 줄 어떻게 알았느냐고 물었다. 조셉은 웃으며 자신도 닭을 키우고 있다고 대답했다. 그러자 안주인은 다시 방어적인 자세를 취하며 댁의 달걀을 먹으면 되지 왜 우리집 달걀을 사려 하느냐고 반박했다.

조셉은 웃으며 과자를 만들려고 하는데 자신이 키우는 닭은 레그혼종이기 때문에 흰 달걀밖에 낳지 못한다고 답했다. 과자를 만드는 데는 흰 달걀보다는 노란 달걀이 낫기 때문이다.

이야기가 여기까지 진전되자 그녀의 마음은 꽤 누그러진 듯했다. 그동안 주위를 유심히 살펴본 조셉은 그녀의 농장에 낙농 설비가 갖추어져 있음을 알았다. 이를 놓칠세라 조셉은 안주인에게 "부인이 기르는 닭이 우유를 짜는 젖소보다 훨씬 이윤이 많이 남지 않습니까?"라고 물었다.

조셉은 그녀가 자신의 닭에 대해 남다른 애정을 가지고 있음을 간파한 것이다. 아니나 다를까 그의 예상은 적중했고, 그녀는 완고한 남편이 조셉이 지적한 사실을 아무리 설득해도 인정하려 들지 않는다고 불평했다. 그러면서 조셉을 닭장으로 안내했다.

그곳을 돌아보는 동안 조셉은 안주인이 만든 여러 장치들에 대해 칭찬을 해주었다. 그는 사료는 무엇이 좋고, 온도는 몇 도가 적당한지 등에 대해 그녀에게 물어보는 등 즐거운 시간을 보냈다.

그러던 중 그녀는 닭장에 전등을 켜서 상당한 수익을 올린 농가가 있다는 소문이 사실이냐고 물었다. 조셉은 솔직하게 사실대로 말해주었다.

2주일 후, 그 농가는 전기를 사용하게 되었다. 조셉은 조셉대로, 안주인은 안주인대로 좋은 결과를 얻을 수 있었다.

조셉은 안주인이 가장 관심을 가지고 있고, 자부심을 가지고 있는 화제를 거론함으로써 상대가 말을 하도록 만들었다. 만일 그가 일방적으로 전기의 좋은 점만 설명하려고 들었다면 담당자처럼 헛수고를 하고 말았을 것이다.

대부분의 사람들은 자화자찬을 하는 상대방의 이야기를 듣는 것보다 자신의 이야기를 하고 싶어 한다. 따라서 프랑스의 철학자 라로슈프코의 말처럼 상대를 내 편으로 만들려면 상대방이 이기도록 해야 한다. 즉 상대의 마음을 사로잡고 신뢰를 얻으려면 그가 자신의 이야기를 많이 할 수 있도록 양보할 줄 알아야 한다.

나의 몇천 마디 말보다 상대의 말 한마디 속에 마음을 사로잡는 열쇠가 있다.

TRUST 06
내가 하고 싶은
이야기를
상대가
하도록 하라

한 아이가 아버지가 아끼는 화분을 깨뜨린 적이 있었다. 아이는 무척 혼이 날 것이 염려되었지만 솔직하게 고백해야겠다고 마음을 먹었다. 그런데 아이가 고백할 시간적 여유조차 없이 아버지가 집에 오셨다. 아이는 거실 바닥에 떨어져 산산조각 나버린 화분 조각들을 줍다가 현관으로 들어오시는 아버지와 눈이 마주쳤다. 성격이 급한 아버지는 버럭 화를 내었다.

"이 녀석! 왜 그 화분을 깨뜨렸니!!"

아이는 고개를 숙인 채 아무 말도 못 하고 있었다. 아이는 변명을 할 기회를 엿보았다. 예전에 주방에서 주스 병을 떨어뜨려 바닥에 아까운 딸기주스를 다 흘렸을 때 엄마에게 "주스 병이 너무 미끄러워서 깼어요."라고 변명을 했던 기억이 났다.

아버지는 계속 아이를 나무랐다. 아버지의 화가 난 목소리는 천정을 울리듯 쩌렁쩌렁했다. 뒷마당에 있던 애완견 셰퍼드도 아버지의 소리에 놀라 컹컹거리며 짖기 시작했다. 계속 이어지는 아버지의 꾸지람은 멈추지 않았다. 아이는 비가 와서 어쩔 수 없이 거실에서 공놀이를 할 수밖에 없었다고 변명하고 싶었지만, 아이는 변명을 하지 않기로 생각했다. 결국 아버지는 10분 정도를 꾸지람하시더니 스스로 아이가 하고 싶었던 변명을 대신 말하기 시작했다.

"그래……. 밖에는 비가 오니까 거실에서 공놀이를 하고 싶었겠지? 그래, 아빠도 이해한다. 하지만 거실은 공놀이를 하기에는 적당한 장소가 아니란다. 네가 공놀이를 좋아하는 것은 알겠다마는……. 이제부터는 조심해야 한다. 알겠니?!"

아이는 고개를 끄덕였다. 아버지는 화가 다 풀려서 아이를 번쩍 들어 안아 주었다.

만일에 아이가 변명을 했다면 어떻게 됐을까? 아마도 아버지는 변명하는 아이를 더 혼냈을 것이다.

이 아이의 이야기에서 우리는 무엇을 배울 수 있을까?

내가 하고 싶은 이야기를 상대방이 하게끔 하는 것이다. 이는 아주 고도의 심리처럼 보이기도 하지만, 일상적으로 아주 잘 통용되고 있는 것이다.

데일은 자신의 인간관계 강좌에서 다음과 같은 사례를 소개했다.

미국의 자동차업계에서 손꼽히는 한 회사가 1년 동안 사용할 자동차 시트 원단을 구매하기 위해 세 군데의 회사를 상대로 공개 프레젠테이션을 실시하였다. 첫 번째 회사와 두 번째 회사의 프레젠테이션은 성황리에 진행되었다.

"다음은 퍼블리셔 모직회사의 프레젠테이션이 있겠습니다."

세 번째 회사의 발표자로 나오는 사람은 퍼블리셔 모직회사의 사장이었다.

다른 회사는 모두 담당직원들이 발표를 했지만 이 회사는 한 달 전부터 사장이 직접 발표 준비를 하는 등 열심히 준비를 해온 덕에 기대감이 부풀어 있었다. 그런데 전혀 예상치 못한 상황이 벌어졌다. 사장은 어젯밤 심하게 후두염을 앓은 채 그곳에 도착해 있었다. 그는 온갖 주사와 약으로 처방을 했지만, 발표를 하는 순간까지도 목소리가 나오지 않을 정도로 심각한 후두염을 앓고 있었던 것이었다.

사장은 연단으로 나섰다.

"……."

자동차 회사의 사장과 임원들이 발표를 기다리고 있는데도 퍼블리셔 모직회사의 사장은 꿀 먹은 벙어리처럼 서 있었다.

"음…… 저…….."

아무리 말을 하려고 해도 목소리가 나오지 않았다. 결국 그는 인사말 한마디도 제대로 할 수가 없었다. 그는 말을 해보려고 무척 애를 썼지만 목이 쉬어서 말소리가 제대로 나오지 않았다. 그는 펜을 꺼내어 커다란 종이에 뭐라고 쓰기 시작했다. 그리고 다 쓴 종이를 펼쳐 임원들이 앉아 있는 테이블을 향했다.

'여러분, 목소리가 나오지 않아서 말씀을 드릴 수가 없습니다.'

그러자 자동차 회사 사장이 의자에서 일어섰다. 그리고 앞으로 나오며 말했다.

"허허허, 마치 저의 오래전 모습을 보는 것 같군요."

임원들과 발표자는 물론 장중에 있던 회사 직원들 모두가 이 상황에 당황하는 표정이었다.

"제가 발표자를 대신해서 말씀을 드리죠."

그러고는 자신에게 제출된 모직회사의 원단샘플을 꺼내 앞으로 내밀며 말했다.

"임원 여러분, 여러분의 자리 앞에 놓인 샘플을 주의 깊게 봐 주십시오."

자동차 회사 사장은 임원들과 샘플에 대해서 토론을 벌였다. 장점과 단점, 그리고 보완해야 할 점 등에 대해서 자동차 회사의 시트부서 담당 임원, 엔지니어, 재무부서의 예산담당임원들과 요모조모 분석을 하고 그 내용을 공유했다. 자동차 회사 사장은 원래 모직회사의 사장이 했어야 하는 발표 진행을 아주 잘해주었다. 이따금 그가 발표자에게 "이런 의미인 것이 맞죠?"라는 식으로 물어보면, 목이 잠긴 발표자는 고개만 끄덕거리는 식이었다.

"제가 한 일이라고는 그저 미소를 지어 동의를 표하거나, 고개를 끄덕이면서 자동차 회사 사장의 판단이 옳다는 식의 표현을 한 것밖에는 없습니다."

이 재미있는 프레젠테이션에서 퍼블리셔 모직회사는 자동차 회사와 시트원단의 납품 계약을 체결하게 되었다.

"지금껏 우리 회사가 받은 주문 중에서 가장 큰 건이었습니다."

모직회사의 사장은 웃으면서 말했다.

"제가 만약 후두염 때문에 목이 쉬어 말이 나오지 않았기에 망정이지 직접 설명을 했더라면 그 계약을 놓쳤을 것입니다. 왜냐하면 저는 이 주문에 대해 전적으로 잘못 이해하는 부분도 있었기 때문입니다."

나중에 알려진 바에 의하면, 자동차 회사 사장은 한 중소기업의 사장

이 얼마나 열심히 발표 준비를 했으면 목이 쉬었을까 하는 부분에 큰 점
수를 주었다고 했다.

  우연적인 상황이 발생했지만 오히려 그 상황이 감동적으로 해석되어
발표자가 발표를 하지 않고 오히려 자동차 회사 사장이 발표를 대신하게
된 것은 어떤 의미가 있었던 것일까?

  즉 발표뿐만 아니라 상대방이 나를 설득하기 위해 해야 할 멘트나 원고
및 연설문 등을 내가 대신 읽거나 그의 입장에서 스스로 이야기한다는 것
만큼 '내가 스스로 설득당하는 가장 좋은 방법'은 없다는 것이다.

  결국 다른 사람으로 하여금 자신이 해야 할 말을 하게끔 하여 1년치 계
약을 한꺼번에 얻을 수 있었던 사례를 통해 우리는 신뢰를 얻는 또 하나
의 비결을 배우게 된 것이다. 그것은 목표를 향하여 꾸준히 노력한다면
자신 스스로 나타내려고 하지 않아도 상대방은 당신의 진솔한 행동을 느
낄 수 있다는 것이다.

TRUST 07

하고 싶은
이야기를
하지 못한 데서
오는 **고통**

데일이 소개하는 다음의 사례는 모녀간의 불화를 잘 해결한 이야기
이다.

엄마와 딸이 함께 살고 있었다. 아버지는 사고로 딸이 어렸을 때 돌아
가셨고, 엄마는 조신하고 단정한 성품을 지닌 딸을 무척 사랑했다. 그러
나 딸이 사춘기를 넘어서면서부터 점점 예전의 모습을 버리고 도전적으
로 변하기 시작했다.

엄마는 딸을 잘 타일러 보기도 하고 때로는 혼을 내기도 했지만 아무런
소용이 없었다. 딸은 날이 갈수록 엄마의 말을 듣지 않았다. 생계를 위해
일을 나가야 하는 엄마를 위해 잘 돕던 집안일도 하지 않고 학교를 결석
하는 일이 잦았고 친구들과 무리를 지어 몰려다니기를 즐겼다.

엄마는 늦게까지 마트 점원으로 일을 하다가 지친 몸을 이끌고 집으로
돌아왔다. 그러면 새벽녘이 돼서야 딸은 집으로 돌아와 엄마의 잠을 방해

하고는 한다. 엄마는 소리를 버럭 지르고 싶었지만 이제는 그럴 기운조차 없게 되었다. 엄마는 딸을 그저 물끄러미 쳐다보면서 말했다.

"애야, 도대체 너 왜 그러니?"

엄마의 목소리에는 슬픔이 배어 있었다. 그러자 딸도 엄마를 바라보며 조용한 목소리로 물었다.

"정말 알고 싶어?"

엄마가 고개를 끄덕였다. 딸은 망설이다가 자기 마음속의 이야기를 하나둘씩 털어놓기 시작했다. 딸의 이야기를 들으며 엄마는 생각했다. 한 번도 딸의 이야기에 귀를 기울여 본 적이 없었던 것을 말이다.

엄마는 항상 잔소리만 늘어놓았던 것이었다. 딸이 엄마에게 자기 생각이나 감정이나 느낌을 말하려고 했을 때마다 엄마는 말을 가로막은 채 딸에게 잔소리만 하기 일쑤였다. 딸의 푸념은 계속되었고 심지어는 엄마가 얼마나 자기와 대화를 해주지 않는 사람이었는지에 대해 이야기하면서 눈물을 터뜨리고 말았다. 엄마는 딸의 이야기를 들으면서 참으로 많은 생각을 했다. 딸이 자신의 많은 일들을 의논할 수 있고 무슨 일이든 허물없이 털어놓을 수 있는 친구 같은 엄마를 그리워했다는 것을 깨닫기 시작했다.

"저는 딸의 이야기를 들어준 적이 없습니다. 딸아이의 마음소리를 한 번도 경청해 주지 못했어요."

그 이후로 엄마는 딸아이가 하고 싶은 말을 다 할 수 있도록 해주었다. 딸도 자기 마음속에 있던 말을 다 함으로써 모녀 사이는 아주 좋아졌다.

그 후로 딸아이의 반항적인 행동은 그쳤고 예전보다 더 조신하고 차분한 딸이 되었다. 그간의 공격적인 모습이나 반항적인 행동들은 모두 '자신이 하고 싶은 이야기를 하지 못한 데서 왔던 고통' 때문에 나타났던 것이었다.

TRUST 08
사람을
움직이는
마법의 **대화법**

우리의 일상을 자세히 들여다보면 매 순간마다 나를 둘러싸고 벌어지는 모든 일들은 나 혼자만의 일이 아니라 반드시 누군가와의 관계 속에서 벌어지고 진행되는 일임을 알 수 있다.

우리는 홀로 사는 것이 아니다. 집에서는 가족들과의 관계가 있고, 학교에서는 친구들과 선생님과의 관계가 있다. 직장에서는 동료들과의 관계가 있고, 사회에서는 동창들과의 관계 및 취미 생활을 함께 하는 동호회 회원들 간의 관계 등 많은 관계를 맺으며 살고 있다. 이처럼 우리는 매사에 사람과 사람의 관계를 통해 일상을 살아간다. 그렇게 더불어 사는 것이 신뢰관계를 중심으로 한 인간사회이다.

사람들은 누군가에게 신뢰감을 느낄 때 그 사람의 외모만을 가지고 평가하지 않는다. 외형적인 면만을 가지고 "난 그 사람을 신뢰한다."라고 말하지 않는다.

정말로 자신이 누군가를 신뢰하고 있다면 그건 아마도 그 사람에 대해 '가슴에서 우러나는' 무언가가 있었기 때문일 것이다.

- 사람 자체에서 느껴지는 강한 신뢰
- 말 한마디의 진솔함과 담백한 성품에서 오는 믿음
- 우직한 일처리에서 오는 든든함
- 말과 행동의 일치에서 오는 성실함
- 섬세한 배려와 사랑을 주려고 하는 마음

사람들은 대체로 이런 점들을 가지고 신뢰를 느끼고, 누군가에게 신뢰감을 얻게 된다. 그리고 사람들이 신뢰할 만한 것들은 이보다 더 많은 이유가 있는 것이 사실이다. 하지만 사람들이 신뢰를 갖게 되는 공통점이 있다면 그건 '가슴에서 우러나는 어떤 감동'이 신뢰감을 만들어 내는 경우일 것이다.

여기서 중요한 것은 자신의 가슴에서 우러나는 마음이라는 것이다. 타인에 의해서 강요된 마음이기보다는 자신의 가슴에서 우러난 마음을 통해 상대에게 신뢰를 보낸다. 어떤 사람들은 신뢰를 얻기 위해 어떤 주장이나 의견을 갖고 상대방에게 "이것은 무조건 믿어도 되니까 신뢰를 해달라."고 애원을 하기도 한다. 하지만 사람들의 본심은 그런 애원과 호소 때문에 상대를 신뢰하는 것은 아니라는 것을 우리는 많은 사례를 통해 알 수 있다. 사람들은 어떤 확신이 들어야 신뢰를 하게 되는 것일까?

사람은 자기 스스로 타당하다고 인정할 수 있어야 신뢰가 생겨난다. 그럼 한번 생각해 보자.

나의 의견을 조금은 지나칠 정도로 친구들이나 동료들에게 주장하는 것은 잘못된 방법일까?

사람들에게 자신의 의견을 이야기할 때가 있다. 그리고 그들에게 신뢰를 얻어야 할 때가 있다.

"그래, 자네는 내 친구니까 한 번쯤 신뢰해 보겠네."

"그래, 자네는 내 후배니까 한 번쯤 믿어 보겠네……."

이런 식의 신뢰는 조건부 신뢰임을 명심하기 바란다. 정말로 신뢰감이 있어서 신뢰를 해주는 것이 아니라 친구니까, 후배니까 한번 믿어 줄게라는 조건부 신뢰에 불과하다.

인간관계에서 이런 경우가 제일 위험하다. 만일에 조건부 신뢰가 무너지는 날에는 오랜 친구 관계나 선후배 관계도 단번에 무너질 수 있기 때문이다. 따라서 조건부 신뢰를 얻게 된 사람은 그 신뢰감이 무너지지 않도록 최선을 다해 신뢰감을 지켜야 할 의무가 있다.

데일의 강좌를 통해 신뢰에 대해 공부를 한 사람 중에 쉘츠라는 사람이 있다. 다음은 그에 대한 이야기이다.

그는 한 자동차 전시장의 세일즈 부서의 책임 담당자로서 오래도록 자동차 세일즈맨 조직을 이끌어 온 사람이다. 자동차 판매 실적이 점점 떨어지게 되자 쉘츠는 그 상황을 극복하기 위한 대책을 고심하기 시작했다. 무엇보다도 경기상황이 나빠진 것도 이유가 있었으며, 그로 인해 소비자들이 신차를 구입하려는 구매의욕이 떨어진 것도 사실이었다. 이런 불황의 결과는 자동차를 판매하는 세일즈맨들의 의욕을 떨어뜨리게 되고 결국 자동차 판매 영업소 직원들이 실의에 빠지는 상황이 벌어졌다. 쉘츠는 생각했다.

'실의와 혼란에 빠진 직원들에게 어떻게 하면 의욕을 되찾게 해줄 수

있을까?'

　오랜 경험에 의하면 대부분의 리더들은 이런 경우 수많은 동기부여책을 내놓고 자긍심과 의욕을 고취시키기 위해 노력한다. 하지만 쉘츠는 직원들이 실의에 빠지게 된 원인이 그런 프로모션으로 극복될 성질의 것이 아니라는 생각을 했다.

　어떤 리더들은 무조건 자동차 판매 실적을 향상해야 한다고 소리를 지르면서 직원들을 다그치기도 한다. 리더가 강한 메시지를 전달하면서 뒤에서 다그치면 초기의 판매실적은 조금 늘어날 수는 있다. 하지만 쉘츠는 그런 방법으로는 오래가지 못할 것이라는 것을 경험적으로 깨달은 바 있었다.

　그는 데일의 강좌에서 한 가지 조언을 얻게 되었다. 그것은 바로 '사람을 움직이는 마법의 대화법'이라는 주제의 강좌에서였다.

　그는 강좌를 통하여 터득한 마법의 대화법을 직원들에게 적용해 보아야겠다고 생각했다. 무엇보다도 직원들이 실의에 빠져서 판매실적을 내지 못하고 있는 원인은 제품과 회사 및 조직에 대한 신뢰의 경감 때문이라고 생각했기 때문이다.

　쉘츠는 어느 날 전체 회의를 소집했다. 한 주를 시작하는 이른 아침의 전체 미팅이었다.

　"요즘 많이들 힘드시죠?"

　직원들은 리더의 말에 별 대꾸가 없었다.

　"여러분! 제가 여러분의 입장에서 회사가 해주었으면 하는 걸 모두 말해 보겠습니다. 그리고 여러분을 대신하여 강력하게 회사에 요구하겠습니다. 제 모든 것을 걸고서라도요!"

　그 말이 끝나자 갑자기 직원들이 자세를 고쳐 앉기 시작했다. 여기저기서 쉘츠를 바라보는 눈빛이 번뜩이기 시작했다. 쉘츠는 세일즈맨들의 입장에서 회사에게 바라는 것을 말하기 시작했다.

"여러분 입장에서 회사에게 요구하고 싶은 것이 있다면 이렇습니다. 회사는 자동차 판매수당을 적어도 10%는 인상해 줘야 합니다. 또한 직원들의 판매 경쟁력을 높여 줘야 한다고 생각합니다. 저는 이것을 여러분 입장에서 회사에 강력히 요구하겠습니다."

직원들 사이에서 환호성이 터져 나오기 시작했다. 쉘츠는 계속 말했다.

"그리고 우리는 회사의 자동차 가격 인상으로 인한 판매 경쟁력 제고를 위해 그간 우리 자신의 수당을 경감하면서까지 고객들에게 신차를 구입하도록 장려했습니다. 그러다 보니 솔직히 우리는 실질적으로 별반 남는 것이 없었습니다. 회사의 부담을 우리가 져야 할 이유는 없다고 봅니다. 따라서 회사는 우리에게 수당의 폭을 높여 주든지, 아니면 고객들에게 자동차 가격의 인상분에 대한 새로운 대안을 내놓아야 한다고 생각합니다. 이 문제 또한 우리 판매원들이 손해를 보지 않는 구조로 변화시켜야 합니다."

몇몇 사람들이 기립 박수를 쳤다. 그러자 너도 나도 일어나서 "그게 바로 우리가 바라던 거였습니다."라고 외쳤다. 30년째 이 회사에서 자동차 영업을 한 나이 든 한 직원은 "지금까지 이 회사에서 근무해 왔지만 이렇게 우리들의 마음을 시원하게 긁어주는 리더는 처음입니다."라고 말했다.

쉘츠가 이야기하는 것들은 모두가 자동차를 파는 직원들의 입장에서 그들이 원하는 것이 무엇인지를 고민한 결과였다. 칠판에는 그가 말한 것들이 한 줄 한 줄 기록되고 있었다.

"자, 여러분이 원하는 것이 이런 것들 맞습니까?"

"네, 맞습니다……."

그는 손을 들어 직원들의 환호를 자제시킨 후 말했다.

"그럼 이제 여러분께서 말을 할 차례입니다. 회사의 입장에서 여러분에게 바라는 것은 무엇일지 말씀해 주시면 됩니다."

사람들은 저마다 손을 들어 회사의 입장이 되었을 때 영업 직원들에게 원할 만한 것들을 얘기하기 시작했다.

"아침에 정시에 출근하는 거요."

"하루에 10곳의 신규고객 방문입니다."

"영업활동 후 반드시 회사로 돌아와 그날 만난 가망고객에게 편지나 안부전화를 보내는 것입니다."

"팀별 이벤트를 통한 공동마케팅을 추진하는 겁니다."

"항상 솔선수범하는 정신입니다."

직원들이 하는 말들은 모두 칠판에 기록되었다. 직원들은 자신이 생각했던 것보다 더 많은 것을 말해주었다. 자신들이 회사에게 바라는 것보다 더 많이 회사가 자신들에게 바라는 것을 스스로 이야기해 주었던 것이다.

"여러분, 정말 감사합니다. 저는 이 약속을 지키기 위해 제 직함을 내놓겠습니다. 그러니 여러분도 여러분의 약속을 꼭 지켜주시면 감사하겠습니다."

직원들이 보내는 눈빛과 박수와 환호는 그들이 엄청난 에너지를 얻었다는 것을 증명해 주고 있었다. 그날의 전체 회의는 그들 모두에게 새로운 용기와 희망을 불어넣어 주었다. 어떤 세일즈맨은 이런 각오를 맹세했다.

"우리는 적어도 하루에 14시간 이상 세일즈 활동을 해야 합니다."

쉘츠는 직원들에게 목적의식과 필요성을 자각하게 하여 그들의 능력을 발휘할 수 있도록 리더십을 보여주었다.

그 일이 있은 이후, 그 자동차 영업소는 매출 실적이 껑충 뛰었다. 쉘츠는 자신의 약속을 지켰으며, 직원들 역시 회사를 신뢰하여 엄청난 성과를 내는 데 큰 힘이 되었다.

쉘츠는 말했다.

"직원들은 저와 함께 일종의 도덕적 거래를 한 셈입니다. 신뢰를 거래한 것이나 다름없습니다. 하지만 이렇게 성과를 낼 수 있었던 것은 진심이 담겨 있었기 때문입니다."

리더와 직원들은 각자 자신이 맡은 책임을 다하기 위해 열심히 땀을 흘렸던 것이다. 서로의 약속을 지키기 위해 노력하는 가운데 회사와 직원들은 하나가 된 것이다.

이 사례를 통해 보았듯이 어떤 경우든 자발적으로 일을 하는 것이 중요하다. 자의적으로 어떤 일을 할 때 스스로 만족할 수 있으며 행복할 수 있기 때문이다.

TRUST 09
칭찬과 **격려**는
의욕을
북돋운다

아이들이나 남편, 부하 직원들이 조금만 실수를 해도 무능하다느니, 재능이 없다느니 하고 꾸짖는 사람들이 많다. 그러나 이러한 행동은 상대의 향상심의 싹을 잘라버리는 어리석은 짓이다.

인간은 격려를 하면 자신의 능력을 발전시키기 위해 노력하는 반면 꾸짖거나 야단을 치면 자신의 행동을 반성하고 발전시키려 하기보다는 반항을 하거나 주눅이 들게 된다. 따라서 상대가 믿고 따르게 하기 위해서는 끊임없이 격려를 해야 한다.

개중에는 상대를 내 뜻대로 만들기 위해서는 눈물이 쏙 빠지도록 호통을 쳐야 한다고 주장하는 사람도 있다. 이들은 부드러운 격려가 사람의 마음을 움직이는 데 효과적이라는 사실을 믿지 않는다. 지금 이 책을 읽는 독자들 중에도 이러한 생각을 가진 사람이 있을 것이다.

하지만 다음에 소개하는 남자의 일화를 듣는다면 격려가 호통보다 상대방의 마음을 사로잡는 데 얼마나 효과적인지 실감하게 될 것이다.

사십 대의 독신 남자인 그는 뒤늦게 약혼을 하게 되었다. 그런데 약혼을 한 여성이 그에게 댄스를 배우라고 권했다. 댄스를 배운 지 20년이나 지났지만 그녀의 권유를 거절할 수 없어 그는 다시 댄스를 배우기로 결심했다. 그래서 댄스 교사를 찾아갔는데, 그가 하는 말이 춤 실력이 형편없다는 것이었다. 그러고는 처음부터 다시 배워야 한다고 말했다.

그는 억지로 댄스 교습을 받았지만 결국에는 싫증이 나서 때려치우고 말았다.

그다음 만난 댄스 교사는 그에게 댄스 솜씨가 조금 떨어지기는 하지만 기본이 확실하기 때문에 새로운 스텝을 쉽게 익힐 수 있을 것이라고 말해 주었다. 그리고 리듬도 잘 소화할 줄 알고, 소질도 충분히 있다고 칭찬해 주었다.

그는 댄스 교사가 자신에게 거짓말을 하고 있다는 것을 잘 알고 있었지만 그의 태도가 마음에 들었다. 말하자면 처음에 만난 댄스 교사는 그의 결점을 강조함으로써 실망을 시킨데 반해, 두 번째 만난 댄스 교사는 많은 결점에도 불구하고 격려를 함으로써 그를 고무시킨 것이다.

장점을 칭찬하고 격려해 주면 무슨 일이든 할 수 있다는 의욕이 생기게 마련이다. 그리고 자신의 능력을 부모나 아내, 또는 상사들이 알아주고 있다는 생각에 뿌듯한 기분을 느낀다. 자기의 능력을 보여주기 위해서라도 무엇이든 열심히 하게 되는 것이다.

이 방법을 잘 활용하여 사람들을 능수능란하게 다룬 사람이 바로 '브리지의 황제' 엘리 칼바트슨의 아내이다.

1922년 미국 땅을 처음 밟은 칼바트슨은 처음에는 철학과 사회학 교사가 될 꿈을 가지고 있었다. 그러나 적당한 일자리를 찾을 수가 없었다. 고육지책으로 석탄 판매하는 일을 했으나 보기 좋게 실패하고 말았다. 그래서 다시 커피 판매업을 하였으나 이도 역시 잘되지 않았다.

당시 그에게는 브리지(카드 게임의 명칭) 교사가 되겠다는 생각은 전혀 없었다. 그는 브리지는 물론 트럼프 놀이에도 서툴기 이를 데 없었다. 게임을 하는 도중에도 옆 사람에게 이것저것 물어보기 일쑤였다. 그리고 게임이 끝났을 때는 게임의 과정을 까다롭게 따지고는 했다. 친구들이 그와 함께 트럼프 놀이하는 걸 싫어하는 것은 당연한 일이었다.

그러던 중 조세핀 딜런이라는 브리지 교사와 사귀게 되었고, 그것이 인연이 되어 그녀와 결혼까지 하게 되었다.

그녀는 그가 트럼프를 할 때마다 카드를 면밀하게 분석하고 곰곰이 생각하는 모습을 보고는 선천적으로 카드에 소질이 있다고 격려를 아끼지 않았다. 아니나 다를까 그는 얼마 지나지 않아 브리지의 최고의 권위자가 되었다. 칼바트슨을 브리지의 대가로 만든 것은 다름 아닌 아내의 격려와 칭찬이었던 것이다.

상대방의 마음을 사로잡고 싶다면 늘 격려하는 것을 잊어서는 안 된다. 격려는 어떤 말보다 상대의 향상심을 자극한다.

TRUST 10
기대감을
보여라

어떤 사람이 당신을 믿고 큰 기대를 하고 있다고 가정해 보자. 당신은 어떻게 행동할 것인가? 대부분의 사람들이 상대의 믿음과 기대를 저버리지 않기 위해 무슨 일이든 최선을 다할 것이다. 부자든 가난한 사람이든 걸인이든 도둑이든 그 어떤 인간이라도 좋은 평을 받으면 그 평가에 어긋나지 않도록 노력하게 되어 있다.

이처럼 사람을 다루는 데 있어 상대를 신뢰하고 기대감을 가지는 것은 매우 효과적인 방법이다.

상대의 좋은 점을 찾아내 경의를 표하고 칭찬을 하면 대개 사람들은 이쪽이 의도한 대로 따라오게 되어 있다. 신사처럼 대하면 기대를 저버리지 않기 위해 예의바르게 행동하려고 노력하고, 불량배처럼 취급하면 버릇없는 태도를 취하게 된다.

이 점을 항상 염두에 두고 사람을 다룬다면 상대의 협조를 자연스럽게 끌어낼 수 있을 것이다.

젠트 부인의 이야기는 이를 잘 증명해 준다.

어느 날 부인은 넬리라는 이름의 여자를 가정부로 고용하기로 마음먹고 그녀에게 다음 주 월요일부터 일을 해달라고 부탁했다. 그런 다음 그녀가 바로 직전에 일했던 곳으로 전화를 걸어 그녀에 대해 물어보았다. 그 결과 그녀에게 다소의 결점이 있다는 사실을 알게 되었다.

그녀가 일을 하기로 약속되어 있는 월요일 아침, 부인은 출근한 그녀를 불렀다. 그러고는 이렇게 말했다.

"얼마 전 당신이 일했던 집주인에게 전화를 걸어 물어보았더니, 그 집주인이 당신 칭찬을 하더군요. 당신은 매우 정직하고 신용할 수 있으며 요리 솜씨도 좋고, 또한 아이들도 잘 돌보며 친절하다고 했어요. 그런데 단 한 가지 청소하는 데 조금 부족한 점이 있다고 하더군요. 하지만 난 그 말을 믿지 않아요. 당신의 옷차림을 보니 당신이 얼마나 깨끗하고 정결한지 알겠어요. 나는 당신이 당신의 몸가짐처럼 집안 청소도 깨끗하게 해주리라 믿어요."

그 결과 넬리는 언제나 집안을 깨끗하게 청소하였으며 부인의 기대에 어긋나지 않기 위해 최선을 다해 일했다. 만일 부인이 첫날 넬리에게 "예전에 일하던 것처럼 청소를 게을리하지 마라."라고 경고했다면 어떻게 되었을까? 부인의 말대로 청소를 깨끗이 했을 테지만 자기 집처럼 최선을 다해 돌보지는 않았을 것이다.

상대의 단점을 고쳐주고 싶다면 그가 다른 사람보다 훨씬 뛰어나다고 말한 다음 그 점에 대해 보완해 줄 것을 부탁하면 효과적이다. 즉 상대에게 기대감을 보이는 것이다. 그러면 상대는 기대와 믿음에 부응하기 위해 자신의 장점을 십분 발휘하며 배신하지 않기 위해 최선을 다한다.

헨리 크레이 리스너 장군 역시 프랑스에 체류 중인 미군 병사들의 품행을 바로잡기 위해 '미국 병사들은 가장 청렴결백하고 이상적인 군인'이라며 과장된 칭찬을 했다.

그에게 자신이 한 말이 진실인지 아닌지는 그다지 중요하지 않았다. 설령 전적으로 틀린 말이라 할지라도 장군이 병사들에 대해 이런 생각을 가지고 있다는 것 하나만으로도 병사들은 감동하여 장군의 기대에 어긋나지 않도록 노력할 것이기 때문이다.

사람들은 대체로 다른 이로부터 신뢰를 받고 있다는 사실을 큰 자랑으로 여긴다. 그래서 상대의 기대를 저버리는 일을 무엇보다 두려워한다. 그러므로 상대가 당신을 믿고 따르기를 원한다면 그에게 기대감을 표시하면 된다. 상대는 당신이 기대한 만큼 당신에게 충실할 것이다.

다음의 이야기는 기대감과 더불어 상대에게 의견을 구해 믿음을 얻게 된 경우이다.

아이다 털벨 여사는 오웬 영의 전기를 쓰고 있을 때, 오웬 영과 3년 동안 사무실에서 일했다는 사람을 만나 그에 관한 이야기를 듣게 되었다. 그런데 그의 말에 따르면 오웬 영은 누구에게도 명령적인 어투를 사용하지 않았다고 한다. 그는 항상 '이것을 해라.', '그래서는 안 된다.'는 식으로 말하지 않고, '난 잘 모르겠는데 이렇게 하면 어떨까?'라는 식으로 상대의 의견을 구했다는 것이다.

편지를 구술시키고 난 후에도 반드시 '어떻게 생각해?'하고 비서에게 물었다고 한다.

다시 말해 명령을 하지 않고 상대에게 의견을 구함으로써 상대가 자발적으로 일하게끔 만들었던 것이다.

아랫사람의 잘못을 지적하고 지시를 하면 상대가 마지못해 당신의 말을 충실히 따르겠지만 그것은 일시적인 복종일 뿐이다. 상대는 당신의 말에 자존심이 상하고 반감이 생겨서 스스로 잘못을 반성하고 그것을 고치려고 하지 않을 것이다.

그러므로 상대의 자발적인 협력을 구하고 그의 잘못을 교정하기 위해 상대방에게 기대감을 갖고 상대의 의견을 구하는 것이다. 그럼 상대는 자신의 중요성을 다시 한번 깨닫게 되면서 당신을 믿고 협력할 마음을 갖게 될 것이다.

TRUST 11
상대의
존재 가치를
높여라

상대방의 존재 가치를 높이는 능력은 신뢰받기 위해 갖추어야 할 필수 요소이다. 아무리 머리가 좋고 재능이 뛰어난 사람이라도 상대를 하찮게 여기는 사람은 다른 사람으로부터 신뢰를 얻거나 존경받는 사람이 될 수 없다.

우리에게 널리 알려진 정치가나 사업가 등은 자신의 능력이 뛰어나서 성공을 이루었기보다는 옆에서 그들을 물심양면으로 도와주었던 유능한 인재들이 있었기에 가능한 것이었다.

상대방의 자존심을 세워주는 데 가장 효과적인 방법은 작은 재능이나 사소한 것이라도 부각시켜서 다른 사람에게 알리는 것이다. 물론 꺼리는 사람도 있지만 대부분 자신의 재능이나 능력이 다른 사람에게 알려지는 것을 싫어하지 않는다. 그 이유는 인간은 본능적으로 자신의 우월성을 다른 사람에게 드러내고 싶은 욕구를 가지고 있기 때문이다. 따라서 이 심리를 잘 이용한다면 많은 사람을 자신의 지지자로 만들 수 있을 것이다.

　루스벨트는 상대의 홍보대사 역할을 훌륭히 해냄으로써 존경받는 인물이 된 대표적인 사례라고 할 수 있다.

　크라이슬러 자동차 회사에서 루스벨트를 위하여 특별한 승용차를 제작한 일이 있었다. 그때 새로운 자동차에 대해 설명해 주기 위해 W. F. 첸바레라는 기술자가 함께 탑승을 했는데 그는 루스벨트에게 특수 장치와 자동차 조종법에 대해 가르쳐 주었다.

　그 이후에도 여러 차례 그는 루스벨트의 관저로 찾아가 상세하게 자동차에 대한 설명을 해주었다. 그때마다 루스벨트는 기쁜 표정으로 그를 맞이해 주었고, 흥미진진하게 그의 설명에 귀를 기울였다.

　그 차는 최신형으로 사람들이 항상 주위에 몰려들었다. 그럴 때면 대통령은 자동차에 정신이 팔려 있는 사람들에게 첸바레에 대한 칭찬을 아끼지 않았다. 순식간에 첸바레는 사람들의 주목과 찬사를 받았다.

　루스벨트는 첸바레가 얼마나 대단한 사람인지 끊임없이 언급했다. 그리고 그의 임무가 끝난 후 얼마 지나지 않아 그에게 자신이 직접 사인한 사진과 감사장을 선물했다.

　이후 첸바레는 대통령으로서의 루스벨트가 아니라 한 인간으로서의 루스벨트를 진심으로 존경하고 따르게 되었다.

　사람들은 대개 다른 사람의 장점을 홍보하면 자신의 존재 가치가 떨어진다고 생각하는데 그렇지 않다. 오히려 사람들은 넓은 마음을 가지고 있는 사람으로 인식하고 존경하고 따른다. 즉 다른 사람의 장점을 홍보하는 것은 곧 자신을 홍보하는 것이다. 하지만 진심에서 우러나오는 것이어야 한다. 사람들을 내 편으로 만들고자 하는 목적만을 위해서 거짓으로 행동하면 반드시 들통이 나고 만다. 아무리 감추려고 해도 진심은 드러나는 법이다.

상대에게 좋은 인상을 심어주고 싶다면 상대의 장점을 홍보하는 데 주저하지 말아야 한다. 사심 없이 상대의 장점을 부각시킬수록 자신의 장점도 또렷하게 부각된다.

아울러 어떤 사람을 내 편으로 만들기 위해서는 아무리 사소하더라도 상대에 대한 정보를 소홀히 해서는 안 된다. 때로는 작은 정보 하나가 관계를 호전시키고, 자신의 지지자로 만드는 데 결정적인 역할을 할 수 있다.

남자들은 흔히 여자들이 값비싸거나 큰 선물에 감동을 받는다고 생각하는데 실제로는 사소하고 작은 것에 큰 기쁨을 느낀다. 여자들은 작은 부분까지 신경 쓰는 남자들을 보고 그만큼 자신에 대한 애정도가 높다고 생각한다. 그런데 이것은 비단 이성 관계에만 국한되지 않고 모든 인간관계에 적용된다.

개중에는 상대에 대한 소소한 정보가 얼마나 효과적이겠냐고 의문을 품는 사람도 있을 것이다. 그러나 위에서도 여러 번 언급했듯이 인관관계라는 것은 아주 작은 것 하나에도 상황이 호전되기도 하고 악화되기도 한다.

뉴욕의 한 은행에 근무하던 찰스 월터스라는 남자의 일화는 소소한 정보가 얼마나 상대방의 마음을 움직이는 데 효과적인지 잘 보여준다.

어느 날 월터스는 한 회사의 기밀을 조사하라는 명령을 받았다. 그는 문제 회사의 정보를 입수할 수 있는 방법을 궁리하던 중 그 회사에 대해 잘 알고 있는 유력 인물을 파악했다. 그는 한 공업회사의 사장으로 월터스는 일말의 가능성을 가지고 그의 회사를 찾아갔다. 그런데 사장을 기다리던 중 여비서가 사장실 문을 열고 나오면서 하는 이야기를 우연히 듣게 되었다. 그것은 사장의 아들이 찾는 우표를 구할 수 없다는 내용이었다.

월터스는 사장실로 들어가 자신이 찾아온 용건을 말하고 여러 가지 질문을 했다. 그러나 사장은 다른 이야기만 늘어놓을 뿐 대답을 회피하려고 했다.

월터스는 그로부터 정보를 얻어내기가 쉽지 않으리라고 판단했다. 결국 그날의 방문은 별 소득 없이 끝나고 말았다.

그날 밤 문득 여비서가 사장에게 했던 말이 생각났다. 여비서의 말을 추측하건대 사장의 아들이 우표 수집을 하는 것이 분명했다. 월터스는 외국 우표를 구할 수 있는 곳을 찾아보았다. 그 결과 자신이 근무하고 있는 은행에서 외국 우표를 모으고 있다는 사실을 알게 되었다.

다음 날 월터스는 다시 사장을 찾아갔다. 그러고는 그의 아들을 위해 우표를 가져왔다고 말했다. 사장은 전과 달리 크게 기뻐하며 그를 맞았고, 우표를 보고 연신 감탄을 했다. 그는 완전히 우표에 정신이 팔리고 말았다.

월터스는 사장과 30분가량 우표에 대한 이야기를 나누었다. 분위기는 더없이 화기애애했고 사장은 월터스에게 큰 호감을 보였다. 그리고 월터스가 먼저 말을 꺼내기도 전에 문제 회사에 대해 알고 있는 정보를 모두 알려주었다. 뿐만 아니라 부하 직원을 불러 미흡한 점까지 보충해 주었다.

월터스는 사장의 아들이 우표 수집을 한다는 작은 정보를 이용하여 자신이 목표했던 것 이상의 성과를 달성한 것이다.

상대의 마음을 움직이고 싶다면 사소한 정보를 소홀히 해서는 안 된다. 자신의 입장에서는 그것이 하찮고 사소해 보여도 상대방의 입장에서는 가장 중요한 관심사일 수 있다. 어떤 정보도 흘려듣지 않은 귀를 가진 사람이 그렇지 않는 이보다 신뢰를 쌓을 가능성이 높다.

TRUST 12
고객이
원하는 것을
파악하는
자세

'나는 저 사람에게 신뢰받고 싶은데 저 사람은 왜 나를 신뢰하려 하지 않지?'하며 아쉬운 마음을 가져 본 적이 있을 것이다.

데일은 사람에게는 누구나 신뢰의 욕구가 있다고 말한다. 그리고 그 신뢰받고 싶어 하는 욕구는 우리의 희망이나 욕망이나 어떤 일에 대한 생각들을 누군가가 자상하게 물어와 주기를 바라는 마음이라고 한다. 이 말은 곰곰이 되짚어 볼 필요가 있다. 자신이 어떤 일을 하고 어떤 사람을 만나든지, 그 말을 적용해 보면 아주 많은 교훈을 얻을 수 있다.

당신은 당신의 어떤 욕망이나 욕구 또는 하고 싶은 일이나 추구하고 싶은 미래의 희망에 대해 누군가 물어와 주기를 원하지 않는가?

사람이라면 누구나 그런 질문을 받기를 원한다고 데일은 말하고 있다.

그가 소개하는 여러 사례들 중에 예술을 업으로 하는 사람들에게 필요한 교훈이 하나 있다.

젊은 사업가 웨슨은 할리우드에서 활동하는 스타일리스트들을 상대로 비즈니스를 하는 사람이다. 그는 고객들에게 필요한 스튜디오 콘셉트를 제공하기 위해 직접 발로 뛰어다니면서 영업을 했다.

그의 사무실에는 그의 좌우명인 볼테르의 명언이 벽에 걸려 있다.

"쓸데없는 자존심은 보잘 것 없는 인간들이 갖고 있다."

이 좌우명이 뜻하는 것은 겁이 많고, 무기력하며, 무능한 사람일수록 체면이나 소문에 구애를 받기 때문에 스스로를 구속하여 실천을 하지 못한다는 것이다. 따라서 실천력을 배양하려면 자존심 따위는 자신의 영업에 있어서 필요치 않다는 것이다. 이런 좌우명을 신조로 하여 자신의 디자인을 영업하는 그는 자신이 고객을 삼고 싶은 사람을 정하면 지속적으로 그를 방문하여 비즈니스를 펼치는 스타일이었다.

한번 고객으로 삼고자 하는 사람이면, 적어도 일주일에 한 번은 계속적으로 방문했고 그런 가운데 어느 고객에게는 3년 동안이나 한 주도 거르지 않고 방문을 했다.

"한두 번 방문한 고객이 저를 신뢰하기는 쉽지 않다는 것을 알고 있습니다. 그래서 저는 고객이 저를 신뢰할 수 있을 때까지 그를 방문해서 저의 제품에 대해 꾸준하게 설명할 수밖에 없었습니다."

어느 고객은 지속적인 방문과 다양한 콘셉트를 제공해도 자신을 신뢰해 주지 않았다.

"미안하네. 이번에도 자네가 가져온 디자인은 별로 맘에 들지 않는걸."

그래도 그는 다음 주에 다른 디자인을 준비하여 고객을 찾아갔고 실패를 거듭해도 또 도전했다. 그러던 어느 날이었다. 웨슨은 그날따라 오기가 발동하였고 예전과는 다른 방법으로 고객에게 설명을 해보기로 마음을 먹었다.

'그래, 고객은 디자인이 마음에 들지 않아서 거절하는 거겠지? 그럼 고객이 원하는 것을 먼저 물어보는 건 어떨까?'

그는 고객이 먼저 자신에게 주문을 하듯이 말을 하도록 질문을 해보기로 하고 고객을 찾아갔다.

"제가 준비한 디자인을 몇 점 가져왔습니다. 이것을 고객님께서 원하시는 대로 완성하기 위해서는 어떻게 해야 하는지 조언을 구하고 싶어서 왔습니다."

그렇게 말을 하자 고객은 잠시 동안 그의 디자인을 유심히 살펴보았다. 그리고 드디어 처음으로 반응이 있는 말을 해주었다.

"이름이 웨슨이라고 했나? 이걸 나에게 며칠만 맡겨 놓고 가게. 지금은 시간이 없으니 나중에 한번 검토해 보지."

며칠 후에 웨슨은 그를 찾아갔다. 그리고 그가 원하는 이야기를 들을 수 있었다.

"자, 그럼 내 생각대로 다시 디자인을 해 올 수 있겠나?"

웨슨은 날아갈 것처럼 기뻤다. 웨슨이 그 고객에게 일을 얻어내기까지 2년이라는 시간이 지났다. 그리고 고객이 원하는 대로 디자인을 완성시키자 그는 흔쾌히 작품을 구매해 주었다. 그리고 그 이후로도 자신이 원하는 디자인 콘셉트를 일일이 얘기해 주면서 일을 맡기기 시작했다. 그 고객은 업계에서 아주 유명한 사람이었다. 그가 웨슨의 디자인을 선택했다는 소문이 나자 웨슨에게는 갑자기 일감이 몰려들기 시작했다. 현재 웨슨은 할리우드에서 가장 유명한 디자인 회사를 운영하는 사장이 되었다.

이 사례를 통해서 우리가 깨달을 수 있는 교훈은 무엇이 있을까? 바로 고객이 원하는 것이 무엇인지를 정확히 알고자 했던 자세이다.

"저는 지난 2년 동안 왜 그가 저의 디자인을 구매해 주지 않았는지를 깨달았습니다. 그 이유는 간단합니다. 저는 그에게 제가 원하는 것을 사라고 한 것이었습니다. 제 입장에서 권유만 한 것이 문제가 되었던 것입니다. 그래서 저는 영업 방법을 완전히 바꾸었습니다. 어떻게 하면 당신이 나의 디자인을 사주겠소?라고 되묻는 방법을 선택했던 것입니다. 그러자 고객이 저의 디자인을 선택했던 것입니다."

사람은 누군가가 자신의 견해를 신뢰하여 어떤 제품이 마치 자기 자신을 위한 것이라는 생각이 들 때 전폭적인 신뢰를 보내준다.

TRUST 13
세일즈에서
신뢰를
얻는 **비결**

고객을 상대로 물건을 파는 일은 쉬운 일이 아니다. 특히 값비싼 전문
장비를 파는 영업은 구매자들의 까다로운 조건들을 모두 맞추어야 하므
로 정말 힘든 일이다. 어떤 경우는 이미 다 성사되었다 싶은 계약이 최종
단계에서 미루어지거나 취소되기도 하고, 어떤 경우에는 초면에서부터
외면을 일삼는 고객 때문에 마음에 큰 상처를 입기도 한다.

엑스레이 장비를 제조하여 병원에 판매하는 회사의 대표 베컴은 신뢰
를 얻는 비결을 통해 규모가 큰 병원에 장비를 판 경험을 데일의 강의 시
간에 이야기했다.

그는 자신이 관할하고 있는 주의 가장 큰 병원이 확장을 하게 되어 신
설병동에 엑스레이 기기가 추가로 필요할 것이라는 정보를 얻고 X선과
의 담당과장을 찾아갔다. 하지만 이미 많은 세일즈맨들이 찾아와서 담당

과장을 지치게 만들어 버린 통에 그는 과장을 만날 기회조차도 갖지 못한 채 돌아와야만 했다. 그 다음 날도 그는 병원을 찾았지만 '면회사절'이라는 과장실 앞의 푯말을 보고 다시 발걸음을 돌려야 했다.

'어떻게 하면 그 과장에게 나의 존재를 알리지?'

베컴은 회사로 돌아오면서 생각하고 또 생각했다.

'이미 다른 회사의 세일즈맨들에게 그 사람은 엄청나게 시달렸을 거야. 그럼 어떻게 한다?'

그는 운전을 하면서 계속 고객의 입장에서 생각해 보고 또 생각했다.

'그래, 내가 과장을 만나지 못한 건 오히려 잘된 일일지도 몰라. 이미 지쳐 있는 고객에게 우리 제품을 설명한다는 것은 과장의 입장에서 생각하면 또 한 명의 영업사원에 불과한 것일 거야. 그러면 어떻게 하면 신뢰를 얻을 수 있을까?'

그는 담당과장의 마음을 읽기 위하여 고민했다. 자기와 같은 입장의 다른 의료장비 제조업체의 영업사원들이 저마다 자기 제품에 대해 칭찬만 늘어놓는 판촉 활동으로 과장을 얼마나 많이 괴롭혔을지에 대해 생각해 보았다.

'그래, 내가 지금 그 사람을 만나는 건 옳지 않아!'

그러자 그의 머릿속에는 자연스럽게 편지가 떠올랐다. 그래서 그는 과장에게 편지를 보내기로 생각했다. 그리고 편지의 내용에는 자사의 제품에 대한 칭찬을 절대로 늘어놓지 않았다. 대신 그가 선택한 것은 엑스레이 기기에 대한 소비자의 생각과 고견을 경청하는 것이었다.

"당사는 언제든지 과장님의 고견을 들을 준비가 되어 있습니다. 최근 새로운 장비를 출시했으나 보다 완전한 제품으로 만들기 위해 과장님께서 저희 회사의 장비를 살펴봐 주시면 고맙겠습니다. 시간만 정해주신다면 언제든 준비된 차를 보내드리겠습니다."

담당과장은 편지를 읽고 깜짝 놀랐다. 그리고 기분이 좋아졌다. 담당과장은 병원에서 실제로 엑스레이를 사용하는 실무자로서 기기에 대하여 바라는 것이 있었던 것이다. 그러나 어느 영업사원도 일방적으로 자사제품에 대하여 자랑만 늘어놓을 뿐 자신의 의견을 청취하고 반영하고자 하는 노력을 기울이지 않았던 것이다. 뿐만 아니라 과장은 편지글을 통해 자신이 "중요한 사람이라는 느낌이 들었다."고 했다.

그는 곧 편지를 보낸 회사로 전화를 걸어 영업 담당자를 바꾸어달라고 했다.

"편지 잘 받았습니다. 오늘 그 장비를 살펴보고 싶은데, 차를 언제 보내주실 수 있는지요?"

과장이 말을 마치자마자 베컴이 대답했다.

"이미 차는 병원 밖에 주차되어 있습니다."

"아니, 정말이오?"

담당과장은 또 한번 놀랐다.

"네, 과장님. 차는 어제부터 대기 중에 있습니다."

"오, 이런! 이렇게 나를 존중해 주는 회사는 처음일세."

과장은 혼자 말을 되뇌며 곧바로 저녁 약속 스케줄을 다시 잡았고 퇴근 시간에 맞추어 엑스레이 회사의 차를 타고 기기를 살펴보기 위해 공장으로 향했다. 공장에서는 이미 신제품을 담당과장에게 선보이기 위한 만반의 준비를 다 끝내 놓았다. 과장은 새로 나온 엑스레이 기기를 소비자로서 처음으로 살펴볼 수 있었다.

엑스레이 회사는 과장의 몇 가지 조언을 토대로 병원에서 실용적 가치를 더해 줄 수 있는 장치를 보완할 것을 약속했다. 과장은 곧바로 그 장비를 베컴의 회사에서 구입할 수 있도록 하겠노라고 약속을 했다.

　며칠 후 베컴은 병원을 방문하여 계약서를 작성하였다. 사무실에서 베컴과 마주 앉은 과장은 아주 만족한 듯한 표정으로 말했다.

　"나에게 물건을 팔려고 노력하는 사람은 많았지만, 베컴의 회사만큼 자신을 고객으로서 존중해 준 회사는 처음입니다."

TRUST 14

황금같이
귀한 **사람**을
만드는 **법**

사람과 사람 사이에 가장 커다란 차이가 있다면 그것은 무엇일까?

대부분의 사람들은 나와 다른 사람의 차이를 가장 많이 느끼는 것으로 용모를 든다. 물론 용모는 일차적으로 나를 다른 사람과 구별하게 해주는 차이점이다. 하지만 나와 비슷한 피부색과 혈통을 지닌 사람이나 같은 민족 가운데는 서로 비슷한 용모를 가진 사람들이 많아서 가장 커다란 차이라고 하기에는 좀 부족해 보인다.

그럼 무엇이 가장 커다란 차이라고 할 수 있을까?

아마도 그건 생각의 차이가 아닐까 한다. 겉으로 보이는 용모의 차이보다 사람의 알 수 없이 깊고 넓은 마음속 생각의 차이는 상상할 수 없을 만큼 인종과 민족의 경계를 뛰어넘어 큰 차이를 가질 수 있기 때문이다.

그러면 신뢰를 얻는 비밀과 생각의 차이는 어떤 연관을 가질까?

여기에는 아주 긴밀하고도 중요한 연관성이 존재한다. 즉 내가 사람들에게 신뢰를 얻고 싶어 할 때마다 가장 힘든 난관으로 부딪치는 것이 있다면, 내가 그 사람과 용모가 다르기 때문이 아니라 바로 '생각이 다르기 때문'이다. 즉 사람들은 자신과 생각이 같은 사람에게는 쉽게 신뢰를 주지만, 자기와 생각이 다른 사람에게는 신뢰는커녕 그의 의견을 인정하기도 어려워할 때가 많기 때문이다. 그렇다면 우리는 나와 생각이 다른 사람에게 신뢰를 얻기 위해 어떻게 해야 할까?

그 사람의 심리를 파악하는 것이 중요하다. 그럼 사람의 심리를 간파하는 가장 좋은 방법은 무엇일까?

우선 자기 자신의 심리를 잘 분석해 보는 데서 시작할 수 있다.

'내가 이런 말을 하면 저 사람은 어떤 반응을 보일까?'라는 생각을 하고 있다면, 상대방의 관점에서 똑같이 그 말을 해보기 바란다.

내가 생각했던 것을 상대방도 생각하고 있다는 점, 거기에 상대의 마음을 알 수 있는 심리적 경계선이 있는 것이다. 그럼 이제는 그 경계선을 마음대로 왔다 갔다 할 수 있기만 하면 된다. 이는 다른 의미에서, 다른 사람의 생각이 전부 틀릴지도 모른다는 생각을 하는 것이다. 그런데 상대방도 그렇게 생각을 한다는 것이다. 따라서 거꾸로 보면, 다른 사람의 생각이 전부 맞을지도 모른다는 것을 의미한다. 결국 나의 이야기가 모두 맞을지도 모른다는 점이기도 하다.

여기서 사람들은 한 가지 관점을 갖게 된다. 자신의 관점에 서 있거나 아니면 자신의 관점을 조금 접고 상대의 관점에 서는 것 둘 중 하나를 지속적으로 왔다 갔다 하기를 반복하면서 어떤 판단과 선택을 한다는 것이다.

결론적으로 말하면, 다른 사람에게서 신뢰를 얻고자 한다면 철저하게 상대방이 나에 대해 생각할 만한 생각들까지도 고려하여, 그 사람의 생각에 영향을 미치지 않으면 안 된다는 것이다. 왜일까?

그건 어떤 사람이 자기 방식대로 생각하고 행동하는 데에는 모두 심리적인 원인이 있기 때문이다. 따라서 분석적으로 보면, 상대방이 왜 그런 생각을 주장하고 행동하는가에 대해 그 이유와 원인을 먼저 알아보는 것이 상대에게 신뢰를 만드는 첫걸음이다.

이러한 과정을 통해 우리는 상대가 어떤 사람일지라도 그의 생각과 행동을 분석적으로 이해함으로써 그를 이해할 수 있으며, 그에 따라 반응을 보여줌으로써 상대방의 신뢰를 얻어낼 수 있는 것이다. 이런 관점을 가장 쉽게 표현한 말이 바로 "상대방의 입장에서 생각해 보자."라는 말이다.

우리가 다른 사람의 심리적 판단과 그 이유는 어디에서 기인하는 것인지에 대해 관심을 갖는다면, 그가 아무리 나와 다른 생각을 하고 다른 행동양식을 갖는다 할지라도 그의 신뢰를 얻어낼 비결이 있는 것이다.

데일은 《황금같이 귀한 사람을 만드는 법》이라는 책의 저자인 케네스 구드의 이야기를 소개한 적이 있다.

케네스는 우리에게 중대한 시기마다 자신을 명확히 관찰해 보기를 권한다.

- 중요한 선택을 해야 할 때
- 다른 사람에 대해서 어떤 중대한 판단을 해야 할 때

우리는 자기 자신에 대해 냉정히 관찰해 볼 수 있어야 한다는 것이다. 그리고 이와 마찬가지로 이런 관찰력을 자기 자신뿐만 아니라 상대방에게도 똑같이 가져보기를 권한다. 그럼 나 자신은 다른 사람과 똑같다는 생각을 갖게 된다는 것이 그의 결론이다.

이는 마치 나와 생각이 다른 상대방의 뇌 구조를 이해하고 그 사람은 왜 이런 생각을 할 수밖에 없었는가를 이해하는 것과 같다.

데일은 이런 연구결과를 통해 우리들 역시 누군가와 든든하고 깊은 인간관계를 형성할 수 있다는 것을 증명해 보였다. 즉 인간관계에서 신뢰를 얻는 비결은 '다른 사람의 입장에 서서 그를 이해하려고 하는 마음가짐'에 달려 있다는 사실을 깨닫게 되는 데서 시작한다고 말이다.

데일은 자신의 인간관계 개선 프로그램 강좌를 통해 서양의 위대한 학자나 정치가 및 철학자들의 교훈과 어록을 소개하여 다양한 사례와 그 안에서 깨달은 인류의 지혜를 통해 많은 사람들이 신뢰받는 존재가 될 수 있도록 노력해왔다. 그는 또한 서양의 지혜뿐만 아니라 동양의 지혜에까지 두루 섭렵하여 2,500여 년 전에 중국의 현자로 통하는 노자의 지혜까지도 수강생들에게 전해 주고 있다.

노자는 자신의 정치사상을 통해 우리들이 어떻게 하면 자신을 낮추면서도 상대에게서 신뢰와 덕망을 얻을 수 있는가에 대해 '물(水)의 비유'를 통해 깨달음을 주었다.

노자는 말했다.

"우리는 다른 사람의 위에 서고 싶어 하는 욕망을 갖고 있지만 정말로 다른 사람의 위에 서고자 한다면 오히려 다른 사람의 아래에 존재할 수 있어야 가능하다."

산에서부터 시작하는 시냇물은 끊임없이 아래로 흘러간다. 그리고 보다 큰 강에 제 모든 걸 다 바치고 더 큰 바다를 만나면 바다에 모든 것을 다 바친다. 결국 시냇물이 자신을 다 바치기 위해서는 강은 시냇물보다 아래에 있었던 것이고, 바다는 강보다 아래에 존재했던 것이다.

노자는 다른 사람의 위에 있고자 하는 사람은 그 아래에 있어야 하고, 다른 사람 앞에 서고자 하는 사람은 그 사람 뒤에 서야 하는 법이라고 가르침을 준다.

노자의 가르침을 통해서 우리가 누군가에게 신뢰를 받고자 한다면 우리는 어떠한 자세를 취해야 할까?

우리는 상대의 마음에 서 있어야 하고, 상대의 눈과 마음으로 나 자신을 바라보는 관점이 필요하다는 것을 잊지 말아야 한다. 이러한 처세가 당신을 신뢰하게 만들 수 있는 비결이 될 수 있다는 것을 잊지 않기를 바란다.

PART 7

사람의 심리 안에
숨겨진 신뢰

〈상대에게 신뢰를 얻어내기 위한 비결〉

첫 번째, 내가 만나는 상대방이 나에 대해서
어떤 인상을 갖고 있는지를 생각해 보아야 한다.
즉 정직성, 미래성, 진취성, 자신과의 업무 협조 가능성에
대해 어떤 정보를 갖고 있는지에 대해서
당신이 먼저 생각해 보아야 한다는 것이다.

두 번째, 상대방이 갖고 있는 생각이나 이미지에
비추어 볼 때, 나는 어떤 대답을 준비하여
상대방이 나로 하여금 어떤 생각과 이미지를 갖도록
만들 것인지에 대해 생각해 보아야 한다는 것이다.

세 번째, 위의 두 가지 전제를 통하지 않고서는
절대로 상대방과의 섣부른 만남은 금물이라는 것이다.
즉 그런 준비가 되어 있지 않다면, 조금은 여유를 가지고
오늘 당장의 급조적인 만남을 뒤로 미루는 것이
도움이 된다는 것이다.

* * * * *

사람은 누구나 자기가 좋아하는 것에만 흥미를 갖게 마련이다.

사람의 마음을 움직여 신뢰를 얻으려면 누구든지 자신이 원하는 것 외에

어떤 것에도 관심을 두지 않는다는 점을 염두에 두어야 한다.

상대방이 좋아하는 것을 거론하고 그것을 손에 넣는 방법을 가르쳐 주는 것이 신뢰를 얻는 최선의 요령이다.

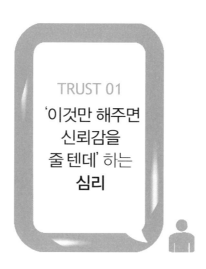

TRUST 01
'이것만 해주면
신뢰감을
줄 텐데' 하는
심리

여자들이 남자들에게서 바라는 마음 중에는 '이것만 이해해 주면 좋겠는데.'라거나 '다른 건 몰라도 이것만은 좀 기뻐해 주고 나를 인정해 주었으면 좋겠는데.'하는 바람이 있다.

대부분의 경우를 통해서 볼 때, 여자들이 남자들에게 바라는 것은 특별하다거나 지나친 것이 별로 없다. 특히 사랑하는 애인이나 아내의 경우라면 자신이 믿고 사랑하는 남자나 남편에게 바라는 것이 매우 소박하며 일상적인 것이라는 것을 알 수 있다.

하지만 남자들은 여자들이 '이것만이라도 좀 알아줬으면…….'하는 마음을 쉽게 이해하거나 포착하지 못한 채 그냥 무덤덤하게 넘기는 경우가 많다.

사실 여자들은 큰돈이나 명예나 과시욕을 바라지 않음에도 불구하고 남자들의 무관심 때문에 오히려 남자에 대해 신뢰하기를 더욱 꺼려하거나 주저하게 됨은 물론 불신의 씨앗까지도 잉태하고 마는 것이다.

　뉴욕의 한 마을에 살고 있던 샘 더글러스는 아내와 함께 4년 전에 지금 살고 있는 잔디가 깔린 정원이 있는 집으로 이사를 왔다. 샘은 아내가 잔디 정원 꾸미는 것을 좋아한다는 것을 알고 있었음에도 불구하고 그녀가 얼마나 많은 시간을 잔디 꾸미기에 열중하고 있는지에 대해서는 무관심했다. 아침에 출근을 하고 저녁에 퇴근을 하면서도 낮 동안 잔디 정원이 어떻게 변했는지에 대해서도 별로 관심이 없었다.

　"당신, 오늘 정원이 뭔가 달라진 것이 없어 보여요?"

　자신이 열심히 정원을 꾸며 놓은 것을 남편이 알아주기를 바라던 아내는 종종 질문을 던져 보지만 그럴 때마다 남편의 대답은 한결같았다.

　"뭐가 달라졌단 거지, 정원은 그대로인걸."

　처음 몇 번은 이런 말을 들을 때마다 그냥 넘어가고는 했던 아내도 그런 말이 자꾸 반복되자 점점 남편의 무관심에 짜증이 나기 시작했다. 그녀는 남편이 출근을 하면 친구와 전화통화를 하면서 남편에 대한 불평을 늘어놓았다.

　"글쎄 말이야. 내가 잡초를 뽑는 일을 거들어달라고 하기나 하니, 아니면 잔디 깎는 일을 도와달라고 하니? 그런데도 우리 남편은 내가 얼마나 열심히 잔디 정원을 관리하는지 모르지 뭐니."

　불평은 다음 날도 계속 되었다. 이윽고 어느 주말에 큰 다툼이 일어나게 되었다. 주말 오전에 일찍 일어난 남편은 어제 저녁에 퇴근했을 무렵 아내에게 했던 말을 가장 먼저 떠올렸다.

　"여보, 내일 오전에 테니스 모임 있으니 6시에 깨워 줘."

　어제 저녁 남편은 집에 도착하자마자 정원에서 잔디를 다듬고 있는 아내에게 큰 소리로 말했던 것이다.

"어, 당신 왔어요……. 알았어요."

아내는 남편의 말에 무심코 대답을 했다. 그런데 남편은 아침에 일어나 시계를 보고 나서야 '이런! 1시간이나 늦었는걸!'하고 부랴부랴 옷을 챙겨 입었다. 그리고 아내를 찾았다. 그러나 아내는 정원에서 열심히 잔디를 손질하고 있는 중이었다.

"아니, 여보! 오늘 아침 테니스 모임……."

아내는 잔디 깎는 일을 멈추고 남편에게 물었다.

"뭐라고요?"

"오늘 테니스 모임이 있다고 어제 말하지 않았소."

"아니, 당신이 언제요? 처음 듣는데요?"

남편은 화가 났다.

"아니, 여보. 당신은 왜 내 말을 그렇게 소홀하게 듣지? 정말 기분이 좋지 않군."

그러자 아내는 그동안 마음속에 숨겨 두었던 이야기를 꺼내기 시작했다.

"제가 당신을 신뢰하지 않게 만든 건 당신이 먼저라고요!"

남편은 울음 섞인 아내의 이야기를 들어야만 했다.

"당신은 내가 얼마나 잔디 정원에 관심을 갖고 애정을 쏟는지 전혀 관심 밖이잖아요. 그리고 내가 정원에 쏟는 시간이 너무 많다고 화를 내기도 했고요. 그건 기억이 안 나세요?"

아내의 불평을 들으면서 남편은 곰곰이 자신을 돌아보기 시작했다. 자신이 버릇처럼 아내에게 불평을 늘어놓았던 사실을 깨닫게 되었다.

'이런, 내가 아내에게 너무 무관심하고 냉대했던 것이 사실이었네.'

남편은 자신이 아내의 취미생활을 알아주지도 못하는 그런 남편이 된 모습이 부끄러워졌다. 아내가 그렇게 남편의 무관심을 지적하지 않았다면 어떻게 되었을까?

남편은 자신이 아내에게서 신뢰받지 못하는 남편이라는 것과 아내의 가슴에 남편을 향한 원망과 실망의 마음을 모르는 채 서로를 존중하지 않는 부부생활이 계속 이어지지 않았을까?

남편은 이러한 자신의 잘못을 인간관계 개선 프로그램 강좌에 나와서 고백하면서 아내가 최소한 인정하고 이해해 주기를 바라는 것이 있다면 남편은 그에 응해야 한다고 말했다.

그 후 샘은 여러 해 동안 자신이 얼마나 아내에게 무관심했던가를 깨닫고 아내가 잔디 정원 꾸미는 일을 얼마나 좋아했는지에 대해 생각해 보았다.

샘은 아내가 정원을 가꾸는 일에 얼마나 많은 애정을 쏟았는지, 그걸 인정하고 격려해 주는 남편이 얼마나 그리웠을까를 생각하면서 깊은 반성을 하게 되었다. 그 일이 있은 후, 어느 날 저녁이었다.

식사를 끝내자 아내가 남편에게 말했다.

"여보, 우리 산책 삼아 정원을 좀 거닐까요?"

그러자 남편은 평소와 다르게 아내에게 이렇게 말했다.

"여보, 산책이 아니라 잔디에 잡초를 뽑으러 나갑시다."

남편은 달라졌다. 주말이 되면 이젠 망설임 없이 아내와 함께 정원을 가꾸는 일을 거들었다. 남편의 이러한 변화로 인하여 어떤 현상이 벌어졌을까?

아내는 자신이 정성들여 가꾸는 정원을 함께 돌보는 남편을 보며 행복한 미소를 지었다. 미소가 가득한 아내의 얼굴을 바라보면서 남편은 행복했다. 남편은 다음과 같이 고백했다.

"아내가 알아주기 원하는 것을 알아차렸을 때 아내는 남편에게 무한한 신뢰감을 보냅니다."

상대방이 알아주기를 원하는 것이 무엇인지에 대해서 관심을 가질 수 있다면 그에게서 신뢰감을 쌓는 비결은 이미 우리 안에 있다는 사실을 명심할 필요가 있다.

아내는 친구와의 전화통화에서 남편에 대한 찬사를 늘어놓기 시작했다.

TRUST 02
귀인을
만드는 비결

우리는 스스로 생각해 보아야 한다.

"나는 과연 누구를 만나서 그와 어떤 주제로 대화를 나누든지 그 사람의 심리를 먼저 읽을 수 있는 능력이 있을까?"

만일에 당신이 어떤 거래처 사람과 사업 관계로 만나게 되거나, 직장에서 근무하면서 거래처 사람이 방문을 하여 어떤 제안이나 요청을 해올 때, 상대가 원하는 것은 무엇이고, 거기에 대해서 내가 이야기를 하거나 제안을 할 때 상대방은 어떻게 반응할 것인가에 대해서 먼저 생각하고 그를 대할 수 있다면 어떤 일이 벌어질까?

아마도 당신은 남들이 10시간이면 처리할 일을 1시간에 처리할 수 있을 것이다. 왜냐하면 모든 사업은 인간관계를 통해 이루어지고 그 관계의 돈독함은 더욱 커다란 결과를 가져다주기 때문이다. 게다가 그 관계에서 당신이 상대방의 마음을 읽고 그의 일거수일투족까지도 배려하는 매너를 지니고 있다면 더욱 신뢰관계는 두터워질 것이 분명하다. 과연 그런 비결은 어디에서 나오는 것일까?

데일은 우리들에게 세계적인 경제학자인 제럴드 박사의 이야기를 들려주고 있다.

제럴드 박사는 자신의 저서 《귀인을 만드는 비결》에서 수많은 면접이나 인터뷰 또는 사업에서의 협상이나 심지어 아이와 부모 간의 대화는 물론 친구나 연인, 동료들 간의 관계에서 이뤄지는 모든 만남에서 '상대에게 신뢰를 얻어내기 위한 비결'로써 몇 가지 지침을 제시해 주고 있다.

첫 번째, 내가 만나는 상대방이 나에 대해서 어떤 인상을 갖고 있는지를 생각해 보아야 한다. 즉 정직성, 미래성, 진취성, 자신과의 업무 협조 가능성에 대해 어떤 정보를 갖고 있는지에 대해서 당신이 먼저 생각해 보아야 한다는 것이다.

두 번째, 상대방이 갖고 있는 생각이나 이미지에 비추어 볼 때, 나는 어떤 대답을 준비하여 상대방이 나로 하여금 어떤 생각과 이미지를 갖도록 만들 것인지에 대해 생각해 보아야 한다는 것이다.

세 번째, 위의 두 가지 전제를 통하지 않고서는 절대로 상대방과의 섣부른 만남은 금물이라는 것이다. 즉 그런 준비가 되어 있지 않다면, 조금은 여유를 가지고 오늘 당장의 급조적인 만남을 뒤로 미루는 것이 도움이 된다는 것이다.

제럴드 박사가 우리에게 이렇게 조언을 하는 이유는 상대가 우리에게 신뢰를 얻도록 하기 위해서는 반드시 상대를 고려한 나 자신의 명확한 이미지 전달 능력이 준비되어야 한다는 것을 말한다.

이는 연애를 할 때도 마찬가지이다. 처음에는 서로의 모든 것이 새롭고 경이로운 것이 연애심리이다. 사랑에 깊이 빠진 남녀는 하루가 멀다 하고 서로 편지를 쓰고 전화를 하며 만나게 된다. 하지만 연애 초기의 이러한 특수적 현상의 거품이 빠지기 시작하는 순간부터, 단 한 번의 만남이라도 소중히 여기지 않는다면 나에 대한 이미지는 순식간에 바뀌어 버릴 수 있다는 것이다.

제아무리 상대방이 나에 대해서 좋은 이미지를 갖고 있다고 하더라도 그 좋은 이미지나 생각 또는 관점을 단번에 깨뜨릴 수 있는 일은 나와의 만남에서 얻게 되는 '단 한 번의 실망-자신이 예상했던 것과 다름'에서 나오기 때문이라는 것이다.

특히 제럴드 박사는 우리가 상대방과 만남을 가졌을 때 반드시 명심할 것이 있다고 한다. 즉 상대방이 나를 신뢰하도록 만드는 협력심을 유발시키라는 것이다.

그 비결은 대화를 할 때 상대의 생각이나 감정을 자신의 생각이나 감정처럼 느껴주고 있는가 아닌가에 달려 있다고 한다. 여기서 대화의 주제는 상대방이 원하는 방향으로 제시되어야 한다. 물론 상대방이 그 주제에 대해 자신이 원하는 방향으로 당신이 의견을 피력하기를 바란다면 실제로 그렇게 해주어야 한다고 말한다. 그러면 상대방은 당신의 의견을 너그럽게 수용할 마음이 생겨난다는 것이다.

데일이 들려주는 사례 중 미주리 주의 세인트루이스에서 피아노를 가르치고 있는 조지 노리스의 이야기가 있다.

이 이야기는 한 피아노 선생님이 10대 소녀를 가르칠 때 흔히 마주치는 여러 가지 문제점을 그가 어떻게 지혜롭게 해결해 나갔는지를 잘 보여주는 사례이다.

대체로 10대의 소녀들은 피아노 선생님을 대할 때 얼마나 실력이 출중한 사람인지를 먼저 판단한다고 한다.

'이 선생님은 나를 얼마나 훌륭히 가르쳐 주실 수 있지?'

만일에 선생님의 실력이 자신이 판단하기에 다른 선생님보다 형편없어 보인다든지 하면 선생님에게 골탕을 먹이거나 선생님의 지시를 따르지 않고 삐딱하게 나아가는 습관을 보인다.

아이들이 이런 양상을 보이는 이유를 들어 교육학자 포트 필레이는 부모가 자신에게 애정을 가져주기를 바라는 마음으로, 부모의 말을 듣지 않으려고 하는 심리가 선생님에게 나타나는 양상으로써 선생님을 끊임없이 시험대에 올려놓아 그 실력을 확인하고 싶은 욕구 및 그로 인한 배움의 열정을 향한 과도적 준비과정이라고 해석한다.

어느 날 조지는 한 10대 소녀를 면담하게 되었다. 소녀는 피아니스트가 되는 것이 소망이었고, 그녀의 어머니 역시 조지의 명성을 듣고 자동차로 1시간 40분이나 되는 거리를 달려 왔다.

조지는 첫 면담에서 여러 가지 상황에 대해 질문을 했고 소녀와 어머니의 각오는 물론 예전에 가르치던 선생님의 추천서까지 받아볼 수 있었다. 마지막으로 소녀의 실력을 가늠해 보기 위해 테스트를 실시했다. 그런데 피아노 앞에 앉은 소녀가 건반을 두드리는 소리에서 예사롭지 않게 미끄러지는 느낌을 받았고 조지 선생님은 그 원인이 그녀의 너무 길게 기른 손톱 때문이었던 것을 알았다.

"애야, 손톱을 아주 예쁘게 길렀구나. 근데 건반을 두드릴 때 불편한

점은 없니?"

조지 선생님은 소녀가 더 훌륭한 연주자로 성장하기 위해서는 손톱을 잘라야 한다고 생각했지만 단도직입적으로 손톱을 자르라고 말을 하지 않고 그렇게 말했다.

"제 손톱이오? 손톱이 연주랑 무슨 상관이죠?"

소녀는 당돌하게 대꾸를 하고 옆에 있던 엄마를 쳐다보았다. 그러자 아이의 눈빛에서 약간의 경계심을 읽은 그녀의 어머니도 선생님을 바라보며 은근히 물어왔다.

"아이의 손톱이 뭐가 문제인가요?"

그러자 조지 선생님은 곧바로 쇼팽의 악보를 가져다가 소녀가 앉은 피아노 앞에 펼쳐 놓았다.

"녹턴 곡을 한 번 연주해 보렴."

소녀는 씨익 웃으며 말했다.

"이 곡은 제가 자주 연주하는 곡이에요."

소녀는 쇼팽의 녹턴 연주곡을 연주하기 시작했다. 그런데 연주가 진행되는 부분에서 조지 선생님이 말을 걸었다.

"잠깐, 그 부분을 다시 연주해 보렴."

"어디요?"

"방금 그 트릴이 가미되는 소절을 다시 연주를 해보겠니?"

소녀가 연주를 하는 건반에서는 손톱을 너무 길게 기른 탓에 건반 소리와 함께 부딪치는 손톱의 소리가 섞여 났던 것이다.

"손톱의 소리가 트릴 소리에 섞여 소리를 내는구나."

그때서야 소녀의 어머니는 낌새를 알아차리는 듯한 눈빛이었다.

"하지만 괜찮단다. 지금은 그게 중요한 건 아니니까. 그래도 네가 보다 더 훌륭한 연주자가 되기 위해서는 네 연주를 듣는 청중들에게 맑고 깨끗한 음을 연주해 주어야 하지 않겠니?"

소녀는 고개를 숙인 채 생각하는 표정이었고 옆에 있던 어머니는 고개를 끄덕이며 수긍을 했다. 조지 선생님은 소녀의 예쁘게 기른 손톱을 바라보며 말했다.

"정말 아름답게 손질했구나. 근데 이 아름다운 손톱이 너의 훨씬 아름다운 연주를 방해한다면, 네가 보다 훌륭한 연주자가 되는데 조금은 아쉽지 않겠니?"

선생님은 결코 강요하지 않았다.

"그럼 오늘 집에 돌아가서 한번 생각해 보렴? 넌 참 연주를 잘하는 아이구나. 손톱도 아름답고……."

그날은 그렇게 소녀를 돌려보냈다. 그리고 다음 주에 소녀는 레슨을 받으러 왔다. 소녀가 왔을 때 선생님은 가장 먼저 손톱으로 눈길이 갔다. 소녀의 손톱은 말끔히 손질이 되어 있었다. 손톱을 깎고 매니큐어도 모두 지운 채로 왔던 것이다. 조지 선생님은 소녀의 손을 잡아 주면서 말했다.

"넌 역시 훌륭한 연주자가 될 자질이 있는 아이구나. 자, 오늘 레슨을 시작해 볼까?"

그날의 레슨은 아주 성공적으로 끝이 났다. 소녀는 선생님의 말씀에 스스로 생각하고 선택하여 손톱을 자르고 온 것이었다. 레슨이 끝나고 소녀를 돌려보낸 선생님은 곧바로 어머니에게 전화를 걸었다.

"어머니께 감사드려요. 아이가 오늘은 손톱을 잘 손질하고 왔더군요."

어머니는 오히려 선생님께 더 감사했다.

"예전의 선생님은 그 손톱을 자르지 않는 한 널 가르칠 수 없다고 화를 내기도 했었습니다. 근데 조지 선생님은 아이가 스스로 생각하게끔 잘 인도해 주셨어요. 결코 아이에게 손톱을 자르라는 명령을 하지 않으셨잖아요? 제가 너무 감사드립니다."

소녀는 보다 훌륭하게 쇼팽의 녹턴 부분 중 트릴 부분을 연주하기 위해서는 '손톱을 잘라야 하는구나.'하는 생각을 하게 되었던 것이고, 이것은 쇼팽의 녹턴 곡뿐만 아니라 앞으로 더 훌륭한 피아니스트가 되기 위해서도 손톱을 잘라야 한다는 것을 깨닫게 해 준 것이었다.

상대방이 생각하고 있는 것에 대하여 조지 선생님은 강한 동기를 부여해 줌으로써 상대에게서 얻고자 하는 신뢰감을 동시에 얻게 된 것이다.

상대의 심리, 즉 '선생님은 분명히 내 손톱이 맘에 들지 않으시겠지?'라고 하는 소녀의 생각에 '손톱은 너의 연주 실력이 향상되는 데 방해를 주는구나.'라는 새로운 가치의식을 심어줌으로써 소녀가 선생님에게 갖고 있던 경계심을 풀어주고, '정말 나를 위해 조언하시는 선생님이구나.'라는 신뢰감을 심어줄 수 있었던 것이다.

TRUST 03

자신의
단점을 깨달아
꾸준히 **개선해**
나가야 **한다**

스스로 자연스러운 화술을 구사한다고 믿는 한 정치가가 국회의원에 당선이 되었다. 그는 선거에서 승리한 이유가 자신의 자연스러운 화술이 국민들에게 친근감과 신뢰감을 심어주었기 때문이라고 생각했다.

그러던 어느 날 한 노인이 성공적으로 연설을 끝내고 내려오는 그에게 이렇게 물었다.

"의원님은 언제나 그런 투로 연설을 하십니까?"

"그게 무슨 말입니까?"

노인의 말을 이해하지 못한 의원이 되물었다.

"의원님의 연설은 너무 힘이 들어가서 자연스럽게 느껴지지 않아요."

이제까지 자연스러운 화술을 구사한다고 믿었던 그는 노인의 말에 깜짝 놀라고 말았다.

남의 허물은 잘 보여도 내 허물은 잘 보이지 않는 법이다. 위 사례의 정치인처럼 대부분의 사람들이 자신이 어떤 식으로 말을 하는지 잘 모른다. 누군가가 지적해 줄 때야 비로소 자신의 말하기에 문제가 있음을 깨닫는다.

말을 잘하려면 자신의 화술에 대한 장단점을 명확하게 파악해야 한다.

자신이 어떤 식의 화술을 구사하는지도 모르면서 말하기 실력을 늘린다는 것은 어불성설이다. 이는 마치 구구단을 모르면서 수학을 배우려는 것과 같다.

자신의 화술을 파악하려면 다른 사람의 조언을 듣는 것이 가장 좋지만 매번 물어볼 수 없으므로 한계가 있다. 스스로 점검하는 것이 실천하기에도 편하고 현실적으로도 무리가 없다.

스스로 점검하는 방법 중에 가장 좋은 것은 녹음기를 이용하는 것이다. 녹음기에 녹음된 자신의 말을 듣는다면 장단점을 쉽게 파악할 수 있다.

화술에 능한 사람과 그렇지 못한 사람의 장단점은 별반 차이가 없다. 장단점을 얼마나 빨리 명확하게 파악하고 장점화하느냐에 따라 화술 실력이 달라진다.

따라서 상대방의 마음을 사로잡고 신뢰를 얻고 싶다면 효과적인 화술을 구사하고 자신의 화술에 점수를 매겨보는 것이다. 그리고 부족한 부분을 노력과 연습으로 채워 넣으면 된다. 그러면 언젠가 상대방을 효과적으로 설득하고 있는 자신을 만나게 될 것이다.

그리고 목소리는 상대방의 마음을 사로잡는 데 결정적인 역할을 한다. 따라서 뛰어난 화술을 구사하려면 목소리 표현에도 관심을 기울여야 한다.

사람들은 상대방에게 자신의 의견을 전달할 때 말뿐만 아니라 제스처,

표정, 음성 등 여러 가지 표현 수단을 사용한다. 때로는 수천 마디의 말보다 어깨를 한 번 으쓱해 보이는 것이 더 많은 의미를 전달하기도 한다.

제스처, 표정, 음성 등은 정신과 감정의 상태에 따라 큰 영향을 받는다. 특히 음성은 심리상태를 그대로 반영한다.

매사에 자신감이 없고 소극적인 한 여학생이 있었다. 그녀는 매번 발표를 할 때마다 답답하다는 느낌이 들 만큼 개미 목소리로 자신의 의견을 얘기하고는 했다.

그러던 어느 날 담임선생님은 아이들에게 자신이 좋아하는 음악에 대해 자유롭게 발표할 수 있는 시간을 마련해 주었다. 신이 난 아이들은 자신이 좋아하는 음악에 대해 열정적으로 발표를 했다. 아이들은 열의를 가지고 흥미롭게 발표를 하는 친구들의 이야기에 집중하며 열렬한 호응을 보냈다.

그런데 소극적인 여학생이 발표할 차례가 되자 아이들의 집중력은 순식간에 떨어졌다. 그녀의 이야기가 지루하다는 것을 이미 잘 아는 아이들은 속으로 여학생의 발표가 빨리 끝나기만을 바랐다.

그러나 그녀가 이야기를 시작하자 아이들은 깜짝 놀라지 않을 수가 없었다. 평소 개미 같은 목소리로 소극적으로 발표를 하던 여학생이 당당하고 큰 목소리로 자신이 좋아하는 음악에 대해 열정적으로 이야기하는 것이 아닌가.

항상 자신감 없는 목소리로 발표를 하던 여학생이 자신감 넘치는 목소리로 말하게 된 이유는 무엇일까? 그녀는 소극적인 자신을 돌아보고 어떤 화제를 전제로 수없이 연습을 한 결과였다. 마침내 자신이 발표할 기회가 오자 그 여학생은 내면에 자신감으로 충만해 아무 거리낌 없이 발표를 할 수 있었던 것이다.

사람은 누구나 장단점을 가지고 있다. 따라서 자신의 단점이 무엇인지 정확하게 깨달아 꾸준히 이를 개선해 나가면 목소리에 자신감이 넘치게 된다. 따라서 청중 앞에 서기 전에 미리 화제를 준비해 두는 것은 물론 자신의 장단점을 파악해 단점은 미리 보완해두어야 한다.

힘차고 부드러운 목소리는 사람들을 보다 효과적으로 설득할 수 있고 저절로 신뢰하는 마음이 우러나오게 한다. 목소리에 힘이 실리지 않으면 사람들은 이야기하는 내용이 진실이라 하더라도 강한 신뢰감을 갖지 못한다.

그러므로 상대가 나를 믿고 따르게 하기 위해서는 목소리 표현에도 관심을 기울어야 한다. 이를 간과하면 원하는 목적을 달성하는 데 큰 어려움을 겪는다.

TRUST 04
적절한 **실례**는 강한 **믿음**을 준다

우리는 심심치 않게 서점이나 가판대에서 A4 반장 크기만한 잡지책을 보게 된다. 《리더스 다이제스트》 등의 종합교양지는 다른 잡지에 비해 대부분 엄청난 발행 부수를 자랑한다. 왜 그럴까?

다른 잡지에 비해 가격이 저렴한 이유도 있지만 기사들이 한결같이 '이야기'식의 문체로 쓰여 있고, 숱한 일화로 장식되어 있기 때문이다. 말하기도 이와 같아서 일화를 섞어 가며 말을 하면 사람들이 훨씬 흥미로워 할 뿐만 아니라 말하는 사람에게 한없는 신뢰를 갖게 되는 것이다.

라디오와 TV에서 수많은 사람들의 사랑을 받고 있는 어느 유명한 사회자가 한 잡지사와의 인터뷰에서 이런 말을 한 적이 있다.

"사실이 뒷받침된 실례만이 주제를 명확하게 하고 듣는 사람으로 하여금 흥미를 느끼게 하여 설득력을 지니는 것은 물론 말하는 사람에게 믿음과 신뢰를 갖게 한다."

《사람을 움직이는 법》이라는 책에서 그 원리만을 뽑아 열거한다면 아마 한 페이지 반 정도의 분량밖에 되지 않을 것이다. 그 나머지는 어떻게 하면 이 법칙들을 유효하게 활용할 수 있을 것인가에 대한 이야기, 즉 실례로 채워져 있다.

하지만 아무리 좋은 실례가 있어도 이를 제대로 활용하지 못하면 소용이 없다. 실례를 요긴하게 사용하기 위해서는 다음에 제시하는 규칙을 지켜야 한다.

첫째, 인간미를 불어 넣는다.

예를 들어 성공의 비결에 대한 실례가 있다면 근면, 인내심, 추진력 등의 추상적인 단어를 나열하기보다는 실례 속에 등장하는 주인공의 성격, 과거와 현재, 중요한 사건 등 한 사람의 인생을 이야기하듯이 세밀하게 묘사해야 설득력이 높아지고 믿음을 갖게 한다.

둘째, 자신의 환경이나 경험을 적극적으로 활용한다.

인간미를 불어 넣고 실례를 구체화하는 것은 말하는 사람의 경험이다. 대다수의 사람들이 자신의 경험을 토대로 실례를 드는 것이 적당하지 않다고 생각하는데 이것은 고정관념이다. 듣는 사람이 개인적인 이야기에 반감을 품을 때는 지나치게 도전적이거나 자기중심적일 때뿐이다.

셋째, 이름을 써서 이야기를 구체화한다.

불가피하게 익명을 써야 할 경우를 제외하고 실례 속에 등장하는 인물은 가급적 실명을 거론하는 것이 이야기의 생동감을 살리는 데 도움이 된다. 예를 들어 '그 사람', '그는'이라고 하지 말고, '스미스 씨' 또는 '마이클 씨'라는 식으로 이름을 쓰는 것이 훨씬 설득력이 있다. 이름 속에는 인간의 관심을 잡아끄는 강력한 힘이 숨어 있기 때문이다.

넷째, 세부적인 것을 확실히 밝힌다.

실례가 사실감을 띠려면 세부적인 사항을 확실하게 밝혀야 한다. '언제? 어디서? 누가? 무엇을? 어떻게? 왜?'라는 6하 원칙에 따라 구체적으로 말을 하면 실례는 생명력을 얻고, 말하는 사람을 믿게 된다. 단 구체적인 말하기에 집중한 나머지 말을 남발해서는 안 된다. 지나치게 말을 많이 하면 점점 사람들이 흥미를 잃게 되어 무관심해하거나 흥미를 잃게 된다. 더 중요한 것은 사람들로부터 신뢰조차 얻지 못한다는 것이다.

다섯째, 대화를 넣어 이야기를 극적으로 만든다.

실례를 들 때 직접적인 대화 내용을 인용하면 극적인 효과를 살릴 수 있다. 예를 들어 단골손님 찰스가 지난주 일요일에 배달한 세탁기가 작동되지 않는다며 머리끝까지 화가 나서 찾아왔다는 일화가 있다면 이것을 단골손님 찰스가 성난 얼굴로 들어와 앉으라고 권할 틈도 없이 이렇게 말했다. "이봐, 자네가 판 세탁기는 형편없어. 그 따위 세탁기를 팔다니. 두 번 다시 이 가게에서 물건을 사지 않을 걸세. 당장 트럭을 보내 그 세탁기를 실어가게."라며 대화를 넣어 실감나게 표현하는 것이다. 만약 흉내를 잘 내는 재주가 있다면 그 효과는 더 커질 것이다.

여섯째, 온몸을 이용해 시각화한다.

사람이 얻는 지식의 85% 이상은 눈을 통해 받아들여진다는 말이 있을 만큼 실례를 시각화하는 것은 중요하다. 가령 골프 치는 방법에 대해 얘기를 할 때 설명과 함께 여러 가지 몸동작을 보여준다면 사람들은 보다 쉽게 이해할 수 있을 것이다. 덧붙여 보편적인 이야기라도 인간미가 듬뿍 담겨 있는 일화가 가미되면 호소력이 높아진다. 그러므로 상대방에게 신뢰를 얻으려면 요점을 줄이고, 구체적인 실례를 많이 들어야 한다.

TRUST 05
극적인
방법으로
무한 신뢰를
얻어라

 사람들이 나를 신뢰하게 만드는 여러 가지 비결들 중에 우리가 꼭 잊지 않아야 할 것이 있다면 극적이며 드라마틱한 감동을 주면서 신뢰를 얻어 내는 비결이다. 이 비결은 우리가 드라마를 보는 이유를 생각해 보면 그 의미를 쉽게 이해할 수 있다. 드라마는 현실이 아닌 가상의 세계임에도 불구하고 내가 하고 싶고, 얻고 싶고, 당하고 싶고, 또는 그렇지 않은 것에 대해 욕구 충족을 제공한다.

 특히 드라마는 극적인 반전이나 예상치 못했던 사고 또는 감동적인 사건들을 통해 누구나 자신의 이야기인 것처럼 공감을 얻어내면서 사람의 마음을 움직이는 힘이 있다. 그래서 더욱 우리의 일상에 긴장감을 불어넣어 주고, 생기와 웃음을 주기도 하며, 저미는 아픔을 간접적으로 경험하게도 한다. 이러한 드라마의 극적 요소들을 우리는 일상에서 활용할 수 있다.

데일은 극적인 방법으로 신뢰를 얻은 사례로, 전자계산기 회사의 세일즈맨 이야기를 소개하였다.

'어떻게 하면 고객들이 갖고 있는 낡은 계산기를 이 신제품으로 바꿀 수 있게 할까?'

그가 이런 고민을 하게 된 이유는 방문하는 고객마다 신제품을 거절하기 일쑤였기 때문이었다.

"새로운 제품이 나왔는데 교체하시죠?"

이렇게 고객에게 접근을 하면 고객은 말한다.

"아직도 쓸 만한데요."

"다음에 바꿀게요."

"요즘은 사정이 어려워서요."

고객들의 거절 이유는 천차만별이었다. 그래서 그는 어떻게 하면 고객들에게 이 신제품을 알리고 그들이 자신의 제품을 선택하게 할 수 있을까 고민하던 끝에 방법 하나를 떠올리게 되었다.

어느 날 그는 세일즈를 위해 자주 방문했던 상점 골목을 다시 찾아갔다. 그는 상점 골목의 여러 상인들에게 인사를 하고 신제품의 보다 나은 기능을 알렸지만 계산기를 한 대도 판매하지 못했다. 한 정육점 앞에서 세일즈맨은 호흡을 가다듬었다. 그리고 힘찬 발걸음으로 정육점 안으로 들어갔다.

"사장님, 안녕하세요?"

정육점 주인은 평소와 같이 겸연쩍은 표정으로 열심히 고기를 썰고 있었다. 그가 인사를 받는 둥 마는 둥 고기를 써는 데 집중하는 사이 세일즈맨은 주머니에서 한 움큼의 동전을 꺼내었다. 그리고 그 동전들을 정육점 바닥에 그대로 내동댕이쳐 버렸다. 깜짝 놀란 정육점 사장은 고기를 썰다 말고 휘둥그레진 눈으로 세일즈맨을 쳐다보았다. 순식간에 정육점 바닥에 내동댕이쳐진 동전들은 사방으로 튀어 시끄럽게 굴러다녔다. 그 순간 세일즈맨이 정육점 사장을 바라보며 말을 했다.

"사장님, 손님이 한 분씩 다녀갈 때마다 사장님은 말 그대로 돈을 버리고 계시는 셈입니다."

정육점 주인은 의아한 표정을 지으며 말했다.

"그게 무슨 말이지요? 내가 돈을 버리고 있다는 게?"

"고기의 무게를 재고 오늘의 고기 단가를 곱하는 데 낡은 계산기는 잦은 오류를 많이 낼 것입니다. 버튼이 많이 낡았기 때문에 아마도 적지 않은 계산 착오로 손해를 보실 수 있습니다."

정육점 주인은 고개를 끄덕이며 말했다.

"자네의 이야기가 맞네. 계산이 잘못되어서 손님과 언쟁을 벌인 적이 한두 번이 아니었네. 그나저나 자네 정말 끈질기구먼. 좋아! 가장 최신형으로 구입하겠네."

인간관계에서 신뢰를 얻는다는 것은 낯선 관계의 벽을 허문다는 것을 의미한다. 특히 남녀관계에서의 신뢰란 이성 간의 애정관계로도 발전할 수 있는 가능성을 지니고 있다. 처음 만난 낯선 관계의 남자와 여자가 순식간에 서로 마음을 여는 것도 어떤 의미에서 보면 사랑이라는 마법에 걸리기 전에 서로 마음을 열 수 있도록 하는 신뢰의 관계가 형성되었기 때문이다.

그래서 상대가 나를 신뢰하게 만들기 위해 우리는 사랑을 고백할 때에도 극적인 표현을 하거나 이벤트를 열어 상대방을 감동시키고자 노력한다. 연인에게 사랑을 고백하거나 구혼을 할 때는 그저 사랑한다는 말만 하지는 않는다. 보다 극적이고, 보다 드라마틱한 방식으로 프러포즈를 하여 상대로 하여금 영원히 잊지 못할 감동의 순간을 연출한다. 그 감동의 순간을 느낀 연인은 당신이 목적으로 하는 사랑의 포로가 된다. 훌륭한 프러포즈는 창의성이 뒷받침되어야 한다.

프러포즈(propose)란 뜻은 사업 관계에서는 긴요한 제안의 의미를 갖지만, 남녀관계에서는 청혼의 의미를 갖는다. 사업에서의 제안을 상대방이 쉽게 받아들일 수 있지 않은 것처럼 남녀관계에서의 청혼도 보통의 방식으로는 극적인 효과를 얻어내기 어렵다. 그래서 남들이 사용해 오지 않았던 새로운 방식으로 제안을 하거나 청혼을 하기 위해서 획기적인 기획이 필요한 것이다.

러시아의 대문호 톨스토이는 34세에 17세의 소녀를 사랑했다. 그녀의 이름은 소피아였다. 한눈에 반한 톨스토이는 혼자서만 짝사랑하면서 전혀 내색을 하지 않았다. 하지만 시간이 갈수록 톨스토이의 마음은 점점 달아올랐다. 그렇게 그는 3년이라는 시간 동안 사랑하는 소녀를 바라보며 끙끙 앓고 있었던 것이다.

그러던 어느 날 톨스토이에게 기회가 찾아왔다. 소피아가 톨스토이를 찾아왔던 날, 테이블을 놓고 마주 앉은 그녀를 향해 톨스토이는 백묵으로 테이블에 "나는 당신을 사랑하오."라고 써 내려갔다. 글을 써 내려가는 그의 손은 떨리고 있었다. 그의 사랑이 진실임을 확인한 소피아는 톨스토이의 프러포즈를 받아들이게 된다.

그러나 톨스토이의 극적인 고백은 거기서 끝난 것이 아니었다. 결혼을 앞두고 톨스토이는 소피아와 함께 산책을 나갔다. 드넓은 호수의 가장자리에서 그는 그녀에게 가지고 온 보따리를 풀었다. 거기에는 몇 권의 오래된 노트가 있었다. 그것은 톨스토이의 일기장이었다.

그가 살아온 지난 세월의 흔적들이 세세히 기록되어 있는 그 일기장의 마지막 권은 최근 3년 동안 소피아를 향한 그의 고백이 실려 있었다. 그 일기장을 선물받은 데 감동을 받은 소피아는 젊은 시절 톨스토이가 도박을 일삼고 재산을 탕진하며 다른 여자에게 아이를 갖게 했던 지난 일들까지 모두 용서할 수 있었다.

당신은 지금 누구를 위해 극적인 감동을 준비하고 있는가?

TRUST 06

**상대의 욕구를
자극해서
얻는 신뢰**

낚시를 잘하려면 어떻게 해야 할까? 낚싯대를 드리우고 무조건 기다린 다고 해서 고기가 잘 잡히는 것은 아니다. 그곳에 사는 고기가 어떤 미끼 를 좋아하는지를 파악해야 많은 고기를 잡을 수 있다. 지렁이를 좋아하지 않는 물고기에게 계속 지렁이 미끼를 쓴다면 자신이 원하는 만큼을 거둘 수 없다.

사람에게 신뢰를 얻는 방법 역시 마찬가지이다. 그 사람이 원하는 것 이 무엇인지 알아야 상대의 마음을 움직여 자신을 신뢰하게 만들 수 있는 것이다. 상대가 바라는 욕구도 모른 채 무조건 자신을 믿으라고 한다면 반발심만 불러일으킬 뿐이다. 미국의 사상가 에머슨의 일화는 그 대표적 인 예라 할 수 있다.

어느 날 에머슨과 그의 아들은 송아지를 외양간에 넣으려고 애를 쓰고 있었다. 아들은 앞에서 송아지를 끌고 에머슨은 뒤에서 밀었다. 그런데 송아지는 에머슨 부자가 강압적으로 밀어붙이면 붙일수록 네 발로 버티고 서서 꼼짝도 하지 않으려고 했다. 이 모습을 보다 못한 가정부가 에머슨 부자를 거들었다. 그녀는 에머슨 부자처럼 많이 배우지도 못하고 글도 읽을 줄 몰랐지만 간단하게 송아지를 외양간에 넣었다.

그녀가 사용한 방법은 매우 간단했다. 그녀는 자신의 손가락을 송아지의 입에 물리고는 그것을 빨게 하면서 송아지를 외양간 안으로 끌어들였다. 그녀는 송아지가 무엇을 원하는지를 생각했던 것이다.

사람은 누구나 자기가 좋아하는 것에만 흥미를 갖게 마련이다. 사람의 마음을 움직여 신뢰를 얻으려면 누구든지 자신이 원하는 것 외에 어떤 것에도 관심을 두지 않는다는 점을 염두에 두어야 한다. 상대방이 좋아하는 것을 거론하고 그것을 손에 넣는 방법을 가르쳐 주는 것이 신뢰를 얻는 최선의 요령이다.

가령 자식이 담배 피우는 것을 싫어하는 부모가 있다고 하자. 자식이 담배를 끊게 만들려면 무조건 설교를 하거나 자신의 요구만을 강요해서는 안 된다. 이는 모두 쓸데없는 짓이다. 만약 아이의 꿈이 야구 선수라면 담배를 피우는 사람은 건강이 나빠져서 운동을 제대로 할 수 없고, 결국 야구 선수가 될 수 없다고 말하는 것이 효과적이다.

자식의 마음속 욕구와 연관을 지어 설득하면 강압적인 방법을 쓰지 않아도 스스로 담배를 끊는다.

강철 왕 앤드류 카네기는 비록 정규 교육이라고는 불과 4년밖에 받지 않았지만 사람들을 능숙하게 다룰 줄 알았다. 그는 일찍이 사람을 다루려면 상대가 원하는 것을 알고 상대로 하여금 신뢰를 얻어야 한다는 점을 깨달았던 것이다. 다음은 그에 얽힌 유명한 일화 중 하나이다.

카네기의 사촌 누이동생은 예일 대학에 다니는 두 자식들 때문에 속병을 앓고 있었다. 온통 자신들 일에만 정신이 팔린 자식들이 집으로 편지한 통 보내지 않았기 때문이다. 사촌 누이동생이 아무리 편지를 보내도 감감무소식이었다.

이 모습을 목격한 카네기는 조카들에게 편지를 쓰고 답장이 올지 안 올지를 놓고 1백 달러 내기를 하자고 제안했다. 마침 이에 동의한 이웃 사람이 있어 그는 조카들에게 편지를 보냈다.

그의 편지에는 별다른 내용이 없었다. 다만 추신에 "두 사람에게 5달러씩 보내주마."라고 썼다. 물론 돈은 동봉하지 않았다. 그러자 조카들로부터 감사의 뜻을 전하는 답장이 날아왔다. 카네기는 조카들이 답장을 쓰고 싶은 생각이 들도록 욕구를 자극했던 것이다.

인간의 행동은 무엇을 원하는가에서 출발한다. 사람들이 자선 단체에 많은 기부금을 선뜻 내놓는 것은 가난하고 어려운 사람을 도와주고 싶기 때문이기도 하지만 아름다운 선행을 통해 기쁨을 느끼고 싶기 때문이다. 이러한 욕구가 없다면 그 기부금으로 쇼핑을 하는 것이 낫다고 생각하고 기부를 하지 않기 위해 온갖 수단을 동원할 것이다.

상대의 마음에 강한 욕구를 일으키게 하는 사람은 사람의 마음을 움직일 수 있고, 그렇지 못한 사람은 단 한 사람의 지지자도 얻지 못한다.

열심히 노력을 하는데도 기대한 성과를 올리지 못하는 세일즈맨들은 대개 중대한 실수를 저지르고 있는 것이다. 그들은 한결같이 자기가 원하는 것만 생각한다. 고객들은 그다지 사고 싶은 생각이 없는데도 그 사실을 간과한 채 구매를 강요한다.

사람은 정말 사고 싶은 것이 있으면 누가 시키지 않아도 구입을 하게 마련이다. 사람은 자기 문제를 해결하는 데 언제나 적극적이기 때문이다. 그러므로 판매 실적을 올리려면 구매자가 물건을 구입했을 때 실생활에 얼마나 도움이 되는지 증명하고 판매자를 신뢰하게 만들어야 한다. 그러면 강요하지 않아도 물건을 구입하게 된다.

사람의 마음을 움직이려면 상대의 욕구를 자극해 자신을 신뢰하게 만들어야 한다. 다른 사람이 무엇을 원하는지 염두에 두지 않고 자신이 바라는 것만 요구하면 강요처럼 느껴져 반발심만 불러일으킬 뿐이다.

다른 사람보다 우위를 차지하고 싶은 욕구 즉 경쟁의식은 인간의 본능 중 하나이다. 우리가 알고 있는 수많은 유명인들에게 만약 경쟁의식이 없었다면 그와 같은 성공을 이룰 수 없었을 것이다. 그들은 한결같이 경쟁의식에 자극받아 피나는 노력을 했고, 실패 속에서도 다시 일어설 수 있었다.

그 대표적인 인물이 시어도어 루스벨트 대통령이다.

스페인과의 전쟁에서 돌아온 그는 곧바로 뉴욕 주지사로 선출되었다. 그러자 반대파들이 루스벨트에게는 법적으로 뉴욕 주의 거주인으로서 자격이 없다고 항의했다. 그들의 주장에 당황한 루스벨트는 사퇴를 하겠다고 말했다. 그러자 토머스 콜리어 플래트가 호통을 쳤다.

"산 후앙 언덕의 용사가 겁쟁이가 되다니!"

이 말에 자극을 받은 루스벨트는 사의를 번복하고 반대파와 싸울 결심을 하게 되었고, 먼 훗날 미국의 대통령에까지 오르게 되었다.

루스벨트의 투지를 자극한 토머스 콜리어 플래트의 그 한마디가 없었다면 그의 삶은 어떻게 바뀌었을까? 어쩌면 루스벨트는 평범하게 살다가 생을 마감했을지도 모른다.

이처럼 사람은 누구나 투지와 경쟁의식을 가지고 있으며 이것을 자극받았을 때 크게 반응한다. 바꾸어 말해서, 상대로부터 신뢰를 얻어 마음을 움직이려면 그 사람의 경쟁심을 자극하면 된다.

알 스미스의 일화는 상대의 경쟁심을 자극하는 것이 상대가 나를 믿고 내 편으로 만드는 데 얼마나 효과적인지 잘 보여준다.

알 스미스가 뉴욕 주지사로 있을 때의 일이다.

그는 싱싱 형무소의 소장직에 위임할 인물이 없어서 전전긍긍하고 있었다. 형무소 내의 질서가 문란해지고 분위기가 좋지 않았기 때문에 무엇보다 질서를 바로잡을 수 있는 강력한 리더십을 가진 인물이 필요했다. 고심 끝에 그는 뉴햄프턴의 루이스 로즈를 적임자로 지목했다.

로즈를 호출한 스미스는 싱싱 형무소의 소장직을 맡아줄 것을 권했다.

그러자 로즈는 난처한 표정을 지었다. 사실 싱싱 형무소의 소장이 되는 것은 여러 면에서 달갑지 않은 일이었다. 게다가 소장이라는 직위는 정치계의 흐름에 민감하기 때문에 하루가 멀다 하고 교체되기 일쑤였다. 3개월을 넘기지 못하고 물러나는 경우가 허다했다. 로즈의 입장에서는 자칫 잘못하다 자신이 위험하게 될지도 모른다고 생각할 만했다.

그가 주저하는 것을 본 스미스는 이렇게 말했다.

"하긴 너무 힘든 직책이야. 마음이 내키지 않는 것도 무리는 아니지. 웬만한 인물은 감당도 하지 못할 테니까."

이 말을 들은 로즈는 태도가 돌변하여 싱싱 형무소의 소장직을 맡겠다고 말했다. 이를 테면 스미스의 말에 웬만한 인물은 감당도 하지 못할 일을 해보고 싶다는 투지가 생긴 것이다.

소장직을 수락한 로즈는 부임한 뒤, 열심히 일을 해서 그의 이름을 모르는 사람이 없을 정도로 유명한 소장이 되었다. 그의 저서 《싱싱 형무소에서의 2년》이라는 책은 수십만 부가 팔렸고, 라디오 방송에도 나왔으며, 그의 이야기가 몇 편의 영화로 제작되기도 했다. 또한 그의 '수감자 대우 개선론'은 형무소 행정에 기적적인 개혁을 가져왔다.

물론 상대의 경쟁심을 자극하는 것이 과연 현명한 방법인지 의문스러운 사람도 있을 것이다. 이런 사람들은 여기서 말하는 경쟁심이 남보다 더 갖겠다는 악착스러운 경쟁심이 아니라 남들보다 뛰어나야 한다는 경쟁심이라는 사실을 염두에 두길 바란다.

바위처럼 요지부동인 사람의 마음을 움직이고 자신을 믿게 하려면 그의 경쟁심을 자극해야 한다. 자신하건대 다른 사람보다 뛰어나다는 사실을 입증하기 위해 상대는 당신이 의도한 대로 따라올 것이다.

TRUST 08

아주 작은 도움도 신뢰로 이어진다

　인생은 한 치 앞도 내다볼 수 없다. 오늘 남부러울 것 없던 사람이 내일 갑자기 세상에서 가장 불행한 사람이 될 수도 있고, 오늘 보잘것없던 사람이 내일 누구도 무시할 수 없는 사람이 될 수도 있다. 따라서 삶을 살아가는 데 있어 자만해서는 안 되며, 어떤 사람도 소홀히 대해서는 안 된다. 무시했던 사람에게 부탁을 해야 할 상황이 올지도 모른다.

　많은 사람들을 자신의 지지자로 만들고 싶다면 남을 돕는 일에 인색하지 말아야 한다.

　사람은 도움을 준 사람에게 호감을 갖고 신뢰를 하기 때문이다. 조금만 주변을 돌아보고 신경을 쓰면 될 일을 귀찮아하거나 거절하는 사람이 많은데, 이러한 행위는 다른 사람을 자신의 지지자로 만드는 데 마이너스가 된다.

　데일 카네기가 뉴욕 교외의 포리스트 힐에서 살 때의 일이다.

어느 날 데일은 길을 가다가 롱아일랜드에서 수년간 부동산중개업을 하고 있는 한 남자를 만났다. 마침 현재 살고 있는 집의 건축 재료에 대해 궁금한 점이 있던 데일은 그에게 도움을 청했다. 그러자 그는 귀찮다는 듯이 자신도 잘 모르겠다며 협회에 전화로 문의하라고 일러주었다.

그런데 다음 날 그로부터 한 통의 편지가 왔다.

데일은 어제 자신이 했던 질문에 대한 답변을 적어 보냈거니 생각하고 편지를 펴보았다. 그런데 그는 협회에 문의해 보라는 말만 되풀이하고, 카네기에게 보험에 가입해달라고 부탁을 했던 것이다.

그의 말대로 카네기가 협회에 전화를 해서 문의할 수도 있는 문제였다. 하지만 데일은 그의 행동이 못마땅했다. 협회에 건축 재료에 대해 문의를 하는 데 드는 시간은 고작 1분 정도로, 조금만 신경을 쓰면 도움을 줄 수 있는 일이었다. 그런데 그는 간단한 부탁마저 거절하면서 보험에 가입해달라고 부탁을 했던 것이다. 이 남자는 한마디로 자기가 다른 사람에게 도움을 주는 일에 전혀 관심이 없다는 진심을 실토한 셈이다.

데일은 그의 부탁을 정중히 거절했다. 그러나 만약 그가 데일에게 조금만 관심을 기울였다면 그의 부탁을 기꺼이 들어주었을 것이다. 이러한 마음 자세를 가진 사람은 어떤 분야에서도 신임을 얻을 수 없다.

그렇다고 손익을 따지면서 상대를 도우라는 것은 아니다. 이해타산적인 도움은 상대에게 오히려 불쾌감을 준다. 상대를 돕는 일이 곧 자신을 돕는 일이라 생각하고 진심으로 도우라는 것이다. 머리 아프게 손익을 따지지 않아도 내 일처럼 다른 사람을 도우면 나중에 모두 자신에게 플러스로 돌아온다.

우리에게 널리 알려진 존경받는 사람들은 자신만을 생각하지 않았다.

그들 중에는 자신의 일을 제쳐두고 남을 돕는 일에 평생을 바친 사람도 있다. 이들이 지금까지 사람들의 입에 오르내리고, 그들의 가르침이 빛을 발하는 것은 자신과 동시에 다른 사람들의 이익과 행복까지 함께 생각했기 때문이다.

사람의 마음을 움직이고 자신을 신뢰하게 하려면 그들에게 어떤 도움을 줄 수 있는지 고민해야 한다. 아주 작은 도움이 신뢰로 이어져 바위 같은 사람의 마음을 움직일 수도 있다.

다음의 글은 한 회사의 광고 문안이며, 제목은 '크리스마스의 미소'다.
모든 사람에게 기쁨이 되고 희망이 되는 이것은 바로 '미소'를 가리킨다.

밑천은 없다.
그러나 이익은 막대하다.
아무리 베풀어도 줄지 않고, 베풀수록 풍부해진다.
한순간만 보아도 그 기억은 영구하다.
어떤 부자도 이것 없이는 살 수 없으며,
물질적으로 아무리 가난해도 이것으로 인하여 풍부해진다.
가정에는 행복을, 사업에는 신뢰를 준다.
우정의 신호…….
피로한 사람에게는 휴식이 되고,

실의에 빠진 사람에게는 광명이 되며,

슬퍼하는 사람에게는 태양이 되고,

괴로워하는 사람에게는 해독제가 된다.

돈을 주고 살 수도, 강요할 수도, 빌릴 수도, 훔칠 수도 없다.

무상으로 주어야 비로소 가치가 있다.

미소는 어떤 미사여구보다 사람의 마음을 움직이는 데 엄청난 위력을 가지고 있다. "웃는 얼굴에 침 못 뱉는다."는 속담이 있듯이 미소는 상대의 마음을 사로잡는 데 큰 효과를 발휘한다. 따라서 많은 사람들에게서 신뢰를 얻고 자신의 지지자로 만들고자 한다면 미소를 잃지 말아야 한다.

많은 사람들이 상대의 호감을 얻기 위해 쓸데없는 시간과 노력을 쏟아 붓는다.

막대한 유산을 상속받은 미망인으로, 모든 사람에게 좋은 인상을 심어 주고 싶어 하는 여성이 있었다. 그리하여 한 만찬장에 값비싼 옷과 장신구로 온몸을 치장하고 참석했다. 그녀의 모습은 호화로운 흑표범 모피와 다이아몬드, 진주 등으로 번쩍거렸다. 그러나 얼굴에 드러난 본심은 감출 수가 없었다. 그녀의 얼굴에는 심술과 자만심이 뚜렷하게 나타나 있었다. 몸에 걸친 의상보다 얼굴에 드러나는 표정이 얼마나 중요한지 그녀는 알지 못했던 것이다.

어느 유명인은 자기의 미소는 1백만 달러의 가치가 있다고 말한 적이 있다. 하지만 그를 직접 본 사람이라면 그의 말이 지나치게 겸손하다는 것을 알 수 있었다. 온갖 고통을 극복하고 성공을 이룩한 그의 얼굴에는 고생의 흔적은 없고 인품과 남에게 호감을 주는 매력적인 미소가 자리하고 있었다. 그의 미소는 성공을 이루는 데 가장 큰 역할을 할 만큼 1백만 달러보다 큰 가치가 있었다.

행동은 말 이상의 설득력을 가진다. 미소 역시 마찬가지이다.

미소는 '나는 당신에게 호감을 가지고 있습니다.', '당신 덕분에 얼마나 즐거운지 모르겠어요.', '당신을 만나 뵙게 되어 기뻐요.' 등의 전적으로 당신을 신뢰한다는 의미를 내포하고 있으며, 동물 중에서 개가 사람들에게 가장 귀여움을 받는 이유도 여기에 있다.

개는 주인을 보면 기뻐서 어쩔 줄을 모른다. 굳이 말을 하지 않아도 개의 표정에서 주인은 진실을 알 수 있는 것이다.

뉴욕의 한 백화점에 근무하는 주임은 이렇게 말했다.

"직원으로 적합한 인물은 진지한 얼굴을 한 대학원 출신의 여성보다 학력은 낮아도 사랑스러운 미소를 지닌 여성이 낫습니다."

유창한 언변보다 미소 지은 표정이 사람의 마음을 움직이는 데 얼마나 결정적인 역할을 하는지 보여주는 예라고 할 수 있다.

미소의 효과는 직접 경험하지 않고서는 절실히 느끼지 못한다. 다음은 뉴욕 주식시장에 활약하던 한 중개인의 경험담이다.

그는 결혼한 지 18년이 넘었지만 출근할 때 아내에게 미소를 짓는다거나 다정스러운 말을 건넨 적이 한 번도 없는 무뚝뚝한 성격의 소유자였다. 그런 그가 어느 강습회에서 받은 교훈대로 웃는 생활을 실천하기로 마음먹었다. 지금까지의 삶과는 완전히 다른 것이었기에 그건 쉽지 않은 일이었다. 하지만 그는 굳게 결심하고 실천에 옮겼다.

첫째 날 아침, 그는 식탁에 앉은 아내에게 미소를 지으며 다정하게 아침인사를 전했다. 예상했던 대로 아내는 당황한 표정을 지으며 눈을 동그랗게 떴다. 그는 아내에게 매일 아침 미소를 지을 테니 그렇게 알라고 말했다. 아내는 믿지 못하겠다는 표정을 지었지만 날이 갈수록 그 의구심은 사라졌다.

그는 집안에서뿐만 아니라 만나는 사람에게 모두 밝은 미소로 아침인사를 했다. 그러자 얼마 후 모든 사람들이 그에게 미소로 답했고, 인정미가 넘치는 사람이라는 평판을 듣게 되었다. 또한 그는 남의 험담을 하지 않았으며 자신에게 불평을 늘어놓는 사람의 말까지 귀를 기울이며 미소를 잃지 않았다. 그렇게 되자 그는 대인관계뿐만 아니라 모든 면에서 행복한 사람이 되었다.

하지만 모든 웃음이 효과적인 것은 아니다. 마음에도 없는 미소는 오히려 상대방의 화를 돋우고 적대감을 심어준다. 상대방의 마음을 움직이게 하고 기쁘게 하는 미소는 마음속에서 우러나오는 미소 즉, 참다운 미소를 말한다. 그렇다면 참다운 미소를 지으려면 어떻게 해야 할까?

상대방을 즐겁게 만드는 미소를 지으려면 우선 자신이 즐거워야 한다. 자신은 하나도 행복하지 않은데 다른 사람을 행복하게 만드는 미소를 보낸다는 것은 어불성설이다.

미소는 구름에 가려졌던 태양이 빛을 발하는 것과 같이 상대방에게 큰 기쁨과 행복을 준다. 아무리 뛰어난 화술이라도 진심 어린 미소만 못하다. 그러므로 상대방을 당신의 지지자로 만들고 싶다면 미소를 잃어서는 안 된다.

위에서 언급했듯이 미소는 상대방의 마음을 움직이는 데 큰 역할을 한다. 다른 사람에게서 호감을 사고 신뢰받는 사람이 되려면 진심 어린 미소를 지을 수 있는 인품을 지녀야 한다. 하지만 사람이 항상 미소를 지을 수만은 없다. 인간은 감정의 동물이어서 하루에도 여러 번 감정이 변하며, 그 감정을 속이기가 힘들다. 그래서 미소가 상대방을 자신의 지지자로 만드는 데 효과적이라 해도 모든 상황에서 미소를 짓기란 만만치 않다. 그렇다면 웃고 싶지 않을 때는 어떻게 해야 할까?

첫째는 무리해서라도 웃어 보이는 것이고, 둘째는 혼자 있을 때 휘파람을 불거나 콧노래를 부르면서 늘 행복하고 유쾌한 기분을 유지하는 것이다. 그런데 무리해서 웃는 것은 마음에서 우러나오는 진심 어린 미소라 할 수 없기 때문에 둘째 방법이 효과적이라 할 수 있다.

하버드 대학의 교수였던 윌리엄 제임스는 "행동은 감정에 따른다고 생각되지만 실제로는 행동과 감정은 병행한다."고 했다.

행동은 의지력을 통해 직접 통제할 수 있지만, 감정은 그렇지 못하다. 그런데 감정은 행동을 조정함으로써 간접적으로 통제할 수 있다. 따라서 즐거운 감정이 아닐 때 기분을 전환시키려면 쾌활한 듯 행동하면 된다.

왕년에 미국 세인트루이스 카즈날의 3루수였던 프랭클린 베드가의 일화는 이를 잘 보여주는 예라 할 수 있다.

부상으로 야구 생활을 접고 그는 한 보험회사의 세일즈맨으로 입사를 했다. 야구밖에 모르던 그에게 세일즈맨 생활은 적응하기 힘든 것이었다. 회사 생활에 적응하지 못하니 실적은 당연히 좋지 않았고, 항상 그의 얼굴에는 우울함이 깃들어 있었다.

그런데 어느 날 우연한 계기로 미소를 잃지 않는 사람이 어떤 자리에서도 환영을 받는다는 진리를 깨달았다.

그 이후 그는 항상 미소를 잃지 않기 위해 애를 썼다. 기분이 좋지 않을 때도 일부러 쾌활하고 명랑하게 행동함으로써 항상 즐거운 기분을 유지했다.

가령 고객의 집을 방문하기 전에는 반드시 자기가 감사하고 즐거워해야 할 일을 생각해 내고 미소 짓는 연습을 했다. 그러고는 그 기분의 여운이 사라지기 전에 고객을 만났다. 그가 야구 선수에서 보험 세일즈맨으로 대성공을 할 수 있었던 것은 바로 이러한 간단한 테크닉 덕분이었다.

기분이 좋을 때 미소를 짓는 것은 누구나 쉽게 할 수 있는 일이다. 반면 기분이 나쁠 때 웃는 얼굴을 하는 것은 마음의 수양이 필요한 일이다. 사람들에게 신뢰를 얻고 존경받는 사람이 되려면 기분이 침울할 때에도 미소를 지을 수 있는 여유를 가져야 한다. 감정에 따라 순간순간 표정이 변하는 사람을 누가 신뢰하고 따를 수 있겠는가.

상대의 마음을 움직이고 싶은데 미소가 나오지 않는다면 즐거운 척 행동해야 한다. 행동은 감정을 조절하고 자연스러운 웃음을 유발한다.

TRUST 10
기록해서
분석해야 한다

뛰어난 두뇌의 소유자인 아인슈타인이라 할지라도 사실을 제대로 파악하지 않고는 그 문제에 대해서 현명한 판단을 내릴 수 없을 뿐만 아니라 다른 사람들로부터 신뢰를 얻기 어렵다.

상황을 제대로 파악하고 다른 사람들로부터 믿음을 갖게 하려면 사실과 관련된 자료를 많이 수집하는 것이 용이하다. 자료는 이성적인 판단이 불가능한 심리 상태를 완화시켜 사실을 객관적인 눈으로 바라보게 한다. 하지만 자료를 수집하는 것만으로는 소용이 없다. 그 수집한 자료를 분석하여 문제 해결을 해야만 한다.

문제 해결의 자료를 분석하려면 종이에 기록하는 것이 효과적이다. 문제를 정확하게 기술하는 것만으로도 문제의 절반을 해결할 수 있기 때문이다.

동양에서 가장 성공한 사업가 중 한 사람인 미국인 칼렌 리치필드의 이야기는 문제를 정확하게 기록하는 것이 얼마나 중요한지 잘 보여주는 사례라 할 수 있다.

1942년 일본이 중국 상해를 침공했을 때, 그는 아시아 생명보험회사의 상해 지점장을 맡고 있었다. 그러던 어느 날 일본군 대장으로부터 회사의 모든 자산을 헌납하라는 명령을 받았다. 일본군 대장이 보낸 재무관을 통해 그런 통보를 받은 그는 어떻게 해야 할지 몰라 안절부절못했다. 그에게는 선택의 여지가 없었기 때문이다. 협력을 하든지 총살을 당하든지 하나를 선택해야 했다.

결국 그는 그들의 명령에 따라 회사의 자산을 헌납하기로 했다. 단 75만 달러에 달하는 증권만은 일본군에게 넘겨준 자산 목록에서 제외시켰다. 왜냐하면 그 증권은 홍콩 지점에 소속된 것으로 상해 지점의 것이 아니라고 판단했기 때문이다. 그러면서도 만일 이 사실이 발각되면 어쩌나 싶어 걱정이 이만저만 아니었다. 아니나 다를까 증권을 숨긴 사실이 들통나고 말았다.

이 사실이 발각되었을 때, 마침 자리를 비우고 있던 그는 일요일 오후에 회계과장으로부터 이 소식을 전달받았다. 회계과장은 그에게 일본군 대장이 "일본군을 모독한 그를 가만두지 않겠다."고 노발대발했다고 전했다.

그가 일본군의 고문실로 끌려가는 것은 시간 문제였다. 그 당시 일본군의 고문실은 한 번 들어가면 살아서 나오지 못한다고 할 만큼 악명이 높았기 때문에 그는 공포와 두려움으로 잠을 이룰 수 없었다. 하지만 이내 침착하게 타자기 앞에 앉았다. 오래전부터 그는 무슨 고민이 생기면 문제를 해결할 수 있는 방법을 찾기 위해 질문을 던지고 그 해답을 기록

하는 버릇이 있었다.

● 나는 무엇을 고민하는가?

나는 내일 아침, 일본군의 고문실에 갇히게 될까 봐 두려워하고 있다.

● 나는 무엇을 할 수 있는가?

첫째, 나는 일본군 장교에게 자세한 사정을 설명할 수 있을 것이다. 하지만 그것은 현명하지 못한 방법이다. 왜냐하면 그는 영어를 모르기 때문에 통역을 통해 설명을 해야 하고, 자칫 통역사의 실수로 의미 전달이 잘못되어 그를 더욱 화나게 할지도 모르기 때문이다. 어쩌면 그는 잔인한 사람이므로 내 말은 듣지도 않은 채 즉시 고문실로 데려가 나를 가둘지도 모른다.

둘째, 도망칠 수도 있다. 그러나 그것은 불가능하다. 그들은 나의 일거수일투족을 감시하고 있기 때문에 만일 도망치다가 붙잡히는 날에는 총살당할 것이 뻔하다.

셋째, 이 방에 틀어박혀 지낼 수도 있다. 그러나 일본군 대장의 의심을 살 것이다. 그는 나에게 변명할 기회도 주지 않고 병사들을 시켜 고문실에 집어넣어 버릴 것이다.

넷째, 아무 일도 없었던 것처럼 월요일 아침에 출근을 할 수 있다. 다행히 일본군 대장이 그 일을 잊었을 수도 있다. 혹시 생각이 난다고 하더라도 이젠 감정이 좀 누그러져서 나를 못살게 굴지 않을지도 모른다. 만일 그가 괴롭힌다면 변명할 기회는 있을 것이다. 즉 월요일 아침에 여느 때와 마찬가지로 출근해서 아무 일도 없었던 것처럼 행동한다면 고문실로 끌려가는 걸 모면하는 두 번의 기회를 갖게 되는 셈이다.

고민하고 있는 문제의 원인과 발생할 수 있는 상황을 정리하여 기록한 그는 네 번째 계획을 실행하기로 결심했다. 그러자 마음이 한결 홀가분해졌다.

다음 날 아침, 그는 사무실에 나갔고 예상대로 일본군 대장은 그를 기다리고 있었다. 하지만 그는 아무렇지도 않은 듯 묵묵히 일을 했다. 일본군 대장은 여느 때와 마찬가지로 그를 빤히 노려볼 뿐 아무 말도 하지 않았다. 그로부터 6주일 뒤, 일본군 대장은 본국으로 돌아갔고 그의 고민도 자연스럽게 해결됐다.

만일 그가 문제를 해결할 수 있는 수단과 그 결과를 예측하여 기록하고 냉정하게 분석하지 못했다면 그는 일요일을 고민 속에서 보냈을 것이고, 아랫사람들 또한 불안감에 휩싸여 아무 일도 하지 못했을 것이다. 아울러 월요일 아침 초췌한 얼굴로 사무실에 나갔을 것이고, 그 모습이 일본군 대장의 의혹을 사서 어떤 일을 당했을지도 모른다.

사람들이 고민으로 괴로움에 시달리는 것은 명확한 판단을 내리지 못하기 때문이다. 명확한 판단을 내리는 순간 고민의 50%는 사라지고, 그 결정을 실행에 옮기기 시작하면 나머지 고민의 40%가 사라진다. 고민을 기록하여 분석하는 것이 효과적인 것은 그 자체가 구체적이며 문제의 핵심을 꿰뚫어 명확한 판단을 내리는 데 결정적인 역할을 하기 때문이다.

만약 골치 아픈 문제가 있다면 고민과 관련된 자료를 수집하고 다음에 제시하는 방법에 따라 분석해야 한다. 그러면 고민을 해결하는 데 많은 효과를 볼 수 있을 뿐만 아니라 아랫사람으로부터 신뢰를 얻는 이중효과를 얻을 수 있다.

TRUST 11
감사의 **마음을** 먼저 가져라

우리는 상대에게 감정이 상하거나 불만이 있을 때 분개를 한다. 이것은 자연스러운 감정으로 큰 문제가 되지 않을 수도 있다. 그러나 사람들로부터 신뢰를 쌓기 위해서는 감정이 가는 대로 화를 내서는 안 된다.

꿈쩍하지 않는 사람에게 믿음을 갖게 하여 내 편으로 만들게 하기 위해서는 의견에 맞대응하여 누르려 하기보다는 상대로 인해 자신이 얼마나 많은 도움을 받고 있는지 알리는 것이 최선이다. 즉 상대에게 먼저 감사하는 마음을 지니는 것이다.

거대 언론사를 설득한 한 남자의 예를 들어보자.

그 당시 일간지 《보스턴 헤럴드》에는 낙태를 권장하는 광고가 지면을 채웠다. 낙태를 전문으로 하는 의사들이 광고를 통해 사람들의 공포심을 조장하여 돈을 벌어들였던 것이다. 그로 인해 붐이 일면서 돌팔이 의사들이 판을 쳤고 많은 희생자가 나왔다. 그러나 그들 대부분은 약간의 벌금으로 사건을 무마시키거나, 아니면 정치적 압력을 동원해 법망을 빠져나갔다.

법원의 이러한 안일한 처사에 마침내 보스턴 시민들이 분노했다. 목사들을 필두로 각종 민간단체, 부인회, 실업가, 청년단체 등이 비윤리적인 광고를 게재한 신문을 비난했다. 그러고는 그 광고를 즉시 중지할 것을 주장했다. 하지만 신문사는 꿈쩍도 하지 않았다.

이 신문광고를 둘러싸고 주의회에서도 치열한 논쟁이 벌어졌다. 그러나 결국에는 매수와 정치적 압력에 의해 흐지부지되고 말았다. 그때 한 남자가 아무도 생각하지 못한 방법을 착안해 내어 신문사가 자발적으로 광고를 중지하도록 만들었다.

그가 생각해 낸 방법은 이러했다.

그는 우선 《보스턴 헤럴드》 사장에게 편지를 보내 그 신문을 진심으로 칭찬했다.

기사가 깔끔하고 선동적인 냄새가 없으며 사설도 뛰어나 오래전부터 그 신문의 애독자라고 밝혔다. 또한 미국을 통틀어 최일류에 속하는 가정 신문이라고 추켜세웠다. 그런 다음 친구의 딸 이야기를 했다. 그 내용은 다음과 같다.

어느 날 친구의 딸이 《보스턴 헤럴드》에 게재된 '낙태 전문병원'라는 광고를 읽고 그게 무슨 뜻이냐고 물었다. 그러나 당황한 친구는 딸에게 어떤 대답도 해주지 못했고, 남자에게 그런 상황에서는 어떤 말을 해주어야 하는지 물었다고 했다.

남자는 친구의 이야기를 인용하면서 《보스턴 헤럴드》의 주 독자는 중상류층 사람들이며 온 가족이 모두 본다고 강조했다. 또 자신의 친구에게 그런 일이 있다면 다른 가정에서도 일어나지 말라는 법은 없을 것이라고 말했다. 그리고 만약 신문사 사장의 딸이 똑같은 질문을 하면 어떻게 대답할 것이냐고 되묻고, 《보스턴 헤럴드》와 같은 일류 신문에 자식에게 읽히기 부끄러운 부분이 있다는 것을 안타깝게 생각한다고 말했다.

결과는 어떻게 되었을까? 이틀 후 《보스턴 헤럴드》의 사장으로부터 회답이 왔다. 그 내용은 그의 편지에 대해 매우 감사하며 이후부터 낙태 전문병원과 같은 의료 광고를 싣지 않겠다는 것이었다. 또 부득이 의료 광고를 게재하더라도 주의를 기울여 편집하도록 할 것이라고 약속했다.

그는 신문의 잘못을 먼저 들추기보다는 먼저 상대가 얼마나 고마운 존재인지를 부각시켜 신문사 사장의 마음을 움직였던 것이다.

사람은 자신에게 감사하는 마음을 품고 있는 상대에게 호의적이게 마련이다. 감사하는 마음에 보답하고자 그들은 상대방에게 더 많은 친절과 이해를 베푼다. 따라서 다른 사람에게서 신뢰를 얻으려면 상대가 얼마나 고마운 존재인지 인식시키는 것이 현명하다. 그 고마운 마음이 상대에게 전달되면 상대도 내게 고마움을 느끼고 자연적으로 신뢰하기 마련이다.

신뢰가 실력이다

초판 1쇄 인쇄 | 2010년 12월 10일
개정판 1쇄 발행 | 2014년 1월 27일

지은이 | 존 더글라스
옮긴이 | 최유리
펴낸곳 | 함께북스
펴낸이 | 조완욱
디자인 | 페이퍼마임

등록번호 | 제1-1115호
주소 | 412-230 경기도 고양시 덕양구 행주내동 735-9
전화 | 031-979-6566~7
팩스 | 031-979-6568
이메일 | harmkke@hanmail.net

ISBN 978-89-7504-610-0 03320